Brun-Hagen Hennerkes/Christopher Pleister (Hrsg.)
Erfolgsmodell Mittelstand

Brun-Hagen Hennerkes/Christopher Pleister
(Herausgeber)

# Erfolgsmodell Mittelstand

## 12 Unternehmer geben Einblicke in ihr Denken und Handeln

GABLER

Die Deutsche Bibliothek – CIP-Einheitsaufnahme

**Erfolgsmodell Mittelstand** : 12 Unternehmer geben Einblicke in ihr Denken und Handeln / Brun-Hagen Hennerkes/Christopher Pleister (Hrsg.). – Wiesbaden : Gabler, 1999
ISBN 3-409-11449-1


Lektorat: Ulrike M. Vetter

Der Gabler Verlag ist ein Unternehmen der Bertelsmann Fachinformation GmbH.



www.gabler.de



Höchste inhaltliche und technische Qualität unserer Produkte ist unser Ziel. Bei der Produktion und Verbreitung unserer Werke wollen wir die Umwelt schonen: Dieses Werk ist auf säurefreiem und chlorfrei gebleichtem Papier gedruckt. Die Einschweißfolie besteht aus Polyäthylen und damit aus organischen Grundstoffen, die weder bei der Herstellung noch bei der Verbrennung Schadstoffe freisetzen.

Umschlaggestaltung: Nina Faber de.sign, Wiesbaden
Druck und Bindung: Lengericher Handelsdruckerei, Lengerich
Printed in Germany

ISBN 3-409-11449-1

# Vorwort

Ob Sie, sehr geehrte Leserinnen und Leser, praktische Ratschläge für den eigenen Erfolg in der Selbständigkeit suchen, hinter die Kulissen einer Branche oder eines Betriebes schauen möchten oder gern informativ unterhalten werden, wir wünschen Ihnen eine interessante und spannende Lektüre. Wir möchten Sie nicht mit theoretischem Expertenwissen belasten, sondern praktisch verwertbare Erfahrungen vermitteln, die Ihnen für Ihren Berufsalltag wertvolle Anregungen geben mögen.

Die Bedeutung und die Leistungen des Mittelstandes bzw. des Familienunternehmers werden vor allem in wirtschaftlich schwierigen Zeiten geradezu beschworen. Konkrete Maßnahmen zur Schaffung von Rahmenbedingungen, die die Entfaltung des dahinterstehenden, schier unermeßlichen Potentials fördern könnten, scheitern jedoch nicht selten an den mannigfachen Ausprägungsformen und den damit verbundenen Abgrenzungsproblemen. Der „normale" Mittelständler existiert ebensowenig wie Patentrezepte für eine erfolgreiche Unternehmensführung. Sich auf Vielfalt und Individualität einzulassen und für deren Erhalt einzusetzen in einer Welt, in der in zunehmendem Maße Standards und Kategorien unser Denken bestimmen, ist und bleibt aber zugleich reizvoll und unverzichtbar.

Diese gemeinsame Einstellung und die unabhängig voneinander langjährige berufliche – und oft gleichfalls private – Partnerschaft mit dem Familienunternehmer der vierten Generation bis hin zum jungen Gründer mit Börsengangambitionen standen bei dem vorliegenden Buch Pate. Zwölf Persönlichkeiten, die unser wirtschaftliches und soziales Leben mitprägen, geben erstmals Einblick in ihr Denken und Handeln. Sie zeigen: Jeder Erfolg hat seine ganz besondere Geschichte, die von speziellen Gegebenheiten ebenso untrennbar ist wie vom Persönlichkeitsprofil.

Dazu haben vor allem die Autoren mit Mut und Einsatz in einem für sie ungewohnten Arbeitsbereich beigetragen. Die journalistische und organisatorische Kompetenz bündelte ein Kommunikations-Projektteam der DG BANK unter Leitung von Eva-Bettina Ullrich. Herzlichen Dank dafür!

Stuttgart und Frankfurt/M.,
im September 1999

*Brun-Hagen Hennerkes*
*Christopher Pleister*

# Inhalt

# Einführung

„Mittelstand" gehört zu den deutschen Begriffen, die wegen ihrer Unübersetzbarkeit Eingang ins Englische und andere Sprachen gefunden haben – wie etwa auch der Begriff „Weltanschauung". Tatsächlich beinhaltet der Mittelstandsbegriff auch etwas von Weltanschauung: Schon laut Ludwig Erhard ist der Mittelstand „ausgeprägt durch eine Gesinnung und eine Haltung im gesellschaftswirtschaftlichen und politischen Prozeß" (Erhard, 1956).

Es ist Tradition in Deutschland, von der *Bedeutung des Mittelstands* viel mehr in qualitativen als in quantitativen Tönen zu sprechen. Zahlreiche Bücher und Vorträge variieren Themen wie „Die Bedeutung des Mittelstands in der Sozialen Marktwirtschaft". Häufig wird das Bild des „Nährbodens" herangezogen, dessen Bedeutung weit über das hinausgeht, was er selbst an wirtschaftlicher Aktivität erbringt.

Der gesellschaftspolitische Aspekt steht in engem Zusammenhang mit den Charakteristika des Mittelstands: Die Verflechtung, häufig die Personalunion zwischen Firmeneigentum und Unternehmensführung, die Bodenständigkeit und ein oft über Jahrzehnte hinaus fester Mitarbeiterstamm sind Ausdruck einer regional geprägten Unternehmenskultur mit einem hohen Maß an Eigenverantwortlichkeit.

An diese qualitativen Merkmale knüpft auch der häufig fälschlicherweise synonym verwendete Begriff des sogenannten *Familienunternehmens* an. Der wesentliche Unterschied besteht darin, daß die Zugehörigkeit zum Mittelstand zusätzlich durch quantitative Kriterien (z. B. Jahresumsatz, Bilanzsumme oder Beschäftigtenzahl) abgegrenzt wird. Dagegen ist die Einordnung als Familienunternehmen größenunabhängig und lediglich durch die Symbiose aus Eigentümer und Unternehmen determiniert.

Unabhängig von solcher Zuordnungsproblematik gilt in jedem Fall: Hier wurzelt die „Kultur der Selbständigkeit", von der wir heute nach allgemeinem Einverständnis mehr brauchen. Und hier wurzelt zum Teil auch die Kultur des sozial verpflichteten Unternehmertums. Der Eigentümer wird nicht nur kurzfristige Gewinne im Auge haben, sondern den langfristigen Fortbestand des Unternehmens. Dazu muß er in seinen Entscheidungen das regionale Umfeld des Unternehmens, die Bedürfnisse seiner Kunden und die Interessen seiner Beschäftigten berücksichtigen.

Mit diesem Streben nach langfristig konstruktiven und partnerschaftlichen Beziehungen zu ihrem unmittelbaren Umfeld übernehmen mittelständische Unternehmen häufig eine Verantwortung für unser Gemeinwesen, die über ihr wirtschaftliches Eigeninteresse hinausgeht.

Zum Mittelstand gehören in Deutschland:

- 99,6 Prozent aller Unternehmen,
- 68,0 Prozent aller Arbeitnehmer,
- 80,0 Prozent aller Lehrlingsausbildungsplätze,

und der Mittelstand erbringt

- 47 Prozent aller steuerpflichtigen Umsätze,
- 53 Prozent der gesamten Bruttowertschöpfung,
- 45 Prozent der gesamten Investitionen.

Mit Hilfe dieser Zahlen lassen sich Sonntagsreden trefflich schmücken. Aber man braucht die Daten nur anders zu wenden und kommt zu weit weniger schmeichelhaften Aussagen. Dann erwirtschaften nämlich jene 0,4 Prozent aller Unternehmen, die nicht zum Mittelstand gezählt werden, fast die Hälfte (47 Prozent) der gesamten Bruttowertschöpfung und mehr als die Hälfte (53,1 Prozent) aller steuerpflichtigen Umsätze. Sie beschäftigen rund ein Drittel aller Arbeitnehmer und leisten mehr als die Hälfte aller Investitionen.

Ebenfalls gerne zitiert wird die Feststellung, daß mittelständische Unternehmen seit 1990 ihren Beschäftigtenstand um 6 Prozent erhöhten, während Großunternehmen ihr Personal um 15 Prozent reduzierten, daß also der Mittelstand eine verläßliche Säule des Arbeitsmarktes ist. Aber auch diese Aussage ist nicht so eindeutig positiv, wie es scheint – denn wir wissen wenig darüber, wie produktiv und wie profitabel diese Arbeitsplätze sind.

Es mag einem mittelständischen Unternehmer gut tun, wenn er hört, welch wichtige gesellschaftlichen Funktionen der Mittelstand erfüllt. Aber natürlich sind auch mittelständische Unternehmen keine sozialen oder politischen, sondern wirtschaftliche Veranstaltungen.

Sucht man über qualitative Wesensbestimmungen hinaus nach „harten“ Definitionen dessen, was Mittelstand bedeutet, dann wird es schwierig. Die deutsche Wirtschaftspolitik hat aus guten Gründen stets darauf verzichtet, eine allgemeinverbindliche, statistisch exakte *Definition des Mittelstandes* festzuschreiben. Zu unterschiedlich sind die Maßstäbe, die angelegt werden müßten, wenn Industrieunternehmen, Gaststätten, Anwaltskanzleien, Handwerksbetriebe, Reisebüros, Verkehrsbetriebe, Steuerberater oder Architekten erfaßt werden sollen.

Für bestimmte wirtschaftspolitische Zwecke, insbesondere für die Eingrenzung des Adressatenkreises bestimmter Förderprogramme, sind genaue Definitionen notwendig. Diese variieren aber von Fall zu Fall und bedürften auch der regelmäßigen Anpassung an die Realität.

In den Regelungen der nationalen Förderprogramme kommen die unterschiedlichsten quantitativen Abgrenzungen zum Ansatz. Während beispielsweise für die Programme der Kreditanstalt für Wiederaufbau (KfW) die Obergrenze bei einem Jahresumsatz von einer Milliarde DM liegt, setzt das ERP-Regionalprogramm eine Grenze von 100 Millionen DM. Teilweise kommen auch Grenzwerte für die Anzahl der Beschäftigten oder für die Bilanzsumme zur Anwendung, und häufig wird nach regionalen Kriterien, nach Branchenzugehörigkeit oder gar nach dem Alter des Unternehmens differenziert.

Zunehmend an Bedeutung gewinnen die auf europäischer Ebene gültigen Abgrenzungen. Der Begriff des Mittelstandes taucht hier natürlich nicht auf. Statt dessen wird unterschieden zwischen „Mikrounternehmen" (bis zu 9 Beschäftigte), Kleinunternehmen (bis 49 Beschäftigte) und Mittelunternehmen (bis 249 Beschäftigte); alle gemeinsam auch als KMU bezeichnet. Ab 250 Beschäftigten wird von Großunternehmen gesprochen. So fordern die seit 1996 geltenden Grundsätze für die Genehmigung von Beihilfen der Mitgliedstaaten an kleine und mittlere Unternehmen (Amtsblatt der Europäischen Gemeinschaften, L107 vom 30. April 1996), daß ein Jahresumsatz von 40 Millionen ECU (knapp 80 Millionen DM) oder eine Bilanzsumme vom 27 Millionen ECU (53 Millionen DM) nicht überschritten wird und nicht mehr als 250 Personen beschäftigt werden. Außerdem darf das Unternehmen zu höchstens 25 Prozent des Kapitals oder der Stimmenanteile im Besitz eines Großunternehmens bzw. Nicht-KMU stehen.

Solche Zuordnungen vernachlässigen allerdings zwangsläufig, daß auch große Unternehmen nicht selten im Familienbesitz sind. Auch besonders erfolgreich wachsende, eignergeführte Unternehmen geraten schnell außerhalb derartig „künstlich" festgelegter Grenzwerte, ohne daß sich ihre Strukturen grundlegend geändert hätten.

Die in Deutschland gebräuchlichste Abgrenzung stammt vom Bonner Institut für Mittelstandsforschung (IfM). Sie zieht die Grenze bei 500 Beschäftigten und bei 100 Millionen DM Jahresumsatz (Unternehmensgrößenstatistik 1997/1998 – Daten und Fakten, Institut für Mittelstandsforschung und Bundesministerium für Wirtschaft, Juni 1997) und gibt einen groben Anhaltspunkt im Sinne einer wissenschaftlichen Definition.

Legt man diese Definition zugrunde, dann ergeben sich die bereits oben genannten Zahlen über die Bedeutung des Mittelstandes in Deutschland (99,6 Prozent aller Unternehmen usw.).

Auch die „qualitativen" Kriterien – die Vorstellung von der Personaleinheit von Geschäftsführer und Inhaber sowie die wirtschaftliche Selbständigkeit – sind nicht leicht meßbar. Und auch sie sind nicht unveränderlich. Beispielsweise heißt es in den „Grundsätzen einer Strukturpolitik für kleine und mittlere Unternehmen" aus dem Jahre 1970 (Bundestagsdrucksache VI/1966 vom 29. Dezember 1970) noch, daß mittelständische Unternehmen „sich in der Regel nicht über den Kapitalmarkt finanzieren" – eine Einengung, die heute sicherlich nicht mehr angebracht und auch nicht mehr erwünscht wäre.

In den genannten Grundsätzen wird weiter gefordert, daß die Unternehmen „von selbständigen, mitarbeitenden Inhabern geleitet werden, die das unternehmerische Risiko selbst tragen". Dies wäre beispielsweise mit einer Finanzierung über Aktien nicht vereinbar. Auch das Wesen der Leitungsfunktion ist nicht unveränderlich: Mit dem Vordringen des Franchising entsteht beispielsweise eine neue Form der Selbständigkeit mit eingeschränkter Gestaltungsfreiheit.

Bei all diesen definitorischen Schwierigkeiten handelt es sich zum Teil um Unschärfen am Rande, zum Teil aber auch um Veränderungen im Kern. Der Mittelstand wandelt sich. Und *Wandlungsfähigkeit* ist vielleicht sogar das entscheidende Kriterium, wenn man sich klar macht, daß der

Mittelstand eben nicht durch die Kontinuität des individuellen Unternehmens, sondern durch ständiges Werden und Vergehen gekennzeichnet ist.

Die Frage nach der *Überlebensfähigkeit* des Mittelstandes oder nach seiner Bedeutung in der Zukunft kann daher sinnvollerweise nur auf das Ganze bezogen werden. Für das einzelne Unternehmen gibt es keine Überlebensgarantie und auch keinen solchen Anspruch. Auch daß die Konkursquote bei kleineren Unternehmen höher liegt als bei größeren, wäre nur dann relevant, wenn mehr kleine Unternehmen verschwinden als neu entstehen. Ohnehin machen Konkurse nur einen kleinen Teil der Liquidationen von Unternehmen aus. Beispielsweise gab es 1998 rund 586.000 Gewerbeabmeldungen, davon nur 28.000 Unternehmensinsolvenzen.

Von einer schrumpfenden Anzahl kleiner und mittlerer Betriebe kann jedenfalls in Deutschland keine Rede sein. Nach den Gewerberegistern ist der Mittelstand in der umfassendsten Abgrenzung heute um rund eine Million Einheiten größer als vor zehn Jahren. Dazwischen liegt allerdings die deutsche Vereinigung, so daß die Zahlen nicht voll vergleichbar sind.

Es gibt also weder in der jüngeren Vergangenheit noch für die nähere Zukunft eindeutige Trends, die befürchten ließen, daß mittelständische Unternehmen in Zukunft immer mehr den Großunternehmen weichen müssen.

Im Gegenteil: Es lassen sich sogar eine Reihe von Faktoren auflisten, die das Entstehen und Überleben kleiner und mittlerer Unternehmen begünstigen. Dazu gehören die Tendenz zur Entflechtung großer Unternehmen und das zunehmende „Outsourcing“. Auch der Wandel hin zur „Dienstleistungsgesellschaft“ begünstigt tendenziell kleine Unternehmen, denn im Dienstleistungsbereich sind zum einen vergleichsweise leicht Marktlücken aufzuspüren, und zum anderen ist es im Dienstleistungsbereich oft eher möglich, „klein anzufangen“. Tatsächlich findet sich in Deutschland wie auch in Europa im Ganzen das Gros der kleinen Unternehmen wie auch das Gros der Neugründungen in diesem Sektor.

Der Trend zur Deregulierung und Privatisierung eröffnet vielfältige Chancen für kleine Unternehmen, wenn auf längere Sicht in zukunftsträchtigen Bereichen wie Telekommunikation, Verkehr, Versorgung und Entsorgung oder auch im Gesundheitswesen der heute noch durchweg starke Anteil des Staates sinkt.

Auf der Gegenseite wirken allerdings auch einige Faktoren in Richtung auf größere Einheiten. Einer von ihnen, der aber nicht bedenklich, sondern nur natürlich ist, ergibt sich, wenn erfolgreiche kleine Unternehmen schnell aus ihrer Größenkategorie herauswachsen.

Eine ernster zu nehmende Gefährdung ist die bekannte Nachfolgeproblematik, die – teilweise in Verbindung mit dem Erbrecht – tendenziell den Verkauf von Unternehmen begünstigt und so zu größeren Einheiten oder auch zur Einverleibung durch Großunternehmen führt. Nicht ganz zu leugnen ist auch, daß die Beschaffung von Krediten oder Eigenkapital größeren Unternehmen leichter fällt – obwohl in dieser Hinsicht vieles in Bewegung geraten ist.

Schnell zur Hand ist in diesem Zusammenhang immer das Argument, die *Globalisierung* bedrohe den Mittelstand. Sachlich gesehen hängt das Ausmaß des „Globalisierungsdrucks", unter den ein Unternehmen gerät, aber in erster Linie von der Art seines Geschäfts und von den Bedingungen des Marktes ab, in dem es tätig ist, und nicht davon, ob ein Unternehmen klein oder groß ist. Es läßt sich sogar argumentieren, daß manche der Reaktionen von Großunternehmen auf den Globalisierungsdruck – Verringerung der Fertigungstiefe, Konzentration auf das Kerngeschäft – für kleinere Unternehmen Chancen eröffnen. Wiederum auf einem anderen Blatt steht, daß global konkurrierende Großunternehmen den auf ihnen lastenden Ertragsdruck auf ihre kleineren Zulieferer abzuwälzen versuchen, indem sie Preisdruck ausüben oder im Hinblick auf Qualität, Lieferfähigkeit usw. anspruchsvoller werden.

Fazit: Auf einen einfachen Nenner bringen läßt es sich nicht, was den Mittelstand bedrückt. Die Probleme sind genauso vielfältig, wie der Mittelstand selbst vielfältig ist. Und das, was bisher den Erfolg mittelständischer Unternehmen begründete – Unternehmergeist gepaart mit Verantwortungsbewußtsein, Weitsicht gepaart mit Bodenhaftung –, bleibt auch der Schlüssel zur Bewältigung der gegenwärtigen Herausforderungen.

Dieses Buch ist für Leser, die nach der Maxime handeln: Sich nicht hineinreden lassen, aber ein offenes Ohr haben für die Erfahrungen und Ideen anderer.

# Persönliche Empfehlungen für Familienunternehmen

*von Brun-Hagen Hennerkes*

Wer sich seit mehr als 30 Jahren mit den deutschen Familienunternehmen, ihrem Entstehen, ihrem Wachsen und ihrem Sterben befaßt, der weiß, daß diese Unternehmen in ganz besonderem Maße die Geschichte der hinter ihnen stehenden Unternehmerpersönlichkeiten, der hinter ihnen stehenden Frauen, Mütter und Ehepartner sowie der hinter ihnen stehenden Familien ausmacht.

Aus diesem Grunde kann ich mich im folgenden auch nicht der im allgemeinen Sprachgebrauch üblichen, synonymen Verwendung der Begriffe „Familienunternehmen" und „Mittelstand" anschließen. Die Bezeichnung „Mittelstand" führt zu Mißverständnissen, weil eine Vielzahl kleinerer Tochtergesellschaften von Konzernen die größenabhängigen Merkmale des Mittelstandsbegriffs erfüllen und andererseits große Unternehmen, wie beispielsweise Freudenberg, Eckes, Oetker, Miele, Melitta, nicht zum Mittelstand gezählt werden, obwohl sie zweifelsohne Familienunternehmen sind.

Familienunternehmen definieren sich gerade nicht über die Größe, sondern durch eine meist traditionell gewachsene, enge Beziehung zwischen den Eigentümern, dem Unternehmen und dessen Mitarbeitern, so daß für Familienunternehnehmen eine bestimmte Unternehmenskultur kennzeichnend ist, um die uns – nebenbei gesagt – die ganze Welt im Hinblick auf die von ihr ausgehende soziale Stabilität beneidet.

Männer und Frauen, wie früher die Brüder Reinhard und Max Mannesmann, Gottlieb Daimler, Robert Bosch oder in jüngerer Zeit Paul Nixdorf, Grete Schickedanz, Margarete Ley, Jochen und Uwe Holy oder die Gebrüder Eckes – um nur einige, ganz wenige große Unternehmerpersönlichkeiten zu nennen –, haben nachdrücklich unter Beweis gestellt, daß die einmalige Symbiose aus Führungskraft, Charakterstärke, Kreativität und sozialer Verantwortung, wie wir sie bei den Familienunternehmen finden, Leistungen hervorbringt, die unsere deutsche Volkswirtschaft zu einer der stärksten der Welt haben heranwachsen lassen. Und selbst die von Funk, Fernsehen und Presse zu Unrecht stets in den Vordergrund gestellten mächtigen Konzerne haben ohne Ausnahme auf dem aufgebaut, was einzelne Familienunternehmerinnen und -unternehmer zuvor geschaffen hatten.

Dafür, daß ich mit meiner Kritik am Mittelstandsbegriff nicht ganz falsch liege, möchte ich mich auf Thomas Mann berufen: Als der Senator Buddenbrook aufgefordert wird, einen gewissen Hans Lauritzen in den Senat zu wählen, begründet er seine abschlägige Antwort wie folgt: „Lauritzen ist ein ehrenwerter Mensch, ohne Frage; aber er ist Mittelstand."

Die *Stärken* des Familienunternehmens liegen vornehmlich in ihrer besonderen Fähigkeit, Mitarbeiter zu motivieren, in ihrer Innovationskraft, in schnellen und eindeutigen Entscheidungsabläufen sowie in ihren flachen Hierarchien begründet. Diese Feststellung ist allerdings eine Binsenweisheit, die – für alle deutlich – tagtäglich durch die Erfolge dieser Unternehmen auf den nationalen und internationalen Märkten belegt und bewiesen wird. Wichtiger ist daher die Frage: Aus welchem Potential schöpfen die Familienunternehmen im Gegensatz zu ihren großen Brüdern, den anonymen Konzernen?

## Individuelle und betriebliche Ziele im Einklang

Der Schlüssel liegt nicht im Know-how der individuellen Unternehmerpersönlichkeit, die das Familienunternehmen prägt und führt. Zwar hat schon der griechische Philosoph Demokrit festgestellt: „Der Mensch ist das Maß aller Dinge“. Es wäre allerdings mehr als vermessen zu behaupten, der Familienunternehmer sei kreativer, kostenbewußter, marketingbegabter, kurz: er sei unternehmerisch qualifizierter als seine Führungskollegen im Vorstand der großen Konzerne. Das ist sicherlich nicht der Fall, im Gegenteil: Nicht selten verfügen die Vorstände der Multis über das spezifischere betriebswirtschaftliche Know-how, die größere betriebswirtschaftliche Erfahrung und genauere Detailkenntnisse der diversen Techniken einer Markterschließung.

Des Rätsels Lösung liegt in der sich aus seinem Eigentum bzw. Miteigentum am Betrieb ergebenden eindeutigen Interessenlage des Familienunternehmers.

Während es dem Vorstand um Image, Shareholder Value (übrigens ein schlimmes Unwort der neueren Wirtschaftsterminologie), Karriere, individuelle Bezüge und Pensionen, Absicherung gegenüber dem Aufsichtsrat – also um eine Vielzahl durchaus im Widerspruch zum Eigentümer stehender Interessenlagen – geht, zählt beim Familienunternehmer nur eines: die Mehrung und Sicherung des Familienvermögens. Wohl bemerkt: Die Verfolgung diverser Interessen durch die Vorstände der Großkonzerne soll und darf hier keinesfalls verteufelt werden. Es ist das gute Recht jedes einzelnen, in seinem Beruf neben den Interessen des arbeitgebenden Unternehmens auch seine eigenen, individuellen Zielsetzungen zur Geltung zu bringen, soweit er sich dabei im Rahmen von Gesetz, Usance und moralischer Verantwortung hält. Nur: Die Umsetzung eines solchen „Interessenbündels", deren Teile einander partiell widerstreiten, führt zu einer nachhaltigen Minderung der Effizienz. Ein Beispiel aus meiner persönlichen Praxis möge dies verdeutlichen.

Helmut Schleicher, dem Gründer der Schleicher Relaiswerke in Berlin, führten seine Mitarbeiter eine durch bedeutende Industrie-Designer entworfene Relaisbaureihe vor. Die Interessen waren klar verteilt: Der Vertriebsgeschäftsführer suchte ein möglichst preiswertes Produkt. Die Technik favorisierte eine perfekte, aber teure Lösung. Die Industrie-Designer hatten sich für ein weniger praktisches, dafür jedoch designorientiertes Produkt stark gemacht. Da sich niemand durchsetzen konnte, war eine wenig überzeugende Kompromißlösung entstanden. Bei der Vorführung unterbrach Dr. Schleicher den Vortragenden mit dem Hinweis darauf, daß der manuell zu regulierende Drehschalter des vorliegenden Musters mit ölbeschmutzten Händen gar nicht zu bedienen sei. Er verlange jedoch unter Zurückstellung von Preis- und Gestaltungsaspekten ein Relais, das von dem bedienenden Maschinisten vor Ort ohne Probleme justiert werden könne. Der Schalter wurde zum Schrecken der Designer um das Zehnfache vergrößert. Die Baureihe erwies sich als Riesenerfolg – und zwar gerade deshalb, weil sie so bedienungsfreundlich war.

## Die Unternehmenssteuerung im Mittelpunkt

Der typische deutsche Familienunternehmer lebt im Verborgenen. Viele Namen, hinter denen hervorragende unternehmerische Leistungen stehen, wie beispielsweise Henning und Holger Strait (Niederegger Marzipan), Dirk Pietzcker (AKG Autokühler), Franz Gausepohl (Gausepohl Fleisch), Klaus Conrad (Conrad Electronic), Reinhard Wolf (Wolf Wurstwaren), Horst Kühne (Raps Gewürzwerk), um nur einige wenige, mir persönlich bekannte, zu nennen, sind in der Öffentlichkeit weitgehend nicht präsent. Dies entspringt allerdings nicht so sehr einer ausgeprägten Bescheidenheit dieser Unternehmer als vielmehr ihrem starken Selbstbewußtsein sowie der Tatsache, daß sie sich im Markt für Führungskräfte nicht „verkaufen“ müssen. Wer vermögensmäßig unabhängig ist und wem das Sagen im Unternehmen, anders als bei angestellten Konzernvorständen, von niemandem streitig gemacht werden kann, den interessiert naturgemäß auch weniger das, was er an Leistungsbeweisen aus der Vergangenheit zu präsentieren hat, als vielmehr das, was er in der Zukunft unternehmerisch noch zu optimieren und zu bewegen in der Lage ist.

Das „betriebswirtschaftliche Bermudadreieck“ des Familienunternehmens besteht traditionell aus den Eckpunkten Eigenkapital, Gewinn und Liquidität. Die Bedeutung dieser drei Komponenten ist seit langem Gegenstand zahlreicher Untersuchungen in Theorie und Praxis. Die Literatur hierzu ist zwischenzeitlich so umfangreich geworden, daß man ganze Bibliotheken damit füllen könnte. Vieles davon ist allerdings reine Theorie, wenig praxistauglich und zudem von der Unternehmensrealität sowie der sozialen Wirklichkeit längst überholt. Ausgehend vom Substanzwertdenken des auslaufenden letzten Jahrhunderts liegt ihm eine Auffassung zugrunde, die das Unternehmen noch immer als vorwiegend statische Veranstaltung im Bereich des betrieblich gebundenen Vermögens begreift.

Die Wirklichkeit sieht indes ganz anders aus: Nicht das bilanzielle Eigenkapital und die Höhe des angesammelten Betriebsvermögens entscheiden über den unternehmerischen Erfolg. Maßgeblich ist vielmehr die markteffiziente Zuordnung der *Liquiditätsströme* auf das potentielle Wertschöpfungspotential des jeweiligen Betriebes. Die zu späte Wahrnehmung dieses radikalen Wandels – weg vom Eigenkapital und hin zur Liquidität, weg von der statischen und hin zur dynamischen Betrachtung – haben die Banken Mitte der 90er Jahre mit hohen Wertberichtigungen bitter bezahlen müssen.

Was für das „Substanzdenken“ gilt, ist bei der Eigenkapitalrendite gleichermaßen zu beachten: Ein befreundeter Unternehmer berichtete mir stolz, daß sich sein Eigenkapital derzeit mit ca. 42 Prozent verzinse. Er war überrascht, daß ich diese Erfolgsmeldung statt – wie erwartet – in Begeisterung auszubrechen, völlig ungerührt entgegennahm und ließ sich auch nicht überzeugen, daß die Eigenkapitalrendite kein brauchbarer Gradmesser für wirtschaftlichen Erfolg darstellt. Das wurde ihm erst klar, als er sein Unternehmen zwei Jahre später verkaufte und der verbleibende Nettoerlös von 250 Millionen DM bei konservativer Anlage eine Rendite von zehn Prozent erbrachte. Das war zwar prozentual eine wesentlich geringere Rendite, in absoluten Zahlen jedoch doppelt so viel wie sein zuvor erzielter Gewinn. Mit diesem Beispiel will ich keineswegs sagen, daß der Unternehmer mit dem Verkauf die einzig richtige Entscheidung getroffen hat. Eine solche Entscheidung kann nicht allein von der Kapitalrendite abhängig gemacht werden. Ich will lediglich darauf hinweisen, daß bei Rendite-Überlegungen stets von den richtigen Bewertungsgrundlagen ausgegangen werden muß.

Die Bedeutung der Begriffe „Eigenkapital", „Gewinn" und „Liquidität" läßt sich ohne alles wissenschaftliche „Brimborium" am einfachsten durch einen Vergleich mit den menschlichen Körperfunktionen veranschaulichen. Das *Eigenkapital* entspricht der körperlichen Gesamtkonstitution des Menschen: Ist diese stabil, so können auch größere gesundheitliche Attacken, etwa eine schwere Infektionskrankheit, überwunden werden. Ebenso ist es im Unternehmen. Echtes Eigenkapital – also nicht etwa das buchmäßige, welches sich bekanntlich weitgehend durch Bilanzgestaltung verändern läßt – stärkt den betrieblichen Organismus.

Im übrigen hält die ständig und lautstark geführte Klage über die im internationalen Vergleich zu geringe Eigenkapitalquote deutscher Unternehmer einer wissenschaftlichen

Nachprüfung nicht stand. Hier werden Äpfel und Birnen verglichen, da die internationalen Bilanzierungsmethoden nach IAS oder US-GAAP automatisch zu höheren Quoten führen. Wenn in diesem Bereich tatsächlich etwas Sorge bereiten kann, dann ist es die abwärtszeigende Tendenz bei der Eigenkapitalquote, die wir in Deutschland seit Jahren beobachten.

Der *Gewinn* entspricht in meinem Bild der menschlichen Nahrung. Auf diese können heutzutage die meisten von uns dank der angesammelten Fettreserven für geraume Zeit verzichten. Das gilt analog für Unternehmen. Dabei ist es geradezu grotesk, mit welcher naiven Gläubigkeit selbst gestandene Unternehmer den von ihrem Wirtschaftsprüfer bilanzierten Gewinn als *den* richtigen Gewinn betrachten. Es gilt vielmehr: Es gibt nicht einen, sondern Tausende von „richtigen" Gewinnen.

Die *Liquidität* ist der wichtigste der drei Eckpunkte des „betriebswirtschaftlichen Bermudadreiecks". Sie entspricht – mit Körperfunktionen verglichen – der menschlichen Atmung, und wir alle wissen: Wenn die Atmung aussetzt, tritt in Sekundenschnelle der Tod ein. Fristenkonforme Liquidität und nicht Eigenkapital heißt daher das unternehmerische Gebot der Stunde.

Die mangelnde Einsicht in diese Zusammenhänge hat schon der bedeutende Pionierunternehmer Carl F. W. Borgward im Jahre 1961 mit dem Verlust seines Lebenswerkes bezahlen müssen. Im Verlauf seines Konkursverfahrens stellte sich nämlich heraus, daß sämtliche Gläubiger vollständig befriedigt werden konnten. Es waren also von vornherein ausreichende Vermögenswerte zur Abdeckung aller Verbindlichkeiten vorhanden. Eine falsche Einschätzung dieser Zusammenhänge war es auch, die der Familie Bauknecht innerhalb von wenigen Stunden wirtschaftlich das Genick gebrochen hat. Die unvorhergesehene Kreditkündigung durch eine amerikanische Großbank – bedingt nicht etwa durch eine Verschlechterung der wirtschaftlichen Situation im Unternehmen, sondern allein durch eine Änderung der internen Kreditvergaberichtlinien des amerikanischen Kreditgebers in den USA – führte zum sofortigen Kollaps. Daß die Finanzverantwortlichen des Unternehmens sich zuvor vom gerade für Familienunternehmen bewährten Hausbankprinzip losgesagt hatten und stets der Bank mit der jeweils günstigsten Gebührenofferte den Zuschlag erteilten – am Schluß waren fast einhundert Banken an der Unternehmensfinanzierung beteiligt – bedeutete für das Unternehmen und damit für das Familienvermögen den Untergang.

## Gesellschaftsverträge von Ballast befreien

Die deutschen Gesellschaftsverträge sind häufig teuer und schlecht. Man kann sie – um ein modernes, wenn auch makaberes Beispiel zu verwenden – am ehesten mit einem Straßentunnel vergleichen: Sie sind lang, dunkel und gefährlich. Sie bieten bei „Rauchentwicklung" in aller Regel nur geringe Überlebenschancen. Die meisten Gesellschaftsverträge beruhen nämlich auf einem Unternehmensverständnis, das noch aus der Zeit der Jahrhundertwende stammt. Demzufolge sind die Regelungsschwerpunkte falsch gesetzt.

Vergleicht man, welche Bedeutung den selten strittigen Bestimmungen des Gesellschaftsvertrages betreffend den Gegenstand des Unternehmens, die Einberufung der Gesellschafterversammlung, die Fristen und Formbedürfnisse (auf deren Einhaltung ohnehin fast in jeder Gesellschafterversammlung pauschal verzichtet wird), die im Hinblick auf den Sozialplan de facto heute nicht mehr stattfindende Liquidation des Unternehmens von den Vertragsverfassern schon rein umfänglich zugemessen wird, so gewinnt man den Eindruck, daß die Vertragsverfasser sich um die wirklich entscheidenden Komplexe „herumdrücken“. Der Sinn und Zweck des Unternehmens ist allein darin zu sehen, daß in sozialadäquater Weise möglichst hohe Gewinne erwirtschaftet werden. Dieser Zielsetzung entsprechend, müssen im Gesellschaftsvertrag der Gewinnermittlung, den ihr vorgelagerten Gestaltungsmöglichkeiten, Entscheidungen zur Finanzstruktur, der Gewinnverteilung, der Absicherung der Liquidität des Unternehmens (Entnahmen, Zahlung von Einkommensteuer und Erbschaftsteuer, Abfindungsguthaben an ausscheidende Gesellschafter etc.) die höchste Priorität zukommen. Hierüber findet sich jedoch in den heutigen Gesellschaftsverträgen meist nur sehr wenig.

Jeder, der sich mit der Abfassung solcher Verträge für Familienunternehmen befaßt, sollte berücksichtigen,

- daß das Testat eines Wirtschaftsprüfers keinesfalls bedeutet, daß der festgestellte Gewinn tatsächlich der wirkliche Gewinn ist;

- daß substanzwertorientierte Abfindungsregelungen, wie etwa die weit verbreiteten Buchwertabfindungen (ihre rechtliche Zulässigkeit sei einmal dahingestellt), infolge ihres fehlenden Liquiditätsbezuges gefährlich sind. Dasselbe gilt für Abfindungen auf Basis der für die Erbschaftsteuer maßgeblichen Werte;

- daß das buchmäßige Eigenkapital für die betriebswirtschaftliche Steuerung des Unternehmens bedeutungslos ist, da es gestaltet werden kann, und zwar ohne daß sich am wirtschaftlichen Wert des Unternehmens irgend etwas ändert;

- daß die üblichen Zustimmungskataloge der Gesellschaftsverträge, die zwar die Ernennung der Prokuristen und die Aufnahme einer Hypothek, nicht aber zum Beispiel den wirtschaftlich erheblich bedeutsameren Aufbau einer Zweitmarke oder die Einführung eines Beteiligungscontrollings oder gar die Ausschüttungspolitik der Tochter- und Enkelgesellschaften umfassen, einen klaren Wertungswiderspruch beinhalten. In modernen Unternehmen werden die Zustimmungskataloge weitgehend durch die Genehmigung der Unternehmensplanung ersetzt.

Die Begründung für diese Defizite der meisten Gesellschaftsverträge von Familienunternehmen liegt in dem häufig fehlenden betriebswirtschaftlichen, steuerlichen und organisatorischen Erfahrungshorizont der Vertragsgestalter sowie darin, daß diese den Lebenszyklus der von ihnen gestalteten Verträge noch zu selten mitverfolgt haben. Die Defizite haben zwar vielen Juristen infolge der sich hieraus ergebenden Streitigkeiten „Brot und Arbeit", aber leider auch etlichen einst stolzen Familienunternehmen ein bitteres Ende beschert.

## Regelungsschwerpunkte richtig setzen

Dabei ist die Vorgehensweise bei der Abfassung eines Familiengesellschaftsvertrags ebenso zwingend wie einfach. Zunächst müssen die „kriegsentscheidenden" Zielorientierungen des Unternehmens von den Gesellschaftern definiert und mit Prioritäten versehen werden. Maßgeblich sind hierbei die folgenden Aspekte, deren Beachtung vor späterem Schaden bewahren kann:

- Sicherung einer qualifizierten Unternehmensleitung insbesondere auch gegen unqualifizierte Einflüsse aus dem Gesellschafterkreis;

- wirksame Kontrolle der Unternehmensleitung anhand objektiv vorgegebener Zielgrößen;

- Ausschaltung von Interessengegensätzen zwischen Geschäftsführern und Gesellschaftern bei der Bilanzerstellung, besonders bei der Auswahl des Wirtschaftsprüfers und seiner Honorierung. Die Ausübung der Bilanzwahlrechte und die vorjährigen gewinnbeeinflussenden Gestaltungen wie zum Beispiel Leasing, Outsourcing und Factoring dürfen nicht allein von der Geschäftsführung entschieden werden;

- Regelung der natürlichen Interessengegensätze zwischen „Nur"-Gesellschaftern und „geschäftsführenden" Gesellschaftern, insbesondere bei der Vergütung und sonstigen Benefits. Hier gilt: Nur objektiv meßbare Leistung darf bezahlt werden und das auch nur mit Maßstab eines Drittvergleichs;

- Sicherung der Liquidität für die existenznotwendigen Bedürfnisse der Gesellschafter. Gesellschafter, denen aus einer an sich wertvollen Beteiligung keine oder stets nur ungenügende Erträge zufließen, bilden ein großes Gefahrenpotential für den Fortbestand des Unternehmens;

- in demselben Zusammenhang sind die Bemühungen des Gesellschaftsvertrages zu sehen, die Zahl der möglichen Gesellschafter im Zuge der Nachfolge zu begrenzen, indem zum Beispiel eine Mindestbeteiligung für die Gesellschafter, vorgeschrieben wird. So sehr eine geringe Gesellschafterzahl angestrebt werden sollte: Die Mindestbeteiligung funktioniert in der Praxis nur dann, wenn in der Familie genügend Privatvermögen vorhanden ist, um weichenden Erben einen finanziellen Ausgleich zu geben;

- Abfindungsregelungen für ausscheidende Gesellschafter müssen streitsicher, einfach und vor allem für das betroffene Unternehmen liquiditätsschonend sein. Solche Voraussetzungen sind am ehesten bei einer ertragswertorientierten Bezugsbasis gegeben, bei der allerdings außerordentliche Faktoren auszuklammern und pauschalierende Verfahren anzuwenden sind;

- in einer Zeit, in der Kooperationen, strategische Allianzen, Beteiligungen und Börsengänge von Familienunternehmen stark zunehmen, sollte der Gesellschaftsvertrag die Voraussetzungen und Verfahrensweisen für Schritte dieser Art genau festlegen. Nur so kann verhindert werden, daß sinnvolle Gestaltungsmaßnahmen am Widerspruch einer Minderheit scheitern.

Sind für die vorgenannten Punkte unter den Gesellschaftern adäquate Lösungen einvernehmlich entwickelt worden, dann sollte die Abfassung des Gesellschaftsstatuts mehr oder weniger eine reine Formsache sein, für die der sparsame Unternehmer auch keinesfalls zuviel Geld ausgeben muß. Formulierungen, die jedoch die potentiellen Konfliktfelder lediglich verbal mit der „Sauce der Harmonie" überziehen, wie es der Experte in der Praxis häufig zu Gesicht bekommt, sind das Papier nicht wert, auf dem sie geschrieben sind.

Abschließend möchte ich zu diesem Thema eine langjährige Beobachtung nicht verheimlichen: Je schlechter es dem Unternehmen geht, je weniger Kreativität bei der Marktbearbeitung vorhanden ist, je deutlicher die Führungsschwäche wird, um so mehr beschäftigt sich der Unternehmer mit den Fragen des Gesellschaftsvertrages, der Rechtsform und steuerlichen Wünschen, die betriebswirtschaftlich nicht selten suboptimale Lösungen erzwingen und damit mehr kosten als sie bringen. Woher kommt das?

Auch der Familienunternehmer ist nur ein Mensch. In Zeiten der unternehmerischen Defensive wendet er sich besonders gern den Bereichen zu, in denen kein Widerspruch zu erwarten ist, in denen der Erfolg der Durchsetzung für ihn sicher ist und in denen die Umsetzung seiner Gedanken zügig erfolgen kann. Hieraus resultiert jedoch eine Vielzahl von zum Teil sehr komplizierten Gestaltungen, die letztlich infolge ihrer Intransparenz den entscheidenden Vorteil des Familienunternehmens – die Möglichkeit, schnell und klar Entscheidungen zu treffen – in Frage stellt.

# Unternehmensnachfolge – ein dynamischer Prozeß

Bis zum Jahre 2004 steht in Deutschland bei rund 378.000 Familienunternehmen die Nachfolge an. Die Vererbung von Firmenvermögen bietet einerseits die große Chance, zugleich mit der Regelung der Führungsnachfolge die jeweiligen betrieblichen Strukturen auf die Herausforderungen der Zukunft auszurichten, andererseits birgt sie ein hohes Risikopotential. Ein mißglückter Stabwechsel bei der Unternehmensnachfolge bedeutet – wie im Sport – einen Rückfall auf die hinteren Plätze, der kaum jemals wieder wettgemacht werden kann.

Die Planung der Unternehmensnachfolge geht in den meisten Fällen allerdings – wie oben dargestellt – von einem tradierten, zwischenzeitlich jedoch überholten Unternehmensverständnis aus. Dies sieht in dem Unternehmen einen statischen Ordnungsprozeß und hält folgerichtig die gesellschaftsrechtliche und steuerliche Konzeption für den wichtigsten Ansatzpunkt bei der Suche nach einer optimalen Unternehmensnachfolge. Dementsprechend werden vornehmlich Fragen der steuerlich günstigsten Gestaltung, der optimalen Rechtsform, der Informations- und Kontrollrechte der Gesellschafter, der Zustimmungskataloge für die neue Geschäftsführung, Vergütungsfragen und ähnliches diskutiert.

Der richtige Ansatzpunkt ergibt sich demgegenüber aus einem modernen Verständnis des Unternehmens als dynamischer Wirtschaftseinheit, dessen Prozesse ständig den sich wandelnden Rahmenbedingungen angepaßt werden müssen. Hier haben steuerliche und gesellschaftsrechtliche Regelungen zwar durchaus ihre ordnungspolitische Bedeutung, aber eben nur als Hilfsfunktion zur Stützung der unternehmerischen Zielvorgaben und nicht – wie in der Praxis häufig zu beobachten – als Selbstzweck. Fragen der Führungsstruktur, der betriebswirtschaftlichen Ablauforganisation, der Mitarbeitermotivation, des Controllings und der Vertriebsoptimierung sind von größerer Wichtigkeit.

Als Beispiel möge der Fall Neckermann dienen. Der bloße Austausch eines Firmenpatriarchen gegen einen neuen Manager – gleichgültig ob dieser aus der Familie kommt oder nicht – löst die Nachfolgeproblematik keineswegs. Es besteht vielmehr die Gefahr, daß das Unternehmen in eine Existenzkrise gerät; insbesondere, wenn gleichzeitig einschneidende Anpassungen an Marktentwicklungen eingeleitet werden müssen.

Stehen Steuerersparnisse und gesellschaftsrechtliche Kontroll- und Zustimmungsregelungen derart im Vordergrund, daß das neue Management in seiner Akzeptanz und Flexibilität so leidet, daß betriebswirtschaftlich sinnvolle Maßnahmen nicht umgesetzt werden können, darf man sich nicht wundern, wenn es schließlich mangels Gewinn nichts mehr zu verteilen gibt.

In jedem unternehmerischen *Nachfolgekonzept* ist deshalb zu beachten,

- daß die Nachfolgeplanung ein wichtiger Bestandteil der strategischen Unternehmensplanung ist. Sie muß unabhängig vom Alter des Firmeninhabers jederzeit verfügbar sein und als dynamischer Prozeß permanent der sich wandelnden konkreten Familien- und Unternehmenssituation angepaßt werden;

- daß beim Generationswechsel steuerlichen und gesellschaftsrechtlichen Regelungen lediglich eine technische Hilfsfunktion zukommt, dic an dcn Bcdürfnissen dcs Unternehmens auszurichten sind und nicht umgekehrt;

- daß die Nachfolgeplanung folgerichtig weder vom Unternehmer noch von seinen rechtlichen und steuerlichen Beratern allein geprägt werden darf. Sie muß vielmehr in Kooperation mit allen Leistungsträgern des Unternehmens und gegebenenfalls unter Heranziehung externer Fachleute erarbeitet werden. Nur so kann sichergestellt werden, daß die Nachfolgeregelung allen betrieblichen Belangen ganzheitlich gerecht wird.

## Beim Stabwechsel Gestaltungsspielräume nutzen

Die rechtlichen und steuerlichen Aspekte der Unternehmensnachfolge haben zwar – wie dargestellt – nur eine Hilfsfunktion, sie setzen jedoch im Interesse der *Sicherung des Unternehmenswertes* langjährige Erfahrung seitens des Beraters voraus.

Grundsätzlich dürfen sich die rechtlichen Vorarbeiten zur Strukturierung der Unternehmensnachfolge nicht auf die Testamentserrichtung beschränken, sondern müssen die Auseinandersetzung mit weichenden Erben, die homogene

Anpassung ehe- und gesellschaftsvertraglicher Regelungen und die Strukturierung des Nachlasses im Hinblick auf die beabsichtigte Erbfolgeregelung ebenso umfassen wie die Vornahme rechtzeitiger Schenkungen in vorweggenommener Erbfolge. Notwendig ist eine ganzheitliche Konzeption aller persönlichen und unternehmensbezogenen Verträge.

Kurzfristig fällige Barforderungen (Erbschaftsteuer, Pflichtteilsansprüche enterbter Kinder, güterrechtliche Ausgleichsansprüche) können selbst gesunde Unternehmen ruinieren. Die Etablierung eines tragfähigen Liquiditätskonzepts, das Strategien der Pflichtteil- und Steuerminimierung ebenso berücksichtigt wie die Schaffung von Liquiditätsreserven für den Erbfall, ist daher unentbehrlicher Bestandteil einer umfassenden Nachfolgeregelung.

Unter Liquiditätsgesichtspunkten falsch ist der von vielen Unternehmern bevorzugte Güterstand der Gütertrennung. Die Gütertrennung erhöht die Pflichtteile der Abkömmlinge und läßt die Erbschaftsteuerbelastung in die Höhe schnellen, da der Vorteil der Freistellung des während der Ehe erwirtschafteten Zugewinns verpufft. Besser ist es, die Zugewinngemeinschaft in der Weise zu modifizieren, daß der Ausgleichsanspruch im Scheidungsfall ausgeschlossen oder vermindert wird, es im übrigen aber beim gesetzlichen Güterstand bleibt.

Das weitverbreitete Berliner Testament sowie die Anordnung einer Vor- und Nacherbschaft sind mit gravierenden erbschaftsteuerlichen Nachteilen verbunden. Ohnehin ist keine erbrechtliche Gestaltung mit einem derart hohen Konfliktpotential behaftet wie die Anordnung einer Nacherbfolge. Das Ziel, die Versorgung des überlebenden Ehegatten sicherzustellen, läßt sich unter Vermeidung von Streitpotential und steuerlich günstiger durch die Anordnung eines Nießbrauchsvermächtnisses erreichen.

Das wichtigste Instrument zur Erbschaftsteuerminimierung ist die vorweggenommene Erbfolge. Neben dem Effekt, daß sich Wertsteigerungen unmittelbar beim künftigen Erben als Vermögensinhaber vollziehen, läßt sich auf diese Weise die Bandbreite der Progression ebenso steuersparend ausnutzen wie die alle zehn Jahre anfallenden persönlichen Freibeträge. Auch der erhöhte Freibetrag bei der Übertragung von Betriebsvermögen von 500.000 DM kann durch schrittweise Schenkungen mehrfach steuersparend genutzt werden.

Da das Erbschaftsteuerrecht die zu übertragenden Vermögensgegenstände höchst ungleich bewertet, können durch die richtige Strukturierung des Nachlasses signifikante Steuerersparnisse erzielt werden. Die Privilegierung des Grundbesitzes, dessen Steuerwert auch nach der gesetzlichen Neuregelung noch erheblich vom tatsächlichen Wert der Immobilie entfernt ist, eröffnet gestalterische Optionen wie die Figur der mittelbaren Grundstücksschenkung oder die Anordnung eines Verschaffungsvermächtnisses über nicht zum Nachlaß gehörende Grundstücke.

Die fehlende Synchronisation zwischen Erbfolgeregelung und Gesellschaftsvertrag ist ein grober Kunstfehler mit häufig fatalen Folgen. Allein die gesellschaftsvertragliche Festlegung entscheidet, wer in die Gesellschaft nachrücken darf.

Durch die geänderte Rechtsprechung zur einkommensteuerlichen Behandlung der Erbauseinandersetzung hat sich neuer Anpassungsbedarf bei Testamenten und Gesellschaftsverträgen ergeben. Die Kehrtwende des Bundesfinanzhofs macht viele der bislang verwendeten Eintritts- und Nachfolgeklauseln revisionsbedürftig. Ausgleichszahlungen zwischen den Erben, die nunmehr einkommensteuerpflichtige Veräußerungsgewinne darstellen können, lassen sich durch geschickte Teilungsanordnungen oder Vorausvermächtnisse vermeiden.

Bei der Anordnung einer Testamentsvollstreckung ist Vorsicht geboten. Fast uneingeschränkte Befugnisse des Amtsinhabers sorgen ebenso für Streitpotential wie hohe Gebühren. Es empfiehlt sich, die Machtfülle eines einzelnen durch die Einsetzung eines Testamentsvollstreckergremiums zu beschneiden. In diesem können auch die Erben vertreten sein. Das Honorar des Testamentsvollstreckers ist vor dem Erbfall festzulegen.

Die in Ehegattentestamenten beliebte Wiederverheiratungsklausel, die eine erneute Heirat des überlebenden Ehegatten erbrechtlich sanktionieren soll, ist leicht zu umgehen und hat in einem professionellen Testament keinen Platz.

Im Gegensatz zum frei widerruflichen Testament können mit einem Erbvertrag klare Verhältnisse geschaffen werden. Die Bindungswirkung kann sich aber gerade im unternehmerischen Bereich als sehr verhängnisvoll erweisen, wenn der als Erbe eingesetzte Nachfolger für die Unternehmensführung offensichtlich ungeeignet ist. Die Etablierung von Abänderungsmechanismen ist hier unabdingbar.

Große Risiken sind mit der Kunstschöpfung der Betriebsaufspaltung verbunden. Dieses von der Steuerberatungspraxis zur Blüte gebrachte Institut stellt letztlich nichts anderes dar als die allein vom Ziel der Steueroptimierung getriebene Aufspaltung eines einheitlichen Unternehmens in zwei rechtlich selbständige Teile. Die hiermit verbundene Vernachlässigung der unternehmerischen Komponente sowie die unklaren rechtlichen Rahmenbedingungen bergen nicht nur im Erbfall ein ganz erhebliches Streitpotential. Eine unachtsame erbrechtliche Regelung kann zudem die zwangsweise Auflösung der Betriebsaufspaltung bewirken, mit der fatalen und regelmäßig das Ende des Unternehmens bedeutenden wirtschaftlichen Folge der Aufdeckung stiller Reserven.

## Lobby tut not

Daß Familienunternehmen ihre individuelle Interessenlage bei der Gesetzgebung (insbesondere der Steuergesetzgebung) nicht durchzusetzen vermögen, daß sie bei der staatlichen Subventionspolitik die für sie schädlichen Mittelflüsse an die Großkonzerne nicht zu stoppen vermögen, daß ihr Stellenwert bei unseren Wirtschaftspolitikern trotz permanenter Lippenbekenntnisse als gering geachtet wird, das alles ist leider Realität. Den Familienunternehmen ist hieraus im Laufe der letzten Jahrzehnte unermeßlicher Schaden entstanden. Sei es die Besteuerung des Veräußerungsgewinns – also die Plünderung der Spardose der Familie – sei es die unsensible Regelung im Kapitalmarktrecht, die allen Mitgliedern eines Familienpools automatisch eine de facto Veräußerungssperre bezüglich der familiengebundenen Aktien auferlegt oder seien es die neuesten Initiativen der Grünen im Stiftungsrecht, die den Familienstiftungen nach einer Lebensdauer von 30 Jahren automatisch ein Ende setzen wollen. All diese Entwicklungen hätten gestoppt werden können, wenn die Familienunternehmer konsequent für den Aufbau einer leistungsfähigen eigenen Lobby Sorge getragen hätten. Das seitens der Unternehmer immer wieder vorgetragene Argument, bei der Tagesarbeit im Unternehmen bleibe keine Zeit für Lobbyarbeit übrig, kann nicht überzeugen. Der unbestritten vorhandene zeitliche Engpaß wäre durch die Finanzierung von geeigneten Interessenvertretern zu beseitigen gewesen.

Die Großindustrie hat es gezeigt: ob es um die Subventionspolitik im Schiffsbau geht, um die Pharmaindustrie, die ihrem Bemühen Reimporte zurückzudrängen wirkungsvoll Geltung verliehen hat oder um die Automobilindustrie bezüglich der Besteuerung der Jahreswagen – auf fast allen Gebieten ist die Lobby der Konzerne erfolgreich gewesen. Wie sehr ein solcher Einsatz sich auch für die Familienunternehmen konkret auszahlen könnte, das haben vor Jahren die Büromöbelindustrie und die Fleischereimaschinenbranche unter Beweis gestellt. Im ersten Fall wurden aus Gründen der Arbeitssicherheit sämtliche vierbeinigen Bürostühle in „Fünfbeiner“ umgetauscht. Eine Auftragsflut unvorstellbaren Ausmaßes wurde den Herstellern ins Haus geschwemmt. Im zweiten Fall wurden alle Aufschnittmaschinen mit einer neuen Sicherheitsvorrichtung versehen, was ebenfalls sehr lukrativ war.

Wirksame Lobby setzt allerdings eine Bereitschaft zu effektiver Öffentlichkeitsarbeit voraus. Um diese Bereitschaft ist es jedoch in den Familienunternehmen nicht zum besten bestellt. Sie haben zwar in der Regel ein ausgezeichnetes Verhältnis zur Fachpresse. Dort wird über ihre Produkte, über Innovationen, Standorterwägungen, Markt und Branchengeschehen oder andere unternehmensrelevante Themen zeitnah berichtet. Fachredakteur und Unternehmer stehen in engem Kontakt und informieren sich gegenseitig über das aktuelle Geschehen. Ähnlich verhält es sich meist mit der Lokalpresse. Sie berichtet über die Unternehmen vor Ort, auch wenn die Berichterstattung allgemeiner Natur ist und beispielsweise Firmenjubiläen oder Personalien im Vordergrund stehen.

Völlig unterrepräsentiert sind Familienunternehmen dagegen in den überregionalen Tageszeitungen und der Wirtschaftspresse. Hier werden sie als besondere Spezies kaum wahrgenommen. Die Gründe hierfür sind vielschichtig: Berührungsängste seitens der Unternehmer sowie ein aus schlechten Erfahrungen resultierender Frust seitens der Wirtschaftspresse sind die wichtigsten. Obwohl der professionelle Auftritt in der Öffentlichkeit – nicht nur in Krisensituationen – immer stärker an Bedeutung gewinnt, erachten viele Inhaber die Zusammenarbeit mit PR-Fachleuten oder Agenturen als überflüssig oder lehnen sie aus Kostengründen ab. Damit bleiben wichtige Instrumente, die die Bedürfnisse der Familienunternehmen in der Öffentlichkeit erläutern könnten, ungenutzt. So ist es auch kein Zufall, wenn hierzulande laut einer Umfrage unter Abiturienten die Unternehmer als geldgierige, rücksichtslose und steuerunehrliche Wesen gelten, die ohne Beachtung sozialer Gebote rücksichtslos dem Profit nachjagen. Den durchschnittlichen Gewinn der Unternehmer schätzen die Befragten im übrigen auf 25 bis 35 Prozent des Jahresumsatzes – also weit ab von jeder Realität. Für die Entstehung eines solchen Zerrbildes in dieser Gruppe, aus der sich unsere künftige akademische Elite rekrutiert, tragen die Unternehmer selbst ein hohes Maß an Verantwortung.

Der Rückzug in die selbst gewählte Isolation, das Kokettieren namhafter Familienunternehmen mit eiserner Abstinenz gegenüber Medien ist nicht nur in plötzlich auftretenden Krisensituationen problematisch. Erfolgreiches Wirtschaften ist dauerhaft nur auf der Basis einer durchgängigen sozial-gesellschaftlichen Akzeptanz möglich. Wenn die deutschen Familienunternehmen dieses nicht zu schaffen vermögen, wird sich ihre Position bei der Durchsetzung ihrer berechtigten Anliegen weiter verschlechtern. Sie sollten endlich registrieren, daß Lobby und Öffentlichkeitsarbeit keine Modeerscheinungen, sondern Schicksalsfragen des deutschen Familienunternehmens darstellen.

## Bessere Rahmenbedingungen durchsetzen

Es gibt zahlreiche Stimmen, die dem deutschen Familienunternehmen eine düstere Zukunft voraussagen. Die statistischen Zahlen beweisen indes das Gegenteil.

Das Beteiligungsvermögen der Familienunternehmen wächst rapide und schneller als bei den anonymen Konzernen. Ihr Anteil an der gesamten Wertschöpfung ist ständig im Steigen begriffen. Die Umsatz- und Ertragsvolumina entwickeln sich – gemessen an der Gesamtwirtschaft – überproportional.

Wirklich ernstzunehmende Gefahr droht nur von seiten der Politik. Die politischen Parteien haben zwar das mit dieser Zielgruppe verbundene Wählerpotential erkannt. So mangelt es denn auch nicht an verbalen Bekenntnissen zum mittelständischen Familienunternehmen. Nicht nur die CDU sondern unisono auch die SPD, die FDP und neuerdings die Grünen geben vor, sich für deren Belange einzusetzen. Die Fakten sprechen indes eine völlig andere Sprache. War es bei der Regierung Kohl die Blockade der SPD-regierten Länder im Bundesrat, welche die Familienunternehmen ins Hintertreffen brachte, so ist bei der rot-grünen Koalition jetzt eine klare Umverteilungsstrategie angesagt. Von der neuen Regierung haben die mittelständischen Familienunternehmen kaum Positives zu erwarten. Wenn es hierzu noch eines Beweises bedurfte, so hat die Steuerreform allen Gutgläubigen endgültig die Augen geöffnet. Der Wegfall des halben Steuersatzes auf den Veräußerungsgewinn und die Absenkung der steuerfreien Anteilsveräußerung von bisher 25 Prozent auf nunmehr unter 10 Prozent sind ein offener Angriff auf das Lebenswerk des Familienunternehmers. Zwar konnten der Reform im letzten Moment noch einige faule Zähne gezogen werden, so zum Beispiel bei der Teilwertabschreibung und dem Verlustrücktrag, aber daß der Angriff auf den Mittelstand damit nicht aufgehoben ist, zeigt die neueste Attacke der Grünen gegen die für den Fortbestand der Familienunternehmen so wichtige Institution der Familienstiftung. Deren Lebensdauer soll künftig auf 30 Jahre begrenzt werden. Auch die Tatsache, daß man anders als das Nachbarland Österreich, eine Steuerfreiheit der Unternehmensnachfolge erst gar nicht ins Auge faßt, spricht für sich. Die Gefahr für Millionen von Arbeitsplätzen durch die Nachfolgebesteuerung bei rund

700.000 betroffenen Unternehmen in den nächsten zehn Jahren wird offensichtlich in Kauf genommen.

Um der Gefahr der Vernachlässigung seitens der Politik wirksam zu begegnen, müssen die Familienunternehmer endlich damit beginnen, sich eine von den Konzernen unabhängige, *eigene Interessenvertretung* zu schaffen. Da sie selbst hierfür nicht über genügend zeitliche Freiräume verfügen, müssen sie sich zu diesem Zwecke eine Organisation aufbauen, die ihr wirtschaftliches Gewicht energischer in die Waagschale wirft und von der Politik mit Nachdruck adäquate Rahmenbedingungen für sich einfordert. Für den Standort Deutschland wäre das ein entscheidendes Signal. Für die Familienunternehmen bedeutet es – nicht mehr und nicht weniger als – die lebensnotwendige Absicherung für die Zukunft.

# Die Rolle des Unternehmers in der Gesellschaft

*von Christopher Pleister*

Vom Unternehmer sprechen heißt Joseph Alois Schumpeter zitieren, der neben John Maynard Keynes als einer der bedeutendsten Nationalökonomen des 20. Jahrhunderts gilt. Seinen Analysen zur Dynamik der Wirtschaftsprozesse ist es zu verdanken, daß noch heute vom „Schumpeter-Unternehmer" gesprochen wird.

## Was ist heute ein Unternehmer?

„... die Funktion des Unternehmers besteht (darin), die Produktionsstruktur zu reformieren oder zu revolutionieren entweder durch die Ausnützung einer Erfindung oder, allgemeiner, einer noch unerprobten technischen Möglichkeit zur Produktion einer neuen Ware bzw. zur Produktion einer alten auf eine neue Weise, oder durch die Erschließung einer neuen Rohstoffquelle oder eines neuen Absatzgebietes oder durch die Reorganisation einer Industrie usw. Der Bau von Eisenbahnen in seinen frühen Stadien, die Erzeugung von Elektrizität vor dem ersten Weltkrieg, Dampf und Stahl, das Auto, koloniale Unternehmungen, dies sind die anschaulichen Beispiele einer großen Gattung, die unzählige bescheidenere umfaßt, hinunter bis zu solchen Dingen wie zur erfolgreichen Herstellung einer besonderen

Art von Würsten oder Zahnbürsten" (Schumpeter, 1950, S. 214). Geschrieben wurde dies im Jahre 1942. So schön es klingt, mag man doch fragen, ob es noch zeitgemäß ist.

Der Bau von Eisenbahnen, Elektrizität, Dampf und Stahl, das Auto – das liegt doch weit zurück. An koloniale Unternehmungen denkt heute niemand mehr. Sehr vertraut klingt aber der Bezug auf besondere Arten von Würstchen oder neuartige Zahnbürsten, und so aktuell wie eh sind das Ausnützen neuer Möglichkeiten der Produktion, die Erschließung neuer Absatzgebiete oder die Reorganisation einer Industrie. Was uns vielleicht am ehesten an der Modernität von Schumpeters Aussage zweifeln läßt, ist, daß sie einen Erfinder-Unternehmer oder einen Pionier-Unternehmer beschreibt, der dann auch Eigentümer seines Unternehmens ist. Und von diesen – so jedenfalls das Vorurteil – gibt es immer weniger.

## „Eigentümer-Unternehmer" versus „angestellter Unternehmer"

Wer einen Hamburger-Stand oder einen Schlüsseldienst betreibt, vielleicht auch als Franchise-Nehmer, ist Eigentümer. Der Vorstandsvorsitzende einer Großbank ist das nicht – auch wenn er sich wohl nicht als Angestellter, sondern richtigerweise als „Organ" seines Unternehmens bezeichnen wird.

Das klingt, als habe der Hamburgerbuden-Inhaber größere Freiheit oder Macht als ein Vorstandsvorsitzender. So ist es natürlich nicht. Aber in einem gewissen Sinn ist die Situation der beiden Unternehmer doch grundverschieden. Bei dem Eigentümer fallen im Idealfall sein persönliches Streben nach Wohlergehen und das Streben nach dem Wohlergehen seines Unternehmens zusammen, beim „angestellten Unternehmer“ gibt es diese „natürliche“ Interessenidentität nicht.

Allerdings ist diese Unterscheidung in einer Gesellschaft wie der unsrigen durch vielfältige Rahmenbedingungen aufgeweicht. Einerseits gibt es eine Vielzahl von Anreizen, die dafür sorgen, daß das Eigeninteresse des „angestellten Unternehmers“ in allen wichtigen Belangen mit dem Unternehmensinteresse zusammenfällt. Notfalls verhindern auch Kontroll- und Sanktionsmechanismen, daß es zu einem Interessenkonflikt kommt und der Manager sich aus eigennützigen Gründen geschäftsschädigend verhält. Auf der anderen Seite wird der „natürlichen“ Interessenidentität im Falle des Eigentümer-Unternehmers durch rechtliche und soziale Regeln entgegengewirkt – man denke nur an Haftungsbeschränkungen und Versicherungen.

Auch die Tatsache, daß der Eigentümer-Unternehmer selbst die Ziele für sein Unternehmen setzen kann, während der Manager sich einem im Prinzip durch die Anteilseigner vorgegebenen Zielkatalog unterzuordnen hat, ist in der Praxis nicht unbedingt trennscharf. Denn der Zusammenhang zwischen seinen Entscheidungen und der Erreichung des Unternehmensziels – sei es die Maximierung des Gewinns, des Shareholder Value oder auch ein anderer satzungsgemäßer Zweck – wie im Falle der DG BANK der Auftrag, das wirtschaftliche Wohlergehen der Genossenschaften und der Genossenschaftsmitglieder zu fördern – ist in der Regel äußerst komplex. Wer ein guter Manager ist, wird in der Regel auch seine Anteilseigner davon überzeugen können, daß seine Entscheidungen dem Unternehmensziel dienlich sind.

Was sind überhaupt die Interessen oder besser die Ziele beispielsweise eines Unternehmens von der Größenordnung Daimler-Chrysler? Gehen wir einmal ganz legalistisch davon aus, daß es die Eigentümer eines Unternehmens sind, die über dessen Ziele bestimmen. Die gemeinsame Aktionärsversammlung tagte erst lange nach dem vollzogenen Zusammenschluß, und irgendein gemeinsamer Wille der Eigentümer über die Ziele oder gar über die Strategie des neuen Unternehmens existieren nicht. Gerade bei einem Unternehmen, dessen Aktienbesitz weit, über Kontinente und Kulturkreise gestreut ist, ist schwer vorstellbar, daß irgendein gemeinsamer Wille oder eine verbindende Vorstellung existiert, die über das Prinzip des Shareholder Value hinausgeht. Nicht zuletzt dies gibt den Führungspersönlichkeiten solcher Unternehmen einen Gestaltungsspielraum, neben dem die Freiheiten eines selbständigen Mittelständlers verblassen.

An der Frage des Eigentums läßt sich also die Funktion des Unternehmers nicht festmachen. Die weiteste Definition ist immer noch die beste: Ein *Unternehmer* ist einer, der etwas unternimmt.

Treffend beschreibt bereits Schumpeter die Anforderungen an die Unternehmerpersönlichkeit: „Solch neue Dinge zu unternehmen ist schwierig und begründet eine besondere ökonomische Funktion, erstens weil es außerhalb der Routine-Aufgaben liegt, auf die sich jeder versteht, und zweitens wegen der mannigfachen Widerstände der Umwelt. Sie wechseln je nach den sozialen Bedingungen von einer einfachen Weigerung, etwas Neues zu finanzieren oder zu kaufen, bis zum physischen Angriff gegen den Mann, der die Produktion wagt. Zuversichtlich außerhalb der vertrauten Fahrrinne zu navigieren und diesen Widerstand zu überwinden, verlangt Fähigkeiten, die nur in einem kleinen Teil der Bevölkerung vorhanden sind und sowohl den Unternehmertyp als auch die Unternehmerfunktion ausmachen" (Schumpeter, 1950, S. 215).

Es geht also darum – in moderner klingenden, aber weniger bildkräftigen Worten –, immer wieder Grenzen zu überschreiten. Daß multinationale Konzerne dies tun – und zwar buchstäblich mit ihren Unternehmen die Grenzen von Ländern und Kontinenten überschreitend –, ist offensichtlich. Aber auch derjenige durchbricht Grenzen, der in Ostdeutschland, Polen, Ungarn oder auch in China während des Umbruchs des Wirtschaftssystems eine Möglichkeit zum Aufbau einer eigenen selbständigen Existenz sucht.

## Vorstände und mittelständische Unternehmer – gibt es Gemeinsamkeiten?

Die Männer, mit denen wir die rapiden Veränderungen der vormaligen Traditionsfirmen Daimler-Benz und Hoechst verbinden, haben in einer gewaltigen Dimension unternehmerisch gewirkt. Sie haben wahrhaft Grenzen überschritten – sogar die Grenzen zwischen Kontinenten. Sie haben neue Unternehmen geschaffen und sich damit auch über die Begrenzung hinweggesetzt, die oben erwähnt ist – nämlich die Verpflichtung des Managers auf die Ziele seines Unternehmens. Sie sind so weit gegangen, daß sie die Identität ihres alten Unternehmens aufgegeben haben und so neue Unternehmen von vorher kaum denkbarer Größenordnung entstanden sind.

Am entgegengesetzten Ende des Größenspektrums steht der Typus des deutschen mittelständischen Unternehmensgründers. Hierzu ein kurzes Beispiel aus den neuen Bundesländern: Das Institut für Wirtschaftsforschung, Halle, hat ostdeutsche Unternehmensgründer in ausführlichen Interviews befragt, und das Profil, das in den Interviews sichtbar wurde, deutet auf den ersten Blick kaum darauf hin, daß es sich bei diesem Menschen um den Persönlichkeitstyp des Unternehmers handelt.

„Die bisherige Berufsbiographie war meist durch eine langjährige Leitungstätigkeit in einem größeren Volkseigenen Betrieb oder Kombinat der DDR geprägt. ... Oft war weniger der Wunsch nach Selbstverwirklichung als vielmehr die Sorge um den drohenden Arbeitsplatzverlust das treibende Motiv für die Gründung. ... Alle sind in ihrer Branche geblieben. ... Ihre bisherige Leitungstätigkeit motivierte die Befragten in zweierlei Hinsicht: Sie mußten auch früher schon oft eigenverantwortlich arbeiten und hielten sich deshalb für flexibel und belastbar genug. Und sie fühlten sich für die Mitarbeiter ihres Bereiches verantwortlich, haben sie dann auch größtenteils in die neue Firma übernommen" (Lang, 1999).

In diesen Biographien erblicken wir den Zusammenbruch des Wirtschaftssystems der DDR als Chance, und wir erblicken Menschen, die diese Chance erfolgreich genutzt haben. Sicherlich waren viele Neugründungen kein Erfolg. Aber wenn wir die Rolle des Unternehmers in der Gesellschaft betrachten, ist kein Platz für Sentimentalität. Ein Unternehmen, das sich im Wettbewerb nicht mehr bewährt, muß Platz machen für Neues. Wenn der Mittelstand als Ganzes überleben soll, kann es für das einzelne Unternehmen keine Überlebensgarantie geben.

Die Feststellung mag deplaziert erscheinen, wo wir doch gerade heute im Übermaß damit konfrontiert sind, daß kleine und mittlere Unternehmen untergehen. Dennoch ist festzuhalten: Wenn die Existenz und Überlebenskraft des Mittelstands gesichert werden sollen, so erreichen wir dies nicht, indem wir versuchen, das Absterben zu behindern, sondern nur dadurch, daß wir versuchen, das Entstehen von Neuem zu fördern. Das ist der Prozeß der schöpferischen Zerstörung, der „unaufhörlich die Wirtschaftsstruktur von innen heraus revolutioniert, unaufhörlich die alte Struktur zerstört und unaufhörlich eine neue schafft" (Schumpeter, 1950, S. 137).

Das Bild vom wirtschaftlichen Prozeß als Prozeß ständiger schöpferischer Zerstörung wird häufig verwendet und klingt durch die Gewöhnung beinahe harmlos. Es ist aber nicht harmlos, sondern beunruhigend, weil es uns daran erinnert, daß der Wunsch nach Sicherheit und Berechenbarkeit, der jedem Menschen innewohnt, nicht vollständig erfüllbar ist, daß seine Erfüllung am Ende Stillstand bedeutet.

Zum Glück gibt es in unserem wirtschaftlichen Leben auch Bereiche, in denen sich Dynamik und Innovation mit Stabilität und Kontinuität vereinen, in denen den Handelnden nicht ständig der Boden unter den Füßen weggezogen wird. Zwischen den beiden Extremen – Daimler-Chrysler und Hoechst auf der einen Seite, der selbständige EDV-Trainer oder Pizza-Kurier auf der anderen – steht der Typ des eingeführten, aber dennoch nach vorne orientierten mittelständischen Unternehmens. Diese Unternehmen sind es, die die größten Beiträge zur Gesellschaft leisten. Sie erhalten und schaffen Arbeitsplätze, sie lassen Einkommen entstehen, sie bringen Innovationen voran – bei neuen Produkten wie bei neuen Produktionsverfahren. Und sie tun all dies, ohne ihre Identität zu verlieren. Sie sind in ihrem regionalen oder nationalen Umfeld verwurzelt, wirtschaftlich wie gesellschaftlich. Sie brauchen keine künstlich hochstilisierte Imagebildung, um für die Kunden erkennbar zu sein und sich der Loyalität der Mitarbeiter zu vergewissern, sondern sie verdienen sich dies durch Leistung und nichts als Leistung.

Aber auch sie stehen im ständigen Kampf. Obgleich es in diesem Beitrag nicht darum geht, auf die zahlreichen Herausforderungen einzugehen, vor denen der „klassische Mittelstand" steht, scheinen einige Bemerkungen zur Globalisierung angebracht.

Diese spezielle Herausforderung läßt heute manchen daran zweifeln, ob kleinere und mittlere Unternehmen langfristig überhaupt noch eine Überlebenschance haben. Viele Mittelständler sind schon „geschluckt" worden; der Trend scheint zu immer größeren Einheiten zu gehen.

Es gibt sicher zahlreiche Fälle, in denen weltweit offene Märkte eine gewisse Mindest-Unternehmensgröße erfordern. Es gibt aber auch die Tendenz, daß Großunternehmen sich mittelständische Unternehmen einverleiben, ohne daß dies etwas mit den Erfordernissen des Weltmarktes zu tun hätte, sondern nur weil das jeweilige Großunternehmen den Wunsch hat, seine Aktivitäten zu „arrondieren“. Es werden dann Berater – oft auch aus den Banken – beauftragt, ein entsprechend passendes Sahnestückchen ausfindig zu machen und die Einverleibung zu managen. Das aufgekaufte Unternehmen verliert seine Identität, und es ist ein Stück Mittelstand verlorengegangen – ohne daß dafür betriebswirtschaftlich, volkswirtschaftlich oder gesellschaftlich eine Rechtfertigung gegeben wäre. Der Königsweg wäre unter solchen Umständen viel eher der, dem Unternehmen die Möglichkeit zu lassen oder zu geben, eigenständig eine Globalisierungsstrategie zu entwickeln, und es nicht zur Aufgabe seiner Identität zu zwingen.

Die beiden Themen – zunächst Ostdeutschland, dann die Unternehmenskonzentration – führen zu einer neuen Frage.

## Ist es Aufgabe der Unternehmen, Arbeitsplätze zu schaffen?

Die Antwort darauf sei – als zugegeben radikal klingende – These formuliert: *Wenn Arbeitsplatzschaffung das Hauptziel der Unternehmen wäre, dann gäbe es bald keine Unternehmen und keine Arbeitsplätze mehr*. Ziel ist, ein Produkt möglichst effizient herzustellen. Ob bei der Produktion viel oder wenig Arbeit eingesetzt wird, hängt von vielen Dingen ab: von der Art der Produktion, von den Preisen für die verschiedenen Produktionsfaktoren, von möglichen Einschränkungen der Einsetzbarkeit der Produktionsfaktoren und von vielem anderen. Unternehmen schaffen so Arbeitsplätze, wie Bienen Blumen bestäuben – es ist nicht ihre unmittelbare Aufgabe.

Die These bedarf natürlich der Abmilderung. Es geht keineswegs um eine rücksichtslose Rationalisierung – jedenfalls nicht in dem Sinne, wie das Wort „Rationalisierung" einseitig als Arbeitsplatzabbau verstanden wird. Ziel ist vielmehr der effiziente Einsatz der Ressourcen, und was man fordern muß, ist Rationalität, Nüchternheit, also eine Entscheidung ohne Vorurteile. Wenn eine Entscheidung zwischen einer kapitalintensiveren und einer arbeitsintensiveren Methode unter Kosten-Nutzen-Gesichtspunkten unentschieden ausfällt, ist durchaus dafür zu plädieren, im Zweifel die Variante zu wählen, die mehr Beschäftigung schafft.

Leider ist dies heute nicht die Regel. Vielleicht gibt es derzeit irrationale Elemente in solchen Entscheidungen, eine gewisse Verzerrung in der Optik von unternehmerischen und technischen Führungskräften, die zu einer übertriebenen Betonung der Arbeitseinsparung und der Kapitalintensivierung führt. Eine ganze Generation von Technikern und Ingenieuren ist mit der Vorstellung aufgewachsen und ausgebildet worden, daß Automatisierung und Maschinisierung Fortschritt bedeuten, daß also eine arbeitssparende Technologie einer arbeitsintensiveren immer überlegen ist. Technikgläubigkeit führt auch dazu, daß man Maschinen mehr zutraut und eher vertraut als Menschen. Bei der Entscheidung, einen Menschen einzustellen, werden oft die Risiken überbetont: Wird er denn auch gut arbeiten? Wird sie bald Schwangerschaftsurlaub nehmen? Wird er so gut, daß er bald wieder abspringt, oder wird er schlecht, und wir bekommen ihn nicht los? Man denkt selten daran, daß ein neuer Mitarbeiter vielleicht auch positiv überraschen kann. Bei der Entscheidung für Maschinen – und dafür gibt es etwa im Fall von Computersystemen sicher reichlich Beispiele – werden dagegen die Risiken oft unterschätzt.

Solche Einstellungen ändern sich nur langsam. Die Arbeitsmarktsituation, die in Deutschland und in den meisten anderen europäischen Ländern seit einigen Jahren herrscht, wird dem Umdenken sicher nachhelfen. Vorher werden wir es aber wahrscheinlich noch eine Zeitlang mit einer Generation von Technikern und Ingenieuren zu tun haben, die mit einer Überbewertung von Umweltschutzgedanken aufgewachsen und ausgebildet worden sind, deren Verfolgung – wie die erwähnte, ständige Bevorzugung arbeitssparender Technologien – irrational wäre.

Immerhin läßt sich in der letzten Zeit beobachten, daß an den Aktienmärkten die Meldungen über Personalabbau bei einem Unternehmen nicht mehr automatisch zu einem Anstieg des Aktienkurses des Unternehmens führen. Die gedankenlose Gleichsetzung von Personalabbau und Shareholder Value, die eine Zeitlang vorherrschte, hat sich wieder etwas gelegt.

## Ethik und soziale Verantwortung

Beim Thema „Die Rolle des Unternehmers in der Gesellschaft“ schwingt unvermeidlich das Wörtchen „sozial“ – die soziale Verantwortung des Unternehmers in der Gesellschaft – und neuerdings auch immer öfter der Begriff der Ethik mit. Hierzu eine These:

Wie *sozial* oder *ethisch* ein Unternehmen sich verhält, ergibt sich letztlich daraus, wie es bei der Verfolgung seiner Ziele *in die jeweilige Gesellschaft eingebunden* ist.

Gemeinhin stellt man sich zwar unter einer „ethischen Einstellung“ etwas vor, was im Kopf oder im Herzen eines Menschen – in diesem Falle eines Eigentümer-Unternehmers – wurzelt. Wir kennen Beispiele von sozial eingestellten Unternehmern aus der Gründerzeit. Aber auch bei ihnen war die soziale Einstellung nicht Gefühlsduselei oder reine Nächstenliebe, sondern sie entsprang aus dem Verantwortungsgefühl für das Unternehmen – und der Idee, daß die langfristigen Interessen des Unternehmens nicht im Gegensatz zu gesellschaftlichen Belangen stehen können.

Es kommt also wiederum nicht so sehr auf die Unterscheidung zwischen Eigentümer-Unternehmer und angestelltem Unternehmer an. Es kommt auch nicht so sehr darauf an, ob das Unternehmen sich ein besonderes soziales Engagement auf die Fahnen schreibt oder explizite ethische Ziele verfolgt. Sondern es kommt darauf an, daß die rechtlichen und gesellschaftlichen Rahmenbedingungen derart beschaffen sind, daß sie quasi zwangsläufig zu sozialverantwortlichen Handlungsweisen der Unternehmen führen.

Das läßt sich an zahlreichen Beispielen zeigen:

Damit ein Unternehmen effizient arbeiten kann, müssen die Mitarbeiter *motiviert und zufrieden* sein. Das ist heute wichtiger denn je. Denn sehr viele – auch nicht leitende – Mitarbeiter tragen große Verantwortung. Ihr Beitrag zum Unternehmenserfolg ist weit mehr als die physische Arbeitsleistung, die ja heute weitgehend von Maschinen erbracht wird. Zu diesem Zweck bieten Unternehmen freiwillige Sozialleistungen, bemühen sich um ein gutes Betriebsklima und vieles andere mehr.

Immer mehr Unternehmen entwickeln *Unternehmensleitbilder* und kommunizieren sie nach innen und nach außen. Ein gutes Unternehmensleitbild ist von hohem Nutzen. Nach innen stärkt es Mitarbeiterloyalität und Motivation, und es bringt auch Vorteile auf dem Personalmarkt. Nach außen fördert es Akzeptanz bei Kunden und Kundentreue. Man mag einwenden, daß solche Leitbilder eine Schönfärberei darstellen – aber das ist zu bezweifeln. Natürlich müssen sie einen Anspruch erheben und eine Richtung weisen, aber sie müssen auch auf dem aufbauen, was schon vorhanden ist. Ein Leitbild, das sich zu weit von dem entfernt, was vorhanden ist, kann nicht funktionieren.

Viele Unternehmen bemühen sich gleichzeitig, ihren Mitarbeitern bis auf die untersten Ebenen ein gewisses *unternehmerisches Denken* nahezubringen. Das muß nicht so weit gehen, daß man jede kleine Einheit zu einem Profit Center macht und eine vollständige interne Kostenverrechnung erzwingt – solche Lösungen schaffen manchmal mehr Probleme, als sie lösen.

Das sind alles Beispiele dafür, wie in großen Unternehmen, die nicht von einem individuellen Eigentümer geleitet werden, soziales oder auch ethisches Verhalten gefördert wird und der einzelne Mitarbeiter dazu motiviert wird, seinen Beitrag im Gesamtzusammenhang zu sehen – im Gesamtzusammenhang des Unternehmens und der Gesellschaft.

Niemand wird allerdings leugnen, daß es auch *gesellschaftsschädliches Verhalten* von Unternehmen gibt:

- Es gibt gesetzwidrige Verhaltensweisen. Kriminelle gibt es eben überall – aber wenn sie gehäuft vorkommen, dann sind sie ein Zeichen für mangelhafte Durchsetzung von Gesetzen. Als Extrembeispiel mag der Hinweis auf Rußland genügen.

- Es gibt übermäßig riskantes, fahrlässiges Verhalten. Spielernaturen gibt es eben überall – aber wenn es gehäuft vorkommt, ist es ein Zeichen für mangelnde Überwachung und Regulierung von Geschäftspraktiken. Als Extrembeispiel kann man auf die Ereignisse um den Hedge Fund LTCM-Long Term Capital Management verweisen oder auf den Namen Nick Leeson.

- Es gibt extremes Kurzfrist-Denken nach dem Motto „Nach mir die Sintflut". Auch Verantwortungslosigkeit und Flucht vor der Verantwortung gibt es eben überall – aber wenn es gehäuft vorkommt, ist es ein Zeichen dafür, daß die Rechtsordnung oder Rechtspraxis die Flucht aus der Verantwortung zu leicht macht. Als Stichwort läßt sich hier – mit Einschränkungen – der Name Jürgen

Schneider nennen, der sich möglicherweise gerne mit dem Ehrentitel „Schumpeter-Unternehmer“ geschmückt hätte. Das wäre vielleicht sogar akzeptabel gewesen – wenn er es nicht überzogen hätte.

## Vom Primat der Wirtschaft

Schon 1942 spricht Schumpeter vom Veralten der Unternehmerfunktion: „Diese soziale Funktion (des Unternehmers) verliert bereits heute an Bedeutung und muß dies in Zukunft in beschleunigtem Tempo weiter tun. ... (Es ist) heute viel leichter als in der Vergangenheit, Dinge zu tun, die außerhalb der vertrauten Routine liegen; das Erfinden selbst ist zu einer Routinesache geworden. Der technische Fortschritt wird in zunehmendem Maße zur Sache von geschulten Spezialistengruppen, die das, was man von ihnen verlangt, liefern und dafür sorgen, daß es auf die vorausgesagte Weise funktioniert. Die frühere Romantik des geschäftlichen Abenteuers schwindet rasch dahin, weil vieles nun genau berechnet werden kann, was in alten Zeiten durch geniale Erleuchtung erfaßt werden mußte. ... Andererseits zählen Persönlichkeit und Willenskraft weniger in einer Umwelt, die sich an wirtschaftliche Veränderungen ... gewöhnt hat und ... sie als selbstverständlich hinnimmt. ... So zeigt der wirtschaftliche Fortschritt die Tendenz, entpersönlicht und automatisiert zu werden“ (Schumpeter, 1950, S. 215 f.).

Das dürfte vielen von uns auch noch 60 Jahre später sehr vertraut klingen. J. A. Schumpeter ging jedoch noch weiter: „Da die kapitalistische Unternehmung durch ihre eigensten Leistungen den Fortschritt zu automatisieren tendiert, so schließen wir daraus, daß sie sich selbst überflüssig zu machen, unter dem Druck ihrer eigenen Erfolge zusammenzubrechen tendiert" (Schumpeter, 1950, S. 218).

Schumpeter glaubte, daß auf diese Weise der Kapitalismus nicht – wie bei Marx – an seinen inneren Widersprüchen, sondern eben an seinem eigenen Erfolg zugrunde gehen wird, und er glaubte auch, daß das daraus entstehende sozialistische System besser funktionieren würde als ein durch und durch monopolisierter und bürokratisierter Kapitalismus.

Offensichtlich ist seine Prognose nicht eingetreten. Daß die Kräfte, die er beschreibt, real sind, ist nicht zu bezweifeln. Aber es gibt offenbar auch Gegenkräfte, die er unterschätzt hat. Der kapitalistische Innovationsprozeß schafft eben doch auch immer wieder neue Möglichkeiten, neue Nischen und neue Bedürfnisse und damit Raum für neue Unternehmen. Wir haben – gerade auch in der breiten Diskussion in Deutschland – die Gefahren der Verkrustung erkannt – jedenfalls in der Privatwirtschaft, wenn auch noch nicht so ganz im wirtschaftspolitischen Bereich. Es bleibt deshalb offen, ob Schumpeter in letzter Konsequenz zu widersprechen ist. Aber sicherlich haben wir den Untergang des Kapitalismus, um bescheiden zu bleiben, mindestens ein paar Menschengenerationen hinausgeschoben. Damit es dabei bleibt, müssen wir allerdings etwas tun.

Ein anderes Argument, das Schumpeter für das Ende des Kapitalismus anführt, ist, daß ein großes Heer von kritischen Intellektuellen entsteht, das dem Kapitalismus feindlich gegenübersteht. Auch mit dieser Prophezeiung hat er recht gehabt: In Deutschland und anderen vergleichbaren Ländern ist Ende der sechziger Jahre, nach 20 Jahren der Wohlstandszuwächse und der relativen politischen und gesellschaftlichen Ruhe, die „68er-Revolte" ausgebrochen, die wir in gewissem Sinne erst jetzt – mit zwei führenden „68ern" in den Ämtern des Bundeskanzlers und des Außenministers – vollständig überwunden haben.

Vielleicht öffnet diese Entwicklung den Blick für die Möglichkeiten, die ein politisches Engagement bietet: Kann der nächste Bundeskanzler vielleicht einmal ein Unternehmer sein? Zur Zeit gibt es leider wenige davon im Bundestag und noch weniger in den oberen Rängen der politischen Parteien.

Es ist einzuräumen, daß Unternehmer wenig Zeit haben. Nur wenige haben die Möglichkeit, das Unternehmen ein paar Jahre lang sich selbst zu überlassen. Und unsere „angestellten Unternehmer" mögen zwar gute Einkommen haben, aber sie haben nicht unbedingt ein so großes Vermögen, daß sie sich das Risiko einer politischen Karriere leisten könnten.

Daran allein kann es aber nicht liegen: Viele Unternehmer und Manager bekleiden Ehrenämter, engagieren sich in der Kunst oder Kultur, in kirchlichen Belangen oder in sozialen Bereichen. Nur gegenüber der Politik und speziell der Parteipolitik gibt es Berührungsängste. Etwas überspitzt könnte man fast sagen, daß die Situation nach 1968 – mit Intellektuellen, die dem Kapitalismus feindlich gegenüberstanden und den Primat der Politik vertraten – ins Gegenteil umgeschlagen ist: Der Primat der Wirtschaft ist heute so weitgehend anerkannt, daß er zu einer feindlichen Einstellung gegenüber der Politik führt.

## Wunsch und Wirklichkeit – multinationale Großunternehmer und die Gesellschaft

Nachdem dargelegt ist,

- daß das Verbindende zwischen Unternehmer und Gesellschaft auch in einer Unternehmerlandschaft existiert, in der neben traditionellen Eigentümer-Unternehmern von Managern geführten Personen- und Kapitalgesellschaften aller Größenordnungen bestehen,

- daß auch dort, wo der Eigentümer-Unternehmer nicht mehr uneingeschränkt herrscht, das Unternehmerische an sich seinen Platz hat im Denken der Verantwortlichen, der Manager, bis hin zum normalen Mitarbeiter,

- daß ein in einem gesellschaftlichen Umfeld eingebettetes Unternehmen einen essentiellen Beitrag zu eben dieser Gesellschaft leistet, auch wenn es sich dies nicht ausdrücklich auf seine Fahnen geschrieben hat und wenn es keinen patriarchalischen Firmenchef hat, der seinem Unternehmen eine soziale oder ethische Verpflichtung abverlangt,

bleibt ein gewisser Zweifel, ob all dies wirklich uneingeschränkt auch für multinationale Mischkonzerne – wie die erwähnten Daimler-Chrysler oder Hoechst – gilt.

Diese Frage läßt sich am besten anhand des hypothetischen Extremfalls einer multinationalen Aktiengesellschaft analysieren:

- Aktionäre der Aktiengesellschaft sind andere Unternehmen, Banken und Privatpersonen aus verschiedenen Erdteilen und Kulturkreisen. Es verbindet sie nichts miteinander außer der Tatsache, daß sie Aktionäre dieses Unternehmens sind.

- Das Unternehmen ist so groß, daß die Entscheidungsstrukturen extrem komplex, anonym und bürokratisch sind – nicht viel anders als in einer staatlichen Wirtschaftslenkung.

- Eine Identifikation der Kunden kann wegen der Vielfalt der Produktpalette nur mit äußerst aufwendigen Marketingmethoden und nur in Form eines abstrakten „Unternehmensimage“ aufgebaut werden.

- Identifikation und Loyalität der Mitarbeiter können nur über äußerst aufwendige Methoden des Managements und der internen Kommunikation angestrebt werden.

- Das Unternehmen hat Möglichkeiten, durch Verlagerung von Betriebsteilen oder Kompetenzzentren den nationalen Rechtsordnungen, also den Beschränkungen des bürgerlichen Rechts, des Handelsrechts, des Sozialrechts usw. zu entgehen.

- Das Unternehmen kann durch Verlagerung von Zahlungsströmen und Anpassung von Rechtsformen nationalen Steuersystemen entgehen und zum Beispiel in einem Land öffentliche Leistungen in Anspruch nehmen, ohne sich an deren Finanzierung zu beteiligen.

- Das Unternehmen ist nicht auf einen regionalen oder nationalen Arbeitsmarkt angewiesen und hat keinen Anreiz, zum Beipiel in einer Region einen Ruf als „guter Arbeitgeber" zu erwerben.

Sicherlich treffen diese Feststellungen selbst für die größten heute existierenden internationalen Unternehmen nur mehr oder weniger in Abstufungen zu. Aber die Richtung wird klar: Wenn man bei multinationalen Großunternehmen von ihrer Rolle „in der Gesellschaft" spricht, dann wird das schon deshalb schwierig, weil diese Unternehmen gar nicht in einer bestimmten Gesellschaft verankert sind. Man könnte behaupten, daß „Welt-Unternehmen" ihre Rolle eben nicht in einer nationalen Gesellschaft, sondern in der „Weltgesellschaft" haben. Es gibt das Berufsbild des „internationalen Managers". Der ist nicht nur mehrsprachig, sondern zeichnet sich auch durch umfassende multikulturelle und soziale Kompetenz aus. Zwar klingt das alles recht utopisch, da wir von einer Weltgesellschaft noch weit entfernt sind. Vielleicht sind aber die „Multis" die Vorreiter dieser Utopie, die die Gefahr der Loslösung von Regularien gesellschaftlicher Systeme in sich bergen und so zur Entpersönlichung und Vernachlässigung sozialer Verantwortung führen können.

Dies führt fast zwingend zum Mittelstandsgedanken. Denn die Mechanismen, die für *ein gesellschaftlich verantwortliches Handeln von Unternehmen* sorgen, funktionieren am zuverlässigsten in einer mittelständischen Unternehmenskultur – was einmal mehr beweist, daß „Mittelstand" weit mehr ist als nur eine statistische Kategorie.

## Positives Beispiel „Mittelstand"

Der Mittelstand ist der Träger der *Innovation.* Schumpeter – um ein letztes Mal auf ihn zurückzukommen – erklärt, wie durch Innovatoren und nicht durch Imitatoren die wirtschaftlichen und gesellschaftlichen Prozesse voranschreiten. Auch die Imitatoren haben ihre nützliche Funktion, indem sie Neuerungen aufgreifen und für ihre weitere Verbreitung sorgen. Wenn es aber an Neuerern mangelt und statt dessen die Nachahmer überhandnehmen, dann kommt es – und daraus entwickelte Schumpeter schon 1912 die Grundzüge seiner Konjunkturtheorie – zum wirtschaftlichen Abschwung: Es entstehen Überkapazitäten und Überproduktion, die Preise verfallen, ein Klima der Stagnation nicht nur in der konjunkturellen Bedeutung des Wortes stellt sich ein.

Mit diesen Gedanken zählt Schumpeter auch zu den geistigen Wegbereitern dessen, was man heute mit dem Wort „Angebotsökonomie" bezeichnet und was unter anderem der Sachverständigenrat zur Begutachtung der wirtschaftlichen Entwicklung, besser bekannt als die „fünf Weisen", seit vielen Jahren vertreten und fortentwickelt hat.

Leider überbetont man heute die Rolle des Konsumenten für den wirtschaftlichen Aufschwung, und man sorgt sich darum, wie die Konsumenten in die Lage versetzt werden können, ihren Beitrag zu leisten. Mindestens genauso wichtig ist die Rolle des Unternehmers für den wirtschaftlichen Aufschwung.

In diesem Zusammenhang ist auch darüber zu sprechen, was die Wirtschaftspolitik tun kann, um die Unternehmen in die Lage zu versetzen ihren Beitrag zu leisten.

Die wesentlichen Bedingungen, unter denen der Mittelstand gedeiht, sind im Grunde einfach zu beschreiben. Dazu gehören Stetigkeit und Verläßlichkeit der Wirtschaftspolitik, ein nachvollziehbares Steuersystem mit tragbarer Steuer- und Abgabenbelastung, möglichst geringe Behinderung durch Regulierung und Bürokratie und schließlich ein flexibler Arbeitsmarkt, der es ermöglicht, Arbeitskräfte so einzusetzen und zu entlohnen, daß die Produktivität zu den Lohnkosten paßt.

Was im Interesse des Mittelstandes von der Politik zu fordern ist, ist also alles andere als Klientelpolitik. Eigeninitiative muß sich ohne übermäßige Behinderung durch Bürokratie entfalten können. Unternehmerische Gestaltungsfreiheit muß erhalten bleiben. Das unternehmerische Risiko darf nicht durch unberechenbare Wirtschaftspolitik oder ein kaum durchschaubares, sich ständig änderndes Steuerrecht zusätzlich erhöht werden. Und die Abgabenbelastung muß in einem Rahmen bleiben, in dem sich die Eigeninitiative auch lohnt.

Der Mittelstand ist kein schutzbedürftiges Reservat – im Gegenteil. Er ist der Bereich unserer Wirtschaft, in dem Marktwirtschaft eigentlich stattfindet und in dem der Wettbewerb für eine ständige Erneuerung sorgt. Die Anforderungen an eine mittelstandsfreundliche Wirtschaftspolitik sind keine anderen als die, die im Interesse der gesamten Wirtschaft gestellt werden müßten. Um es mit Ludwig Erhard zu sagen: Gute Wirtschaftspolitik ist auch die beste Mittelstandspolitik.

# Erfolgsfaktor Allianzen

Der Kauf eines Unternehmens bzw. der Teilerwerb mit dem Ziel, dessen Leistungselemente zu nutzen oder wechselseitig voneinander zu profitieren, erfreute sich insbesondere in den 80er Jahren großer Beliebtheit. Inzwischen hat man erkannt, daß andere Formen der Zusammenarbeit eine bessere Fokussierung auf synergetische Vorteile ermöglichen und die beteiligten Unternehmen darüber hinaus wirtschaftlich weniger belasten.

So bleibt bei einer Allianz die Selbständigkeit der Partner grundsätzlich erhalten. Lediglich in bezug auf bestimmte, vereinbarte Gegenstände und Inhalte der Zusammenarbeit wird die Autonomie aufgegeben.

Zu beachten sind dabei allerdings rechtliche Einschränkungen, die sich aus dem Gesetz gegen Wettbewerbsbeschränkungen ergeben. „Kartellverdacht“ besteht nämlich immer dann, wenn sich ein Partner verpflichtet, auf den jeweiligen Kooperationsgebieten eigene Aktivitäten zu unterlassen. Nur im Ausnahmefall bleibt eine solche Allianz zulässig; und zwar dann, „wenn dadurch der Wettbewerb auf dem Markt nicht wesentlich beeinträchtigt wird und der Vertrag oder Beschluß dazu dient, die Leistungsfähigkeit kleinerer oder mittlerer Unternehmen zu fördern“ (§ 5b GWB).

Im allgemeinen konkretisiert sich die Form der Partnerschaft über einzelne Projekte. Dabei sind die unterschiedlichsten Gestaltungsvarianten, wie Kooperationsverträge, Lizenz- und Konzessionsverträge, wechselseitige Beteiligungen oder Joint-ventures, denkbar.

Erfolgreiche Praxisbeispiele sind gemeinschaftliche Forschungs- und Entwicklungsprojekte, Einkaufskooperationen, der Aufbau internationaler Distributionsnetze, Gemeinschaftswerbung, die Verbreiterung der Produktpalette bis hin zum Angebot von Paketlösungen und die überbetriebliche Standardisierung von Informationstechnologien. Dabei haben langjährige Beobachtungen und wissenschaftliche Studien gezeigt, daß sich positive Effekte beim Eingehen von Allianzen vor allem dann einstellen, wenn die Partner bereits über entsprechende Erfahrung oder über ähnliche Strukturen verfügen.

Befragt nach den Beweggründen, eine Partnerschaft in die strategischen Überlegungen mit einzubeziehen, nennen Manager vor allem

- die Kostensenkung,
- die Reduzierung von Einzelrisiken,
- die Stärkung der kollektiven Branchenposition,
- veränderte Kundenanforderungen und
- den Zusammenschluß gegen eine Bedrohung.

Gerade Mittelständler haben oft erst bei einer Teilung von Kosten und Risiken die Möglichkeit, ihre Position gegenüber Großkonzernen zu stärken und so ihre Wettbewerbsstellung zu erhalten oder zu verbessern. Studien sehen dabei die größten Potentiale bei der Erschließung ausländischer Märkte. Angesichts des rapide fortschreitenden technologischen Wandels können Kooperationen aber auch dazu beitragen, daß sich das einzelne Unternehmen auf den Ausbau seiner Kernkompetenzen konzentrieren kann und über Know-how-Austausch beide Partner wechselseitig voneinander profitieren.

Wie hoch das Potential und der Nutzen von Kooperationen eingeschätzt wird, zeigt eine Untersuchung in der Druckindustrie, der Aussagen von 127 Fach- und Führungskräften zugrunde liegen (vgl. Abbildung 1).

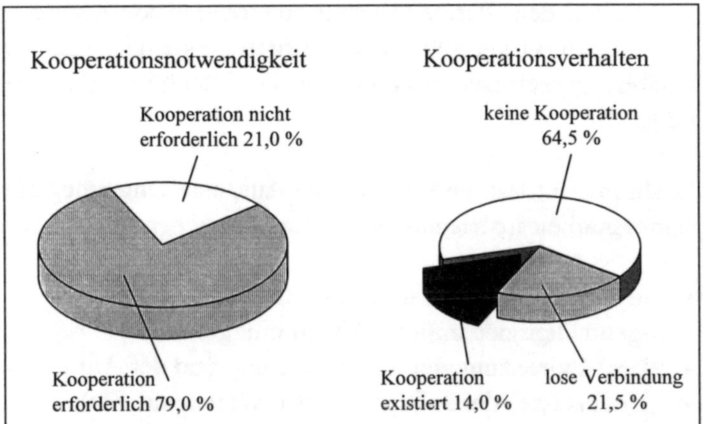


Quelle: Staudt/Kriegesmann/Thielemann, Kooperationsverhalten in der Druckindustrie – zwischen Bestandssicherung und Offensive

*Abbildung 1: Kooperationsnotwendigkeit versus Kooperationsverhalten in der Druckindustrie*

Gleichzeitig wird deutlich, daß einer Umsetzung offenbar häufig Hindernisse entgegenstehen. Das liegt daran, daß auch Allianzen nicht frei von Risiken sind. So kann sich nachträglich die Inkompetenz des Geschäftspartners herausstellen, wegen erheblicher Größenunterschiede eine einseitige Abhängigkeit entstehen oder aufgrund ungeeigneter Managementstrukturen die Entscheidungsfindung behindert werden.

Daneben gilt es, emotionale Vorbehalte zu überwinden, damit der Erfolg der Zusammenarbeit nicht von vornherein durch unnötige Behinderung zum Scheitern verurteilt ist. Hierzu zählen beispielsweise die Sorge, daß zu große Offenheit nur dem Partner Vorteile bietet, daß die Kooperation am Markt als Schwäche begriffen wird oder daß die Unabhängigkeit des Unternehmens eben doch in Gefahr gerät.

Deshalb erfordert die erfolgreiche Ausgestaltung einer Zusammenarbeit insbesondere

- die sorgfältige Auswahl des Partners,
- regelmäßige persönliche Abstimmungen,
- klare Abgrenzung der Verantwortung und der Aufgaben,
- gemeinsame Vorstellungen über Werte und Ziele bzw. Toleranz gegenüber anderen Unternehmenskulturen.

# Unsere Erfolgswelle: Wachsen mit Allianzen

*von Gustav Stabernack*

Natürlich sind Unternehmer nicht frei von Selbstzweifeln, ob sich ihr Engagement gelohnt hat. Spätestens nachdem viele Wünsche Wirklichkeit geworden sind – die FULDA HOLDING STABERNACK JR PARTNER GmbH gehört mit acht inländischen und vier ausländischen Standorten in Form selbständiger Profitcenter-Gesellschaften zu den führenden Verpackungs- und Display-Herstellern Europas –, stellt sich die Frage nach der Zukunft.

Bei Familienunternehmern ist dabei die geschäftliche von der persönlichen Perspektive nicht zu trennen. Und damit hat auch der „Lohn" verschiedene Dimensionen: als eigenverantwortlich handelnder Manager eigene Grenzen erkennen, überraschende Situationen meistern, Entwicklungen voraussehen und Wagnisse eingehen, bereichern ebenso wie der Kontakt zu Kollegen im In- und Ausland, zu Mitarbeiterinnen und Mitarbeitern bis hin zu Repräsentanten von Verbänden, Parteien und Organisationen. Die finanzielle Dimension sollte weder unter- noch überbewertet werden. Erträge zu erwirtschaften ist notwendig, über Reserven zu verfügen schafft Sicherheit. Deckungsbeiträge und Umsatzzuwächse zu maximieren aber hieße, das gesamte Unternehmen einseitig auf materielle Werte auszurichten. Im Ergebnis müßten dann erfolgreiche Mittelständler den Weg von Fusionen wählen, um Gewinne zu realisieren. Damit würde sich der Selbständige jedoch interessanter Handlungsfelder und die Wirtschaft sich um die Vielfalt unternehmerischer Initiativen berauben.

Die Antwort auf das „Wohin“ läßt sich nur beantworten mit einem kritischen, persönlichen Blick auf das „Woher“. Wo lagen in der Vergangenheit unsere Stärken, die auch in Zukunft der Schlüssel zum Erfolg sein könnten? Wo die unvergeßlichen Erlebnisse? Um es vorwegzunehmen, es waren und sind: *Kooperation* und *Kommunikation*, vertrauensvolle Zusammenarbeit und auf dieser Grundlage Maßstäbe durchsetzen.

## Die erste Maschine läuft noch heute

Der Stammsitz in Fulda, insgesamt sind 1.400 Mitarbeiter (1.000 in Deutschland, 400 im europäischen Ausland) tätig, beherbergt drei Maschinen-Generationen. Noch immer läuft die alte Druckmaschine, die erste große Investition vor mehr als 30 Jahren, und die Techniker versuchen auch heute, die Qualität weiter zu verbessern, damit ihr Flexo-Druck nicht hinter dem teureren Offset-Verfahren zurücksteht. Vielleicht schwingt ein Hauch von Sentimentalität durch die laute Halle, gelegentlich als Herzblut der Unternehmerseele beschrieben. In diesem Punkt unterscheidet sich der familiengeführte Betrieb ganz sicher von der managementbeherrschten Aktiengesellschaft.

Diese Maschine steht quasi für *den* Erfolgsfaktor der Unternehmensgruppe, denn Voraussetzung dafür, das existenzgefährdende Risiko dieser Investition eingehen zu können, war eine intensive Konstruktionsvorbereitung gemeinsam mit Kollegen im In- und Ausland. An einem „runden Tisch" versammelten sich Mittelständler der Verpackungsbranche, um den Stand der Technik und innovative Lösungen zu diskutieren. Wir wollten den Kundenwünschen folgend die Standardverpackung attraktiver gestalten und uns einen technischen Vorsprung erarbeiten. Zudem bot die Zusammenarbeit die Chance, über den räumlichen Lieferbereich des eigenen Unternehmens hinaus bei Großaufträgen dem Kunden einen einheitlichen Qualitätsstandard garantieren zu können. Die natürlichen Grenzen jedes einzelnen Beteiligten im Hinblick auf Risikotragfähigkeit einer Großinvestition, Lieferumfang oder Produktionsmerkmale wurden erweitert. Das bis dahin bestehende Dilemma der Kunden von Logistikkostenminimierung, die verschiedene Abpakker erforderte, und einheitlicher Herstellung inklusive Gestaltung, die für die Auftragsvergabe an ein Unternehmen sprach, löste sich auf – was auch in unserem Interesse lag.

## Von der guten Idee zum innovativen Produkt

Eine der wichtigsten Grundlagen für das Funktionieren einer solchen Zusammenarbeit über Ländergrenzen hinweg ist ein ähnliches Selbstverständnis aller Beteiligten.

Der als „EUROBOX" institutionalisierte Zusammenschluß mittelständischer Betriebe aus heute zwölf Partnern im Europäischen Wirtschaftsraum ist nach wie vor lebendig, was nicht zuletzt auf das gemeinsame Motiv des technologischen Spitzenreiters, des hohen Wertes der Selbständigkeit und der meist familiären Prägung als Unternehmer zurückzuführen ist.

So begann die Geschichte von VERPACKUNG + DISPLAY STABERNACK JR PARTNER mit dem Großvater im hessischen Offenbach, der sich als Drucker und Buchbindermeister zeitlebens mit der Papierverarbeitung beschäftigt. Statt Buchdeckel mit alten Resten aufzufüttern, wie er es gelernt hatte, setzte er gewellte Pappstreifen ein, womit die Stabilität deutlich erhöht und das Gewicht verringert wurde. Und da Offenbach Zentrum der Lederwarenindustrie ist, produzierte er die so verstärkten Kartonagen für Schuhe und für Taschen, später auch für Molkereiprodukte. Das ist gerade einmal 120 Jahre her. Eine gute Idee setzte sich durch – damals war noch nicht von Innovation die Rede –, und nach dem gleichen Prinzip arbeiten wir heute noch: Zwischen zwei glatte Bahnen wird ein gewelltes Papier maschinell verklebt. Und doch ließe sich ein sauber gefalzter und mit verschiedenen Stanzungen versehener Karton *allein* – gelegentlich als „braune Ware" bezeichnet – kaum noch verkaufen.

Denn Verpackung ist heute mehr als bloßer Schutz der Ware. Weil der Verbraucher beim Einkaufen im Supermarkt wenig Zeit mitbringt und in aller Regel keine Beratung erhält, werden die Aufdrucke zur wichtigsten Informationsquelle. Grafik und Design müssen stimmen, die Verpackung wird zum *Marketing-Faktor*. Denn etwa 70 Prozent aller Kaufentscheidungen fallen direkt am Verkaufspunkt. Vor allem bei hochwertigen Produkten kommt der Hülle oft entscheidende Bedeutung zu. Die Hausfrau mit Jeans und Krokogürtel geht morgens bei Aldi einkaufen, um große Mengen ihres Grundbedarfs zu decken. Danach macht sie ihren Erlebniskauf und sucht nach etwas Besonderem, einer Dekoration, einem Parfüm-Flakon oder einer Flasche Champagner. Neben die benutzerfreundliche Packung für den Supermarkt gehört deshalb die luxuriöse Aufmachung in der Parfümerie. Die Industrie stellt sich so auf die veränderten Lebensgewohnheiten der Verbraucher ein.

Mehr noch: Waren wollen nicht nur attraktiv verpackt, sie müssen auch ansprechend präsentiert werden. Als *Display* werden jene Dekorationsmittel bezeichnet, die den ausgestellten Gegenstand in den Blickpunkt rücken: Ferrero-Küßchen ebenso wie ein Handy von Siemens, Fujitsu-Computer oder Playmobil-Spielzeug. Da Verpackung und Display zusammengehören, wurde dieser Geschäftszweig schon im Interesse einer umfassenden Kundenbeziehung sehr frühzeitig in die Firmengruppe integriert. Heute werden etwa 30 Prozent des Umsatzes der Unternehmensgruppe mit diesen Verkaufshilfen erzielt. Als Vollsortimenter sind wir heute zum Systemanbieter geworden, bis hinein in die Fertigungsstraßen unserer Kunden, voll verantwortlich für die Verpackungs- und Display-Logistik.

## Auch Familienbetriebe können global operieren

In der Referenzliste unserer Kundenbeziehungen stehen die meisten deutschen Großunternehmen der Verbrauchs- und Gebrauchsgüter-Industrie, viele davon gehören zu den Global Players. Gerade die Gespräche mit den multinationalen

Kunden führen zu der Erkenntnis, daß weiteres Wachstum in Zukunft auch sehr gut in europäischen Dimensionen möglich ist, zumal die Ausschreibungen immer häufiger EU-weit erfolgen.

Schon deshalb halten wir die Allianzen mit unseren Partnern – von Schweden bis Spanien, in Frankreich ebenso wie in Italien – für so wichtig. Die gut funktionierende Partnerschaft innerhalb der EUROBOX verschafft stets einen guten aktuellen Marktüberblick und den notwendigen Bekanntheitsgrad mit dem Ergebnis, daß immer öfter europäische Generalaufträge mit länderübergreifenden Lieferungen in der Fuldaer Holding unterschrieben werden können. Oftmals verbleiben mehr als 70 Prozent aller Ausführungen in unseren eigenen europäischen kundennahen Standorten. Den anderen Teil führt die bewährte Qualitätskette der EUROBOX-Partner aus. Erst diese Entwicklungs- und Kooperationsfähigkeit macht uns als begrenzt arbeitenden Mittelständler zum attraktiven Liefer-Partner für multinationale Konzerne.

***Mit Allianzen länderübergreifend agieren ...***

Während insbesondere Großkonzerne amerikanischer Prägung zumindest west- oder südeuropaweit idealerweise einen einzigen Verpackungszulieferer mit garantiert einheitlicher Qualität suchen, ist die Haltung der Europäer – bedingt durch eine wesentlich höhere Bewertung der Entwicklungs- und Servicekompetenz – häufig völlig anders. Während Nestlé beispielsweise auf dem Standpunkt steht: „Wir wollen wenig globale Marken machen, wir haben unsere nationalen Produkt-Kennzeichnungen, die wir nur durch das Firmenlogo ergänzen.“ Ganz im Gegensatz zu

Procter & Gamble, die von Alaska bis Feuerland in einem einheitlichen Outfit antreten. Nicht nur für den Europamarkt wird heute die innovative Verpackungsgestaltung zum dringenden Gebot und zum Schutz des Marktauftritts. „Uniqueness" muß sich insbesondere in der Verpackung und im Display beweisen.

Ein Mittelständler hat nur mit einem stets hochentwickelten *Netzwerk* die Chance, sich auf die international unterschiedlichen Produktentwicklungen und Dienstleistungsbedürfnisse der Kunden einzustellen. Damit kann er sich seine Unabhängigkeit bewahren, ohne sich von Großaufträgen auszuschließen. Je nach eigenen Kapazitäten und Kompetenzen stehen die Kollegen, die identische Qualität produzieren, zur Verfügung, um die Lieferpflichten teilweise mit zu erfüllen. Die Planungssicherheit steigt, Logistikkosten werden minimiert, das Kundenportfolio diversifiziert und der Kunde zufriedengestellt – vorausgesetzt, die Partnerschaft funktioniert. Es ist deshalb sowohl eine betriebswirtschaftliche Frage als auch eine der persönlichen Neigung, frühzeitig in potentielle Partner zu „investieren" und ein zuverlässiges Netzwerk aufzubauen.

***Die Kapazitäten mit Partnern erweitern ...***

## Ein Netzwerk für hohe Produktqualität

Etwa fünf Prozent vom Gesamtwert eines Produkts werden heute als Logistikkosten kalkuliert, einschließlich der Verpackung. Trotz dieses geringen Anteils sieht sich die Branche zunehmend mit dem aus dem Automobil-Zulieferbereich bekannten „Lopez-Effekt" konfrontiert. Wir erleben es immer wieder, daß wir über mehr als zwölf Monate mit einem Kunden gemeinsam die Einführungsphase eines Produkts in mehreren europäischen Ländern begleiten und auch durchleiden. Dann kommt endlich das Produkt in riesigen Stückzahlen auf den Markt, und nun soll der Preis für die Verpackung auf einmal 30 Prozent billiger sein. Geht man darauf ein? Überläßt man das Geschäft anderen? Geht nicht möglicherweise der mühsam aufgebaute Kontakt wieder verloren, wenn wir nicht auf die diktierten Bedingungen eingehen? Schlaflose Nächte kommen nicht von ungefähr.

Für einen Mittelständler heißt das nicht nur, sich mit der Preisstellung in den unterschiedlichsten Regionen Europas beschäftigen zu müssen, sondern auch Strategien zur Qualitätssicherung entwickeln zu müssen. Denn es ist eine Binsenweisheit, daß sinkende Preise zwangsläufig zu Lasten der Qualität gehen.

Hierzu ist ein Netzwerk in vielerlei Hinsicht hilfreich. Wie die Zusammenarbeit bei der ersten innovativen Druckmaschine für unsere Firma vor über 30 Jahren schon gezeigt hat, ist eine Informationsplattform im europäischen Maßstab bei der Einschätzung der Märkte, der Rahmenbedingungen und nicht zuletzt der Risiken und Chancen eine mögliche Basis zur Verbesserung der Wettbewerbsfähigkeit. Eine Allianz zur Durchsetzung innovativer Leistungen und Qualitätsstandards – inklusive ökologischer Kriterien – stärkt den einzelnen Mittelständler in seinem Eintreten für diese Werte, was im Interesse aller liegen und nicht kurzfristiger Zulieferkostenminimierung geopfert werden sollte. Ein gemeinsames Motiv, unterschiedliche Maßnahmen und gegenseitige Information sind für die EUROBOX-Beteiligten prägend. Dies zeigt sich zum Beispiel an unseren Initiativen zur Verbesserung des Dialogs mit den Kunden.

## Fachlicher Dialog mit dem Kunden

Um eine Dienstleistung wirklich rundum von der industriellen Gefahrengutverpackung bis zum kreativen Display anbieten zu können, ist eine Spezialisierung innerhalb der Firmengruppe erforderlich. Mit der wegen unterschiedlicher Interessen 1990 vorgenommenen Teilung der Stabernack-Unternehmensgruppe wird das Werk in Fulda die Firmenzentrale der neugegründeten Vertriebsgesellschaft VERPACKUNG + DISPLAY STABERNACK JR PARTNER GmbH & Co.

Dort entstand auch das 1998 eingeweihte *Kundenzentrum*, das in der Branche als „IdeenFactory" schnell zum Begriff geworden ist. Hier finden regelmäßig richtungweisende Vorträge und Seminare statt: Hochqualifizierte und erfahrene Referenten zeigen, daß Verpackung nicht nur ein Produkt, sondern ein Prozeß ist, der sich von der Idee über die Produktion und unter Berücksichtigung der Handelsanforderungen bis zur Abpacktechnik fortsetzt.

Zugleich ist das Kundenzentrum Begegnungsstätte für den Dialog mit dem Kunden. Schon die leichte Linienführung des Gebäudes regt zum kreativen Schaffen an. Sie wurde maßgeblich von den beiden Schweizer Künstlern Housi Knecht und Antonio Maro beeinflußt. Hier kann sich unsere Klientel zum Nachdenken zurückziehen und im Gespräch mit unseren Designern zu optimalen Ergebnissen kommen. Da wir dieser Marketingstrategie einen sehr hohen Stellenwert beimessen, rechtfertigt sich die Investition von selbst. Die eigenständig geführte LAYOUT & SCAN REPRO-SERVICE GmbH besorgt dabei die graphischen Dienstleistungen bis hin zum Tele-Dialog mit dem Kunden am Bildschirm sowie die Erstellung der kompletten Druckvorlagen.

***Kunden für Qualität sensibilisieren ...***

Solche Aktivitäten unserer Gruppe und ihren EUROBOX-Partnern, verbunden mit einer intensiven Betreuung der Kunden vor Ort, sensibilisieren auch die verschiedenen Einkäufer multinationaler Auftraggeber für das Thema Qualität bei Entwicklung, Produktion und Logistik von Verpackungen. Man mag es als geschickte Immunisierungstrategie gegen Billiganbieter bezeichnen – für uns ist es jedoch weit mehr: Spannende Gespräche auf hohem Niveau machen Freude, die Mitarbeiter zeigen hochmotiviert ihre Kompetenz, und es erfüllt mit Stolz, Wissen vermitteln und natürlich auch Mitstreiter für die eigenen Überzeugungen zu finden.

Zugleich reflektieren solche Gespräche und Begegnungen gelebte *Unternehmensphilosophie*, indem – neben der Wirtschaftlichkeit der Unternehmensgruppe – der höchstmögliche Nutzen für den Kunden im Vordergrund steht. Zusammen mit der positiven Akzentsetzung der „IdeenFactory“ zu gesellschaftlichen Entwicklungen und zur Förderung des Umweltschutzes entsteht so Leistungsstärke durch Partnerschaft.

## Zusammenspiel der Spezialisten

Fulda ist aber auch der wesentliche Produktionsstandort zur Herstellung von Wellpappe und der Fertigung von Versand- und Verkaufsverpackungen sowie von Werbemitteln. Fast die Hälfte des gesamten Gruppenumsatzes wird in der Domstadt erwirtschaftet.

Hanau ist das Offset-Zentrum für die hochwertigen Verkaufsverpackungen und Displays, auch für Nahrungsmittelketten von der Vielfalt der Ferrero-Produkte bis hin zur Präsentation von Nestlé-Produkten. In Hanau wird darüber hinaus im Kundenauftrag abgepackt.

Aus dem Vertriebsbüro Hamburg ist ein Betrieb geworden, dessen Schwerpunkt in der Produktion hochveredelter Verpackungen und Displays in kleinen bis mittleren Auflagen liegt und der auf Wunsch des Kunden ebenfalls den zugehörigen Abpack-Service zur Verfügung stellt.

In Arnstadt ist das Werk der Industrieverpackungen für Schwer- und Gefahrengüter. Es fungiert zugleich als Ansprechpartner für die Kunden aus der chemischen Industrie, Henkel zum Beispiel, DuPont und Merck-Pharma. Zum fünfjährigen Bestehen dieses thüringischen Betriebes brachte es der Ministerpräsident Vogel auf den Punkt: „In diesem Werk feiert die Zukunft Geburtstag.“

Leipzig ist zum einen Werkbank für die Zentrale in Fulda, zum anderen auf Ostkunden spezialisiert. Nach dem eher zögerlichen Aufschwung der neuen Bundesländer hat sich das als Profit Center geführte Unternehmen inzwischen einen solide weiter wachsenden Kundenstamm erworben. Das neue Konzept eines Kunden-Team-Managements, abgekürzt KTM, wird dabei als Modell der Zukunft – beispielhaft für die gesamte Gruppe – erfolgreich in die Praxis umgesetzt. Wie alle Werke ist auch Leipzig nach der Qualitätsnorm DIN/ISO 9001 zertifiziert.

## Neue Partner im Osten

Der Expansionsdrang westlicher Geschäftspartner gibt gerade in der Verpackungsindustrie oft genug den Anstoß, eigene Aktivitäten im Ausland zu entwickeln. So ist die polnische Tochtergesellschaft POZNAN PACK entstanden, die Verpackungen und Displays für den nationalen Markt produziert, aber auch über einen eigenen Abpackservice verfügt.

An dem drittgrößten slowakischen Wellpappenhersteller, SURPACK-VL in Bratislava haben wir bereits eine Beteiligung von 44 Prozent übernommen mit der Option, im Jahr 2000 dieses Engagement auf 51 Prozent zu steigern. Wie bei allen Beteiligungen übernehmen wir auch hier die Verantwortung für hochwertige Produktentwicklungen.

Die Firmengruppe wird komplettiert durch eine Mehrheitsbeteiligung an der RHEIN DISPLAY GmbH in Kaarst bei Düsseldorf, die in enger Partnerschaft zu mehreren großen Kunden, insbesondere zur Kosmetikbranche oder zum Mediamarkt, für Aus- und Weiterbildung über Home-PC steht. Gleichzeitig steht Rhein Display als Kreativzentrale für unser neues EU-Display-Netzwerk.

Denn die großen Werbeagenturen suchen immer öfter und europaweit qualifizierte Partner für die Umsetzung der von ihnen entwickelten Ideen.

## Alle auf demselben Stand

Ein entscheidender Faktor in unserer Organisation ist die *schnelle Informationsübermittlung* – national wie international. Die neuen Kommunikationstechniken sind ein Mittel, strukturierte Informationen schnell an verschiedenen Standorten verfügbar zu machen. Es wäre aber ein Irrtum anzunehmen, daß sie der Schlüssel für eine effiziente Koordination sind. Auch in der Welt der Neuen Medien – im Informationszeitalter – setzt das wirkliche Verstehen eine *gemeinsame Grundlage an Wissen und an Überzeugungen* voraus.

Technisches Verständnis gehört bei Verpackungsunternehmen zum Job. Der klassische Einzelkämpfer oder Erfinder wird heute zunehmend von einem Team ersetzt – aus gutem Grund. In unserer Branche gibt es eine Beschränkung auf die reine Verpackungsherstellung schon lange nicht mehr. Immer mehr Dienstleistungen werden von unseren Kunden ausgegliedert.

Wer im Geschäft bleiben will, muß Fullservice bieten. Angefangen bei den Druckvorlagen, die früher von den Werbeagenturen geliefert wurden, bis hin zum Abpacken der vom Kunden bereitgestellten Waren in unseren Kartons sowie die logistische Weiterbearbeitung aufgrund von Versandlisten.

Teamarbeit ist aber – wie jede Art von Kooperation – nur dann erfolgreich, wenn alle Beteiligten gut kommunizieren. Sich dem Idealzustand zu nähern, erfordert vor allem Zeit. Sicherlich hätte beispielsweise die EUROBOX nicht bis heute Bestand, wenn wir nicht alle in der Unabhängigkeit und Selbständigkeit ein hohes Gut sehen würden. Daraus erwächst Toleranz für den Kollegen, der gleichzeitig Konkurrent und Partner ist. Durch stetige Gespräche, die selbstverständlich nicht frei von Auseinandersetzungen sind, wächst die Bereitschaft, den Menschen hinter der „Rolle" zu sehen und zu zeigen. Gemeinsame Erfahrungen, seien sie positiv oder negativ, schaffen eine *Verständigungsebene*, die über Krisen hinweg hilft und hält.

Das Bestreben unserer europäischen Allianz war deshalb von Anfang an, neue Kollegen erst nach reiflicher Überlegung „zuzulassen" und den Kreis zu beschränken, damit die stimmige „Chemie" nicht gefährdet wird. Wie wertvoll dies ist, hat sich auch daran gezeigt, daß sich in diesem Kreis schon einige Nachfolgeprobleme lösen ließen. Es ist ein gutes Gefühl, zu wissen, daß Kollegen mit gleichen Überzeugungen gegebenenfalls in der Nähe sind, um das Lebenswerk im eigenen Sinne fortzuführen, falls kein Familienmitglied zur Verfügung steht.

## Unternehmenskulturen auf einen Nenner bringen

Gleichwohl binden Allianzen erhebliche Kräfte, wie das Beispiel einer strategischen Partnerschaft mit einem etablierten Familienunternehmen unserer Branche in Brescia in

Italien belegt. Dessen bestehendes Geschäft ergänzen wir mit unseren Aktivitäten, wobei wir auch unsere Unternehmensphilosophie einzubringen versuchen. Ein langfristiges Investment, das viel Geduld erfordert, nach den anfänglichen Schwierigkeiten aber sehr vielversprechend aussieht, weil sich erste erfahrbare Erfolge einstellen. Bei den großen, mitunter auch gescheiterten Fusionen der Multis ist immer von den unterschiedlichen *Unternehmenskulturen* die Rede, die so schwer auf einen Nenner zu bringen sind. Das gilt in gleichem Maße für Mittelständler, nur spricht keiner darüber.

In noch weit stärkerer Ausprägung besteht das Problem bei Allianzen östlicher Prägung. So verhandeln wir mit einem Partner über eine gemeinsame Markterschließung zusammen mit unserer Tochtergesellschaft POZNAN PACK in Polen sowie über Zulieferungen sich ergänzender Produkte. Die Schwierigkeiten beginnen bereits bei der Sprachbarriere. Ohne polnisch-deutsch sprechendes Personal lassen sich weder die angestrebten Kundenkontakte intensivieren, noch die betrieblichen Umsetzungen durchführen. Erst seit dem 1998 vorgenommenen Austausch von Führungskräften haben wir ermutigende Fortschritte erzielt. Der Ost-Break-Even ist jedenfalls geschafft.

Wie langwierig, kompliziert und möglicherweise teuer ein solches Engagement sein kann, wenn es dort keine „Verpackungskultur“ und damit geeignete Allianzpartner gibt, zeigt ebenfalls das Beispiel Polen. Dort, wo wir auf der grünen Wiese mit einem topeingerichteten Neubau zu teuer begonnen haben, wird die nur leicht steigende Marktakzeptanz zu einem viel längeren Weg als gedacht. Jeden

Tag bekommen wir zu hören, daß der Preis zu hoch sei. Und verspätete Zulieferungen aus Polen oder auch an der Grenze aufgehaltene Lastwagen aus Leipzig führen gelegentlich dazu, daß ein wunderschönes Weihnachtsdisplay erst im Januar ausgeliefert werden kann – sechs Wochen zu spät.

Wir gehen nicht davon aus, daß deutsche Ansichten immer die allein seligmachenden sind. Aber wir wollen auf jedem Markt die gleiche *Produkt- und Servicequalität* erreichen, und die orientiert sich nun einmal an dem hierzulande üblichen, hohen Niveau. Denn die Internationalisierung ist der Prozeß einer europäischen und globalen Vernetzung der Märkte, der Kunden, des Kapitals und damit auch der Arbeit. Sie ist der Wandel von der Industrie- zur Dienstleistungsgesellschaft, vom Maschinen- zum digitalen Zeitalter. Wir brauchen deshalb eine neue Wagniskultur, eine Gründerwelle.

## Die Zukunft: ergänzende Dienstleistungen

Fakt ist, daß neue und qualitativ bessere Produktionsverfahren die alten verdrängen. Fakt ist auch, daß permanent nach neuen Verpackungen für neuentwickelte Produkte nachgefragt wird. Zur Zeit liegt der Wert des deutschen Umsatzes der Verpackungsbranche schätzungsweise bei 42 Milliarden DM. Hochrechnungen gehen von einer jährlichen Steigerungsrate von zwei Prozent aus. Kürzere Produktlebenszyklen, strengere Cooperate-Design-Richtlinien der Kunden und hoher Investitionsbedarf in Menschen und Maschinen kennzeichnen die Situation.

Längst schon zeichnet sich ein wettbewerbsfähiger Verpacker nicht mehr durch verfahrenstechnische Kenntnisse aus – sie werden vorausgesetzt –, sondern durch seine Fähigkeit, *Komplettlösungen* anbieten zu können. Denn Global Player betreiben in stärkerem Maß Outsourcing und nutzen Zulieferer zum Kreieren, Forschen und Entwickeln. Der spätere Fertigungsauftrag wird quasi zur Nebensache.

Für die Zusammenarbeit der EUROBOX-Unternehmen bedeutet dies gleichfalls eine Verschiebung ihres Anspruchs auf qualitative Marktführerschaft. Elemente wie „Brainstorming" oder der Disput über modische Trends haben an Bedeutung ebenso gewonnen wie der Wissenstransfer über länder- oder projektspezifische Details.

## Projektarbeit für Global Player

Problemlösungskompetenz rund um die Verpackung kann und muß zwar jeder Mittelständler eigenständig erwerben und sichern. Doch häufig sind pfiffige Ideen, Erfahrungen und Erkenntnisse über die eigenen Grenzen hinweg exportierbar oder geben doch zumindest Denkanstöße. Unser Vorteil ist, daß Probleme, die bei einem Hersteller auftreten, an einer anderen Stelle von uns selbst oder einem unserer Allianzpartner schon gelöst worden sind. Dies hat in jüngster Zeit einen der größten internationalen Automobilkonzerne überzeugt.

So haben wir über eine Tochtergesellschaft die Aufgabe gelöst, für alle weltweit eingesetzten Autozubehörteile das gleiche Druckdesign in vielen Sprachen und Aufschriften anzuwenden und gleichzeitig auch noch so zu standardisieren, daß zukünftig nur noch die Hälfte der unterschiedlichen Verpackungsgrößen zur Anwendung kommt. Für dieses Zubehör – vom Radio über das Lenkrad bis zum Geschwindigkeitsmesser – waren klare Ziele vorgegeben: weniger Verpackungsvolumen und leichter im Gewicht bei einheitlichem Design. Obwohl mitunter dieselben Geräte in die unterschiedlichen Autotypen und Marken eingebaut werden, hatte man stets eigenständige Verpackung. Das wird nun zusammengefügt, neu ausgezeichnet und dabei dem Kunden eine Menge Geld gespart.

## Die Verpackung signalisiert ein Image

Die in Kundengesprächen häufig gestellte Frage, welchen Anteil die Verpackung am Verkaufserfolg eines Produkts hat, läßt sich nur sehr schwer beantworten. Fest steht jedenfalls: Bei gut eingeführten Markenartikeln kann eine Veränderung sogar zum Konkurs führen.

Deshalb bleibt die Nivea-Dose so wie sie ist. Wer immer wieder auf seine Marke zurückgreift – das Kind, das nur seinen „Kaba“ möchte –, der wird durch eine andere Verpackung verunsichert. Hier wird ein *Image* signalisiert und über viele Jahre aufgebaut: der Drink „Schwarzer Kater“, der zeitweise zum meistgetrunkenen Likör in Deutschland wurde, oder „Jägermeister“, fast schon ein Kultgetränk, mit einem Riesenaufwand beworben. In einem anderen Kleid wäre es für den Verbraucher nicht mehr dasselbe Produkt, auch wenn der Inhalt absolut gleichgeblieben ist.

Ein imagestarkes Produkt in seinem Erscheinungsbild zu verändern, kann also höchst gefährlich sein. Wir beschränken unsere Kreativität in solchen Fällen darauf, die Verpackung technisch zu perfektionieren, indem wir beispielsweise für Henkel einen auch während des Gebrauchs fest verschließbaren Karton entwickelt haben. Eine Kleinigkeit nur, zwei Widerhaken, doch die Tabs und Perls sind auf diese Weise besser geschützt gegen die Luftfeuchtigkeit.

## Allianz mit dem Endverbraucher

***Zwischen Hersteller und Verbraucher vermitteln ...***

Als Zulieferer sind wir zwar nur indirekt von König Kunde und seiner Kaufentscheidung abhängig. Gleichwohl schlagen sich steigende oder fallende Absatzzahlen beim Endverbraucher direkt in unseren Auftragsbüchern nieder. Schon deshalb sind Verpacker aus Eigeninteresse bestrebt, ihren Beitrag zur Akzeptanz von Produkten zu leisten, sei es in punkto Haltbarkeit, Attraktivität, Informationswert oder Umweltverträglichkeit. Nicht selten fühlen wir uns dann sogar kompetent, Endverbraucherinteressen gegenüber unseren Auftraggebern aktiv zu vertreten. Denn was stiftet ein zwar raffinierter neuartiger Karton über die Attraktivität hinaus für einen Nutzen, wenn zum Öffnen eine Gebrauchsanleitung beigelegt werden muß. Oder wenn überzogene Preisvorstellungen unserer Kunden zur Reduzierung der Kartonstärke zwingen, so daß Transportschäden vorprogrammiert sind.

Da muß dann auch unser *Engagement für die Umwelt* nicht an der Umsatzrendite scheitern. Das Basismaterial für die

Kartons und Displays ist der nachwachsende Rohstoff Holz, doch wir wissen, daß die Ressourcen nicht unerschöpflich sind. Deshalb verwenden wir zu 70 Prozent Recycling-Rohpapier aus dem funktionierenden Kreislauf der Wiederverwertung. Doch das allein genügt uns nicht. Es ist kein Zufall, daß unsere Produkte als Einstofflösungen verwirklicht werden. Deshalb können Papier und Wellpappe, die beim Zuschnitt als Abfallreste anfallen, ohne besondere Bearbeitung direkt zur Wiederverwertung in der Papierfabrik abgeliefert werden.

## Statt selbständig lieber in den öffentlichen Dienst

Die Quote der Selbständigen ist in Deutschland von 23 Prozent im Jahr 1960 auf weniger als zehn Prozent gefallen, und sie liegt damit unter dem europäischen Durchschnittswert. In diesen 40 Jahren hat sich die Zahl der im öffentlichen Dienst Beschäftigten auf 16 Prozent verdoppelt. Die Jahr für Jahr steigenden Insolvenzen machen nicht eben Mut, das neue Gesetz gegen die Scheinselbständigkeit erstickt auch hoffnungsvolle Anfänge im Keim.

Und da eigenständiges Wirtschaften in Deutschland so wenig lustvoll ist, schon wegen der miserablen Rahmenbedingungen für den Mittelstand, gehen viele der gut ausgebildeten jungen Menschen mit Unternehmergeist lieber in die USA.

Auch wir haben diesen Typ im Ausland gefunden. Unsere Beteiligung an einem jungen Unternehmen in der Slowakei haben wir nicht etwa wegen dessen Marktbedeutung oder wegen seiner technischen Ausrüstung vorgenommen – nach unserem Verständnis weit unterdurchschnittlich –, sondern allein wegen der dort arbeitenden Menschen. Wir sind bereit, mit diesen Unternehmern, jungen, enthusiastischen Problemlösern, die erst am Anfang ihrer Möglichkeiten stehen, einen nicht gerade risikolosen Weg zu gehen. Weil wir an ihre Fähigkeiten glauben, weil ein wenig Geld und eine Menge Know-how sie ein enormes Stück weiterbringen kann.

## Zusammenarbeit bereichert

Damit schließt sich der Kreis: Vor Jahren waren wir Produzenten von hochwertiger bedruckter Wellpappe, heute sind wir mit unseren *europäischen Allianzen* Marketingpartner bedeutender nationaler und internationaler Markenartikler. Eigene Wertmaßstäbe, Erfahrungen und Ergebnisse erschließen das Innovationspotential der jungen Partner. Ein vorbildhafter Know-how-Transfer fördert die gemeinsame Zielsetzung und Zielerreichung.

***Potentiale junger Partner erschließen ...***

Der „Lohn“: Einfluß nehmen und die Zukunft gestalten können; und das sogar über das eigene Unternehmen und die eigene Branche hinaus. Es ist eine schöne Bestätigung des jahrzehntelangen persönlichen Engagements, in diesem Sinne als Arbeitgeber, Ratgeber und Gesprächspartner von der nachwachsenden Generation respektiert zu werden. Selbstbewußt und selbstkritisch Partnerschaften aufbauen, entwickeln und pflegen bedeutet darüber hinaus – gerade in Zeiten der Globalisierung – die Schaffung einer tragfähigen Basis für die Bewältigung der Herausforderungen im nächsten Jahrtausend.

Innovation mobilisiert das Marketing der Produkte unserer internationalen Kunden auch in Großbritannien und Irland. Und deshalb packen Schweden und Deutsche jetzt sogar gemeinsam Markterfolge „Made in Great Britain“. Denn wir haben, zusammen mit dem gleichberechtigten Partner ASSIDOMÄN AB., in Warrington bei Manchester, die SPECTRA PACKAGING DISPLAY Ltd. gegründet. Wieder ein Signal dafür, daß wir weiter mit Allianzen wachsen wollen und werden.

# En passant ...

*Was bedeutet für Sie, Herr Stabernack, Erfolg?*

Visionen und die Kraft zu deren Umsetzung, aber auch kontinuierlich gute Ergebnisse und Kundenakzeptanz. Mit allem sollten sich auch die Mitarbeiter identifizieren können. Mit „Marketing zu leben" heißt für uns, „innovativ stets die Nase vorne zu haben"!

*Durch welche Eigenschaften muß sich ein Unternehmer auszeichnen, der sich in unserer Zeit behaupten will?*

Gute Marktübersicht durch Kundennähe, Ideenreichtum zur Weiterentwicklung der Produktpalette sowie ausgeprägte Führungsqualifikation, die die Mitarbeiter motiviert und in die Entscheidungen einbezieht.

*Welche Philosophie bestimmt Ihr unternehmerisches Handeln?*

Anders als andere zu sein – durch neue, ungewöhnliche Marketingkonzepte und klare Setzung von Prioritäten. Sich auszeichnen durch die Erhöhung der eigenen Leistungsstärke in der Umsetzung, zu der ausgewählte Partnerschaften im Rahmen strategischer Allianzen einen wertvollen Beitrag leisten.

*Wie bereiten Sie wichtige Entscheidungen vor?*

Nach Gesprächen mit Kunden, leitenden Mitarbeitern sowie auch Wettbewerbern. Wichtig für die eigenen Abwägungen zwischen Pro und Contra sind Sitzungen unserer Unternehmensbeiräte und das Vertrauen in die Umsetzbarkeit. Hierzu muß möglicherweise Überzeugungsarbeit geleistet werden, um die notwendige Mitarbeiteridentifikation sicherzustellen.

*Welche Eigenschaften schätzen Sie an Mitarbeitern besonders?*

Das „Querdenken", verbunden mit der Einsicht, daß sich die Märkte verändern. Genauso wichtig ist die Fähigkeit, jene Zwänge zu erkennen, die neue Maßnahmen zur Sicherung der Wettbewerbsfähigkeit erfordern. Auf der Handlungsebene sind Konsequenz und Kompetenz unverzichtbare Eigenschaften.

*Wenn Sie einen Nachfolger einarbeiten müßten, was wäre Ihr wichtigster Rat?*

Erforderlich ist eine unbedingte Bewährung in dezentralen, kleineren, operativen, kundennahen Betrieben, um die persönliche Erfahrung zu machen, wie sich eigene Entscheidungen auswirken, zu welchem Ergebnis sie führen und wie eine „Erfolgskette" entsteht. Darüber hinaus hat die Führung durch Überzeugungsarbeit bei allen Mitarbeitern stets höchsten Stellenwert.

*Welches sind für Sie in den nächsten Jahren die zentralen Herausforderungen?*

Mehr Kundennähe durch Dezentralisierung von Entscheidungen auf der Basis von Commitments mit unseren Kundenteams. Zielgerichtete Erschließung neuer Märkte und Kundengruppen mit Hilfe neuer strategischer Allianzen in Europa.

*Haben Sie ein Lebensmotto?*

„Aufbruch zu neuen Ufern", und das stets als Führer einer guten Mannschaft sowie „Freude, den Erfolg teilen zu können" mit der Familie und den Mitarbeitern.

# Erfolgsfaktor Benchmarking

Benchmarking ist ein modernes Instrument der Wettbewerbsanalyse, das mit dem Ziel eingesetzt wird, eine eventuell bestehende Leistungslücke zu besseren oder dem besten Konkurrenzunternehmen zu schließen. Dazu werden Prozeßabläufe, Methoden und Vorgehensweisen vergleichbarer Unternehmen auf ihre Verwertbarkeit hin untersucht und gegebenenfalls übernommen.

Es hat bisher vor allem in der Computer- und Elektronikindustrie Bedeutung erlangt, wie der allgemein geläufige Begriff des „Benchmark-Test“ belegt. Dessen Ergebnisse dienen als Vergleichskriterium für das Leistungsverhalten von Datenverarbeitungssystemen. Die Anwendungsmöglichkeiten des zugrundeliegenden Prinzips sind damit aber bei weitem nicht erschöpft.

So ist Benchmarking beispielsweise geeignet, im Rahmen eines umfassenden Qualitätsmanagements wertvolle Aufschlüsse über Verbesserungsmöglichkeiten in vielen betrieblichen Teilprozessen zu liefern. Dabei geht es nicht nur um die unmittelbare Leistungserstellung, sondern um die Erfassung der gesamten für die Geschäftsergebnisse relevanten Bestandteile, deren Bewertung im eigenen Umfeld und im Vergleich mit anderen Unternehmen.

Im einzelnen ist der Ablauf beim Benchmarking durch fünf Schritte gekennzeichnet:

- Auswahl des Untersuchungsobjekts (Produkt, Herstellungsmethode, Produktions- oder Dienstleistungsprozeß) und Formulierung einer Zielsetzung,

- Auswahl eines Unternehmens, das in bezug auf das Untersuchungsobjekt potentiell eine Vorbildfunktion hat,

- Erhebung relevanter Daten im eigenen und im fremden Unternehmen, letzteres unter Umständen über Sekundärquellen,

- Analyse mit dem Ziel der Ermittlung von Leistungsdefiziten und deren Ursachen,

- Folgerungen aus den Ergebnissen der Analyse, gegebenenfalls Ergreifen von Maßnahmen zur Verbesserung der Ist-Situation.

Ist die zentrale Schwachstelle im eigenen Unternehmen identifiziert und als Benchmarking-Objekt definiert, so besteht die Hauptaufgabe darin, einen geeigneten Benchmarking-Partner zu finden. Je nach Untersuchungsobjekt ist es unterschiedlich sinnvoll, die Wettbewerber, Branchenfremde oder Kunden anzusprechen. Handelt es sich beispielsweise um einen Produktionsprozeß, also einen Ablauf, der ausschließlich zum internen Unternehmensbereich gehört, so muß das Gespräch mit der Konkurrenz oder – wenn es sich um Prozesse handelt, deren Optimierung für das andere Unternehmen die zentrale Erfolgsvoraussetzung darstellt –

auch mit Branchenfremden gesucht werden. Steht die Verbesserung der Kundenorientierung im Vordergrund, so sind die Kunden die wichtigste Informationsquelle. Bei professioneller Vorgehensweise genügen hier bereits wenige Interviews, um Erkenntnisse zu erlangen, die unmittelbare Verbesserungen ermöglichen.

In jedem Fall können erfolgversprechende Ergebnisse nur erzielt werden, wenn die grundsätzliche Bereitschaft zur Veränderung besteht und der Benchmarking-Prozeß gründlich vorbereitet ist. Denn die Außenwirkung ist nicht zu unterschätzen: Registrieren beispielsweise die interviewten Kunden, daß ihre Hinweise lediglich zur Kenntnis genommen, aber nicht zu Änderungen führen, kann das Image des Unternehmens Schaden nehmen. Oder: Bleiben die Gespräche mit Wettbewerbern wegen unzureichender Konkretisierung des Themas oder ungeschickter Formulierungen an der Oberfläche, so werden die Partner kaum voneinander profitieren.

Damit Benchmarking kein theoretisches Konzept bleibt, muß es in den betrieblichen Ablauf integriert und als permanente „Suche nach der besten Lösung" betrieben werden. Allerdings ist bei systematischer Informationsgewinnung darauf zu achten, daß der Erfassungsaufwand in vertretbaren Grenzen bleibt.

Praxisbeispiele beweisen, daß das Benchmarking bereits in zahlreichen Unternehmen angewendet und als erfolgreicher Lernprozeß gelebt wird. Wie bereits angedeutet, spielt die Vergleichbarkeit der beteiligten Partner eine entscheidende Rolle. Wichtiger als die Kongruenz bzw. Ähnlichkeit der Untersuchungsobjekte ist dabei das Denken in Analogien.

Gelingt es, bei Branchenfremden Ansatzpunkte für gleichartige Prozesse zu finden, so ist der Lernerfolg meist erheblich größer, als wenn versucht wird, von unmittelbaren Konkurrenten zu profitieren. Vor allem in Branchen, die bereits einen hohen Grad an optimierter Standardisierung erreicht haben, ist der „Blick über den Zaun“ empfehlenswert.

Das verdeutlicht auch das Beispiel einer amerikanischen Fluglinie, der es gelang, die unproduktiven Standzeiten, die für das Be- und Entladen, Reinigen, Sicherheitsüberprüfungen und ähnliches benötigt werden, fast zu halbieren. Orientiert hat sich das Unternehmen an den Abläufen bei Boxenstopps von Autorennen, bei denen ebenfalls erheblicher Zeitdruck besteht, ohne daß die Sicherheitsaspekte vernachlässigt werden dürfen.

Alle Erfahrungen zeigen, daß sich Widerstände gegen Veränderungen durch das Instrument „Benchmarking“ erheblich leichter überwinden lassen als durch Maßnahmen, die ausschließlich auf internen Analysen beruhen. Der Vorteil, daß der Nachweis der Machbarkeit durch das Vorbild des Besseren bereits erbracht ist, erleichtert die Durchsetzung neuer Wege gegenüber Bedenkenträgern und sorgt so für eine schnellere und wirkungsvollere Umsetzung notwendiger Neuerungen.

# Maßstab in der Welt der Elektroakustik

*von Jörg Sennheiser*

Der Managementmethode des Benchmarkings liegt das unbedingte Streben nach Bestleistungen zugrunde, also der Wunsch, durch einen Vergleich mit den Besten herausragende Leistungen und Wettbewerbsvorteile zu erzielen.

## Kopierer und Kopierte

„Ich brauche einen trigonometrischen Punkt, an dem ich mich messen kann, um zu verstehen, wohin ich von hier aus gehen muß." Das sollen die Worte gewesen sein, mit denen 1979 der damalige Präsident von Xerox, Charles Christ, seine Mitarbeiter ausschickte, um sich gegen die immer bedrohlicher werdende japanische Konkurrenz zu erwehren. Folgt man der Literatur, dann war dies die Geburtsstunde des Benchmarkings in der Unternehmenswelt.

Korrekterweise müßte man allerdings eher von einer Übertragung des Benchmarkings auf die Unternehmenswelt sprechen. Denn schon die Wortwahl von Charles Christ zeigt: Der Begriff entpringt der Geodäsie.

Für englischsprachige Landvermesser ist ein Benchmark ganz einfach ein herausragender geographischer Bezugspunkt. Meist handelt es sich dabei um die regional höchste Erhebung, an der die Vermessungen ausgerichtet werden.

Für Xerox hieß Benchmarking, den drohenden Verlust der Wettbewerbsfähigkeit durch die Orientierung an den Methoden der Konkurrenten abzuwenden. Deshalb schickte Charles Christ ein Mitarbeiterteam mit dem Auftrag nach Japan, den besten Hersteller von Kopiergeräten ausfindig zu machen und die Verfahren, Produkte und das Material des solchermaßen identifizierten Benchmarks genauestens zu untersuchen.

Mit der Analyse der Produkte und Dienstleistungen sowie der zu deren Erstellung erforderlichen Prozesse des führenden japanischen Anbieters von Kopiergeräten konnten wertvolle Vergleichs- und Richtwerte sowie Kostenvorgabeinformationen für Prozeßabläufe gewonnen werden. Auf deren Basis gelang es Xerox, Verfahrensinnovationen zu implementieren, die betriebliche Ablauforganisation zu verbessern und eine nachhaltige Kostenreduzierung zu realisieren.

***Von den Besten lernen ...***

Ausgehend von diesem ersten dokumentierten, systematischen Benchmarking wurde in der Folge das „Lernen von den Besten“ zur Managementmethode entwikkelt und perfektioniert. Heute erfreut es sich in den USA großer Beliebtheit und findet auch in Europa verbreitet Anwendung. Denn unter verschärften Marktbedingungen sind die kontinuierliche Suche und Ausnutzung von Erfolgspotentialen ein wesentlicher Einflußfaktor für die Wettbewerbs- und Überlebensfähigkeit von Unternehmen im nationalen und internationalen Wettbewerb. Ziel ist dabei stets, von erfolgreichen Unternehmen möglichst viel und möglichst schnell zu lernen.

Auch des frühen Vorwurfs, wer „benchmarke“, betreibe nichts anderes als ideenloses Kopieren dessen, was Konkurrenten erfolgreich vormachen, konnte sich das Benchmarking entledigen. Liegt die Vermutung, Produkte, Rezepte und Konzepte des Marktführers, des direkten Wettbewerbers also, im eigenen Unternehmen einfach nur zu übernehmen, sie zu kopieren, beim sogenannten wettbewerbsorientierten Benchmarking vielleicht noch nahe, so fehlt beim sogenannten funktionalen Benchmarking dazu jeglicher Anhaltspunkt. Denn bei letzterem fungieren Unternehmen anderer Branchen als Lernobjekte. Hier geht es darum, deren Prozesse und Methoden zu analysieren und sie auf das eigene Unternehmen zu transponieren. Es ist dies der Blick über den Tellerrand hinaus, das „geistige Frühstückengehen“ oder das Erkennen von Parallelen und Transponierungspotentialen, das das Benchmarking zu einer anspruchsvollen Methodik zur Verbesserung der Leistungsfähigkeit des eigenen Unternehmens macht.

## Pralinen und Platinen

Berichten zufolge soll sich beispielsweise ein Pralinen-Bäcker sehr erfolgreich mit einem Hersteller von Platinen ausgetauscht haben. Pralinen sind klein, empfindlich, werden in großen Mengen hergestellt, automatisch verpackt und unterliegen strengen hygienischen Anforderungen. Nichts anderes gilt für den Herstellungsprozeß von Leiterplatten. Der Vergleich mit dem Spitzenreiter der Elektronikbranche ermöglichte dem Süßwarenhersteller verblüffende Verbesserungen: Die Bestückungsfehler wurden erheblich reduziert, die Ausschußquote gesenkt und die Produktion beschleunigt. Umgekehrt gibt es Geschäftsprozesse, die bei Lebensmittelherstellern optimal gelöst sind. So etwa die Logistik einer verderblichen Ware. Nach dem Vorbild einer Fast-Food-Kette konnte ein Computerhersteller seine Warenlieferungen auf einen vollkommen neuen und besseren Stand bringen.

## Sennheiser-Mikrofone – Lernobjekte der Wettbewerber

Die Erfolge von Sennheiser-Mikrofonen in der modernen Audiotechnik werden von vielen Seiten bereits als Legende bezeichnet. Noch bevor der Begriff „Benchmark" in der Betriebswirtschaftslehre etabliert war, setzte Sennheiser schon den Weltstandard für moderne und zuverlässige Aufnahmetechnik.

Das erste Sennheiser-Produkt, mit dem der Grundstein des späteren Erfolgs in der Elektroakustik gelegt wurde, war noch keine Eigenentwicklung, sondern eine Kopie: das Mikrofon mit der Typenbezeichnung „MD 1". Heute würde man von einem *wettbewerbsorientierten Benchmarking* sprechen.

Allerdings waren die Tatbestände dazu nach Kriegsende nicht erfüllt, denn der kopierte Wettbewerber existierte nicht mehr und die Kopie erfolgte auf ausdrücklichen Wunsch. Das MD 1 entstand als Auftragsfertigung der

Firma Siemens, die dieses Mikrofon bislang von einem Zulieferer bezog, dessen Betrieb im Krieg ausgebombt worden und nicht mehr lieferfähig war. Um den Rundfunkanstalten weiterhin mit diesem Mikrofon dienen zu können, erging der „Kopierauftrag“ an Sennheiser. An diesem Nachbau des vorgegebenen Standards lernten die Ingenieure, wie Mikrofone gebaut werden und worauf es dabei ankommt. Auf Basis dieser Erfahrungen entstand dann die erste Mikrofon-Eigenentwicklung des Hauses. Dieser Urahn aller Sennheiser-Mikrofone, das MD 2, trägt deshalb auch nicht, wie sonst üblich, die Nummer 1, sondern eine 2 in der Bezeichnung.

Ermutigt vom raschen Erfolg des „MD 2“ wurde beschlossen, den Schwerpunkt der Arbeiten auf das rasch wachsende Gebiet der Elektroakustik zu setzen. Und dabei ist es bis heute geblieben. Sennheiser ist ein Spezialanbieter auf dem Gebiet der Elektroakustik und in bestimmten Nischen der Elektronik. Schon früh wurde erkannt, daß Diversifikation um jeden Preis nicht unbedingt zu Wachstum und Erfolg führen muß, sondern die Konzentration auf die Kernkompetenzen weitaus entscheidender ist.

***Mikrofone als Benchmark positionieren ...***

So stellen bestimmte Sennheiser-Mikrofone heute den *Weltmaßstab* dar. Sie sind beispielsweise die Standardmikrofone für Reporter, andere sind Standardmikrofone in der Filmindustrie, wieder andere sind Standardmikrofone bei der drahtlosen Stimm- und Musikübertragung im Fernsehen, in Musicals und bei Konzerten. Zahlreiche internationale Auszeichnungen und nicht zuletzt auch die immer noch im Einsatz befindlichen und zum Teil noch produzierten

Mikrofonklassiker von Sennheiser – wie etwa das MD 421, von dem bis heute mehr als 350.000 Exemplare verkauft wurden – haben die Produkte zum weltweiten Vorbild in der Aufnahmetechnik erhoben. In der Branche und bei den Kunden gelten Sennheiser-Mikrofone als Benchmark, sind also das Lernobjekt der Wettbewerber.

## Benchmarking beim Benchmark

Nun liegt die Vermutung nahe, daß ein Branchenbester selbst keine Benchmarks mehr findet, an denen er sich messen kann, Benchmarking also keine Rolle mehr spielt, wenn die Spitze erst einmal erreicht ist. Dies ist aber nicht der Fall. Auch wer selbst als der technologische Benchmark gilt und anerkannt ist, hat Benchmarks. Denn wer oben steht, muß sich darum kümmern, dort zu bleiben.

Aus der Sicht der Firma Sennheiser electronic über das Benchmarking als entscheidenden Faktor des Unternehmenserfolges zu berichten – also darüber, wie es Sennheiser electronic möglich gewesen ist, zum Benchmark zu werden und als solches dennoch Benchmarking zu betreiben –, erfordert allerdings eine Veränderung des Standpunktes und eine Erweiterung des Benchmarking-Begriffs.

Es liegt nahe, daß für Sennheiser electronic das wettbewerbsorientierte Benchmarking heute keine allzu großen Erkenntnisse mehr erbringen kann. Mit den Jahren trat diese Form des Benchmarkings, so wie es mit der Herstellung des MD 1 noch erfolgreich betrieben wurde, immer mehr in den Hintergrund. Als der Marktführer muß Sennheiser electronic zwar die Wettbewerber im Auge behalten und sie beobachten. In dem Bemühen, an der Spitze zu bleiben, darf sich Sennheiser electronic allerdings nicht an ihnen ausrichten.

## Kritische Erfolgsfaktoren bestimmen die Benchmarks

Es bestand vielmehr schon sehr früh und es besteht immer noch die Notwendigkeit, Benchmarks zu finden und sich an solchen zu orientieren, die außerhalb der originären Unternehmenssphären liegen und deren Erreichung dennoch dazu beitragen kann, die Wettbewerbsposition von Sennheiser electronic nachhaltig zu verbessern. Es ist daher erforderlich, für die Kernkompetenz, daß heißt die elektroakustischen Eigenschaften der Mikrofone, eine Orientierungsmarke außerhalb der Branche zu finden. Die Auswahl geeigneter Benchmarks erfolgt hierbei über die kritischen Erfolgsfaktoren. Dadurch beschränkt sich die Auswahl der Faktoren und Benchmarks auf diejenigen, die für die Kundenzufriedenheit und so den Erfolg von Sennheiser electronic maßgeblich sind.

## Benchmark Kundenzufriedenheit

Im Profi- beziehungsweise Studiobereich sind die kritischen Erfolgsfaktoren vor allem die elektroakustische Qualität und die Zuverlässigkeit der Produkte sowie die bestmögliche Erfüllung der von den Kunden gewünschten Eigenschaften. Das Benchmarking von Sennheiser electronic ist im Profi- und Studiobereich daher am sogenannten „Value Based Management“ ausgerichtet. Das bedeutet, daß nicht die Kosteneinsparungen und Budgetsenkungen im Mittelpunkt stehen, sondern die Ansprüche der Kunden hinsichtlich Produktart, -ausstattung und -qualität. Der Benchmark wird somit von den Kundenbedürfnissen markiert, die auf diese Weise die Leistungsstandards vorgeben und zugleich oberste Richter über deren Qualität sind.

Zur optimalen Befriedigung der Kundenwünsche ist es unerläßlich, immer vor Ort beim Kunden zu sein. Um den hohen Ansprüchen gerecht zu werden, hat Sennheiser deshalb weltweite Teams aus Mitarbeitern und Kunden zusammengestellt, die aufgrund der Analyse der Kundenanforderungen neue Märkte definieren und die gewonnenen Erkenntnisse in entsprechende Produktentwicklungen einfließen lassen. Sogenannte „Tiger Teams“ decken sowohl die verschiedenen Produktsegmente als auch unterschiedliche Anwendungsgebiete ab. Diese Vorgehensweise führt zu einer sehr hohen Flexibilität und Nähe zu den überwiegend internationalen Kunden. So ist Sennheiser electronic in der Lage, neue Anforderungen, die etwa die Filmindustrie in Hollywood, in Indien oder in Indonesien an die Aufnahmemikrofone stellt, schnellstmöglich im Werk in Hannover umzusetzen.

Daneben gilt natürlich, für Sennheiser electronic, wie für andere Unternehmen auch, daß das relevante Basiswissen stets auf dem aktuellen Stand gehalten werden muß. Deshalb arbeitet Sennheiser electronic sehr eng mit Hochschulinstituten zusammen, um neue Effekte zu erforschen und auf der Erkenntnisschiene in der Elektroakustik stetig weiter voranzukommen.

## Funktionales Benchmarking bei Sennheiser electronic

Im mittleren Marktsegment tritt als weiterer kritischer Erfolgsfaktor – neben dem bereits genannten – der Preis hinzu.

Um in diesem Marktsegment wettbewerbsfähig zu sein, bedient sich Sennheiser electronic des oben beschriebenen *funktionalen Benchmarking*, das heißt, es werden Prozesse und Verfahren von fremden Branchen analysiert und auf ihre Anwendbarkeit bei der Produktion von Kopfhörern und Mikrofonen hin überprüft.

Der Plattform-Gedanke aus der Automobilindustrie – verschiedene Modelle wie VW Golf und Audi A3 auf einem identischen Chassis herzustellen – stand Pate, als es darum ging, die Produktionskosten der Mikrofone weiter zu senken. Heute sind Sennheiser-Mikrofone so konstruiert, daß möglichst viele Teile identisch sind.

Daß ein Auto vom Fließband durch eine große Auswahl von Zubehör bereits ab Werk individualisierbar ist, führte zu der Überlegung, auch Mikrofone und Kopfhörer „von der Stange" mit einem typischen Klang auszustatten. Erstmalig hat auch der preisbewußte Kunde so die Möglichkeit, unter verschiedenen Klangcharakteristika beim Kauf eines Mikrofons zu wählen.

In der Vergangenheit sind insbesondere die automatisierten Fertigungsverfahren in der Knopfindustrie, der Uhrenindustrie und bei den Autoelektronikherstellern Benchmarks gewesen. Aufgrund der dort eingesetzten technologischen Verfahren konnte die Kopfhörerproduktion bei Sennheiser electronic über die Halbautomatisierung schrittweise auf eine vollautomatische Fertigung umgestellt werden. Die dabei gesammelten Erfahrungen wurden wiederum bei der Produktion von Mikrofonen der neuen „Evolution-Line“ verwertet. Anhand der Vorgehensweise bei der Entwicklung und der Produktion dieser Mikrofonfamilie läßt sich das Benchmarking der Sennheiser electronic exemplarisch darstellen.

## Benchmarking in der Praxis: Sennheiser „Evolution-Line“

Die Grundlage für die neue Produktlinie wurde Anfang 1996 von einer von Sennheiser eingesetzten internationalen Gruppe von Marktspezialisten gelegt. Sie ermittelte einen steigenden Bedarf an kompletten Reihen dynamischer Mikrofone, die von Studios, Orchestern oder Bands gleichermaßen eingesetzt werden können und preisgünstiger sein müssen als die bisherigen Produkte. Zusätzlich wurden hohe Ansprüche an die Robustheit und die Signaltreue gestellt. Wichtigste Anforderung an die neuen Mikrofone war es, sich den veränderten Bedingungen bei der Audio-Signalverarbeitung anzupassen.

Bei der Bewältigung dieser Aufgabe zahlten sich einmal mehr die hohen Aufwendungen von Sennheiser electronic in Forschung und Entwicklung aus. In kürzester Zeit optimierten die Techniker des Unternehmens verschiedene Charakteristika der Mikrofone. Gegenüber den Vorgängermodellen zeichnet die Evolution-Modelle eine höhere Rückkopplungsfestigkeit, eine geringere Klangverzerrung und das bei höheren Schalldruckpegeln aus.

Kurzum: Es wurde eine Familie von Mikrofonen geboren, deren akustische Ausprägungen nahtlos an die bekannte Sennheiser-Tradition anschließen.

## Kostengünstige Produktion in Deutschland

Um den Anforderungen des Weltmarktes für professionelle Musikelektronik auch preislich zu genügen, mußte bei der Entwicklung der Evolution-Serie ein völlig neuer Weg eingeschlagen werden. Die notwendigen Kosteneinsparungen erfordern auf den ersten Blick bei der Anwendung bekannter Mikrofontechnologien für dynamische Mikrofone eine Fertigung in Niedriglohnländern – ein Weg, den die Mehrheit der Mikrofon-Hersteller bereits gegangen ist.

Vergleichbar mit der Entwicklung von drahtlosen Übertragungssystemen von Sennheiser, deren Fertigung von China in das Werk Burgdorf zurückgeholt wurde, sind die Sennheiser-Ingenieure jedoch zu der Überzeugung gelangt, daß auch dynamische Mikrofone in Deutschland durchaus zu konkurrenzfähigen Kosten hergestellt werden können.

## Automatisierung der Produktion

Durch die Anwendung einer unkompliziert anmutenden Stapeltechnik konnte der Ablauf der Fertigung vollständig automatisiert werden. Zuvor galt es jedoch, wesentliche Elemente der Mikrofone so zu gestalten, daß sie sich überhaupt für eine automatische Produktion eignen. Hierzu zählen insbesondere die verschiedenen Dämpfungselemente, die die akustische Qualität eines Mikrofons im wesentlichen bestimmen. Die dafür verwendeten Seiden oder andere Textilstoffe zählen als sogenannte „biegeschlaffe" Teile zu den ärgsten Feinden der Automatisierung. Sennheiser-Ingenieure haben daher neue Technologien entwickelt, damit die Teile entweder selbst automatisierbar werden oder durch automatisierbare Elemente ersetzt werden können. Diese neue Dämpfungstechnik wurde inzwischen zu verschiedenen Patenten angemeldet. Auf diese Weise ist ein Baukasten von Mikrofonkomponenten entstanden, der die Standards für dynamische Mikrofone seiner Preisklasse setzt.

***Fremdtechnologie adaptieren und sinnvoll nutzen ...***

## Höchste Fertigungsqualität

Zu der Entwicklung der neuen Mikrofon-Familie kam in diesem Fall noch die Erstellung eines *automatisierten Fertigungskonzeptes* hinzu, das eine Produktion zu extrem niedrigen Kosten erlaubt. Eine Gruppe von Sennheiser-Ingenieuren erarbeitete hierzu ein Entwicklungs- und Fertigungskonzept, das in neunmonatiger Detailarbeit laufend verfeinert wurde, bis das Produkt und die Produktion optimal aufeinander abgestimmt waren. Mit einer Vielzahl in- und ausländischer Lieferanten von Anlagen und Bauteilen wurden intensive Gespräche geführt, um eine reibungslose Umsetzung des Konzeptes sicherzustellen. In kürzester Zeit entstand so ein Fertigungssystem, das die Mikrofonkapsel zusammensetzt und automatisch prüft, die Kapsel auf den Mikrofongriff aufsetzt, den Mikrofonkorb aufschraubt und schließlich eine akustische Prüfung des gesamten Mikrofons durchführt. Nach einer Sichtkontrolle wird das Mikrofon verpackt und zur Auslieferung bereitgestellt.

***Hochwertigkeit und Effizienz sind keine Gegensätze***

Die Fertigungsanlage im Werk Wennebostel erfüllt nicht nur die Anforderungen des Entwicklungsteams nach niedrigen Stückkosten, sondern sie wird vor allem durch die Präzision und Wiederholbarkeit der Prozesse *Qualitätsansprüchen* gerecht, die bedingt durch den manuellen Fertigungsablauf in Niedriglohnländern nicht erreicht werden können. Das realisierte Fertigungskonzept bietet zudem die Möglichkeit, andere akustische Wandler in der gleichen Technologie auf dieser und anderen Anlagen herzustellen.

## Benchmark der Zukunft: Konzentration auf die Kernkompetenz

In der Vergangenheit hatte Sennheiser eine fast 100prozentige Fertigungstiefe. Möglichst in allem Stärken zu besitzen war der Anspruch, der dahinter stand. Um künftig auch weiterhin an der Spitze zu bleiben, ist es aber wichtiger, sich auf die Felder zu konzentrieren, in denen Sennheiser electronic tatsächlich besser ist als andere. Das hat dazu geführt, daß sich Sennheiser electronic auf seine eigentliche Kernkompetenz konzentriert und dabei andere Bereiche konsequent auslagert.

Die *Kernkompetenz* von Sennheiser electronic besteht eindeutig im Wissen um Akustik und in der Herstellung von elektroakustischen Wandlern, wie sie in Mikrofonen und Kopfhörern eingebaut werden. Aus dieser Kernkompetenz wird der Vorsprung gegenüber den Wettbewerbern generiert und der Benchmark ständig weiter angehoben.

Die eigene Herstellung von Kunststoffteilen hingegen, wie sie für die Gehäuse von Mikrofonen und Kopfhörern benötigt werden, ist nicht von strategischer Bedeutung für die Position von Sennheiser electronic als Benchmark. So wurde dieser Bereich vor einigen Jahren mitsamt dem dazugehörenden Werkzeugbau stillgelegt und ausgelagert. Heute werden diese Teile von Firmen zugeliefert, die ihrerseits Kernkompetenz auf dem Gebiet der Kunststoffteileherstellung haben.

## Benchmarking – ein immerwährender Prozeß

Benchmarking ist ein Prozeß der Selbstverbesserung, der andauern muß, um effektiv zu sein. Es kann nicht einmal durchgeführt und danach ignoriert werden, in dem Glauben, die Aufgabe sei erledigt. Es muß ein kontinuierlicher Prozeß sein, denn die Anforderungen der Märkte ändern sich ständig.

Auch nach der Jahrtausendwende gibt es für Sennheiser electronic hervorragende Perspektiven, erfolgreich auf dem weiten Feld der Elektroakustik zu arbeiten. Dabei ist allerdings nicht auszuschließen, daß sich die Prioritäten verschieben müssen, damit die herausragende Stellung des Unternehmens in der Zukunft gesichert ist. Dabei wird es nicht ausschließlich darum gehen, neue Produkte zu erfinden, denn im Grunde ist schon alles vorhanden. Vielmehr wird es entscheidend sein, im Preis-Leistungs-Vergleich international vorne zu liegen. Deshalb erfordert die Zukunft die Optimierung der Produkte *und* deren kostengünstige Bereitstellung.

# En passant ...

*Was bedeutet für Sie, Herr Professor Sennheiser, Erfolg?*

Für mich ist Erfolg, wenn Ziele oder Teilziele als Folge meines Einsatzes oder meiner Anstrengung erreicht werden. Dabei muß es sich um Ziele handeln, die ich persönlich definiert habe und für relevant halte.

*Durch welche Eigenschaften muß sich ein Unternehmer auszeichnen, der sich in unserer Zeit behaupten will?*

Fachliche Kompetenz ist notwendig und die Basis; soziale Kompetenz – wirkliche soziale Kompetenz muß dazukommen, so daß daraus eine Kongruenz zwischen Persönlichkeit und Tätigkeit entsteht. Es ist wie beim Eislaufen: viel Pflicht, aber das, was wirklich Spaß macht, ist die Kür! Darüber hinaus ist Risikobereitschaft wichtig, die aber nicht einer Spielernatur entspringen darf.

*Welche Philosophie bestimmt Ihr unternehmerisches Handeln?*

Die Sinnhaftigkeit meines Tuns: Alles, was mir begegnet (Aufgaben, Menschen, Situationen) hat seinen Sinn, den ich entweder erahne, sehe, begreife, oder erst suchen muß.

*Wie bereiten Sie wichtige Entscheidungen vor?*

Gründlich! Fakten und Daten sind die Basis. Danach erfolgt die menschliche Einschätzung der Situation und Perspektiven. Dann fällt die Entscheidung (fast) von selbst.

*Welche Eigenschaften schätzen Sie an Mitarbeitern besonders?*

Fachkompetenz ist unverzichtbar. Ehrlichkeit und Offenheit sind notwendig. Interesse an Neuem, auch über den Tellerrand der eigenen Aufgabe hinaus, ist wünschenswert.

*Wenn Sie einen Nachfolger einarbeiten müßten, was wäre Ihr wichtigster Rat?*

Der Nachfolger übernimmt die Firma und ihre Menschen dort, wo sie sich gerade befinden. Er muß sie daher dort auch abholen und dann mit ihnen gemeinsam *seinen* Weg einschlagen (anders natürlich bei einer Sanierung!).

*Welches sind für Sie in den nächsten Jahren die zentralen Herausforderungen?*

Wissensmanagement, das auf humane, das heißt menschliche Art und Weise auf die Stärken der Mitarbeiter abstellt. Dazu gehört, jedem eine individuelle Entwicklungschance zu geben, damit er lebenslang lernen kann und bereit ist, neue Aufgaben zu übernehmen.

*Haben Sie ein Lebensmotto?*

Hoffnung ist nicht Optimismus, nicht die Überzeugung, daß etwas gut ausgeht, sondern die Gewißheit, daß etwas einen Sinn hat, ohne Rücksicht darauf, wie es ausgeht (Vaclav Havel).

# Erfolgsfaktor Design

Der immer härtere Wettbewerb in den zunehmend globalisierten Märkten gefährdet vor allem kleinere und mittlere Unternehmen. Viele konnten bisher ihre Produkte bei solider Qualität zum angemessenen Preis verkaufen, ohne daß sie über umfassende Vermarktungskonzepte nachdenken mußten. Das hat sich spätestens seit den neuen, billigen Warenangeboten aus den osteuropäischen Ländern grundlegend geändert.

Besonders Unternehmen, die auf qualitative Erfolgsfaktoren setzen, müssen sich neu orientieren und ihre individuelle Stärke als Wettbewerbsvorteil herausarbeiten. Eine Möglichkeit der positiven Abgrenzung von Konkurrenten ist gutes Design, das sich auf die Produktentwicklung, die Unternehmenskommunikation und die Vermarktung beziehen kann. Im Streben nach der guten Form ist ein ästhetischer Gesamteindruck zu transportieren, der sowohl ethischen als auch sozialen Ansprüchen genügt. Dabei ist Design im Gegensatz zur Kunst auf das Machbare ausgerichtet und basiert auf etablierten Gepflogenheiten.

In der Serienfertigung ist die Ausstattung des Produkts mit einer zusätzlichen Qualität die typische Aufgabe eines Industrie-Designers. Bereits eine besondere Form, die über die rein technische Funktionalität hinausgeht, ohne den Gebrauchswert zu beeinträchtigen, ist ein Differenzierungsmerkmal, das beim Kunden Aufmerksamkeit erzeugt und seine Kaufentscheidung optisch beeinflußt.

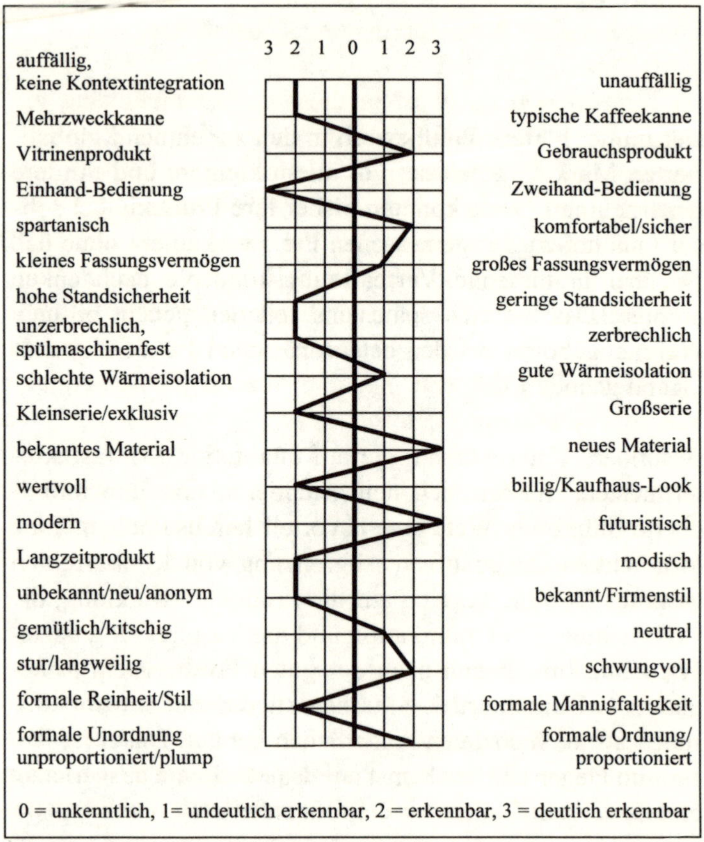


Quelle: Seeger, H., Industrie-Designs, S.102

*Abbildung 2: Beispiel eines Bedeutungsprofils (Kaffeekanne für neuheitsorientierte Kunden)*

Obgleich es Grundregeln für „schöne Gestaltung" gibt, ist im vorhinein nur schwer abschätzbar, in welchem Ausmaß ein charakteristisches Aussehen zum Absatzerfolg beitragen wird. Dennoch gilt sicherlich, daß außergewöhnliche Formen Neugier wecken und zudem eine über dem Durchschnitt liegende Wiedererkennung sicherstellen.

Im Industrie-Design wird in diesem Zusammenhang mit sogenannten Bedeutungsprofilen für bestimmte Zielgruppen gearbeitet, indem sich die Gestaltung an deren – hoffentlich richtig antizipierten – Maßstäben orientiert. Damit soll sichergestellt werden, daß das Endprodukt „gefällt". Die Profile werden normalerweise in Kurvenform veranschaulicht und durch Eigenschaftspaare präzisiert. Abbildung 2 zeigt ein entsprechendes Beispiel für das Produkt „Kaffeekanne", das eine neuheits- und ästhetikorientierte Käuferschicht ansprechen soll.

Grundsätzlich bringt ein Unternehmen mit designorientierter Produktion bereits einen gesteigerten Qualitätsanspruch zum Ausdruck, der durch die „Formensprache" kommuniziert wird.

Diese Wirkung kann noch gesteigert werden, wenn die besonderen Eigenschaften der Produkte durch geeignete kommunikative Maßnahmen „in Szene gesetzt" werden. Bei konsequenter Umsetzung werden – ausgehend von einer Symbiose von Nutzen und Schönheit – alle Faktoren des Erscheinungsbildes eines Unternehmens, bis hin zur Architektur der Betriebsgebäude, in ein ganzheitliches Design-Konzept einbezogen. Gelingt es beispielsweise, durch Anzeigengestaltung, generelle Farbgebung, Aufbau von Internet-Seiten, Präsentationselemente und anderes einen bestimmten Eindruck zu prägen, so wird das Unternehmen als Ganzes unverwechselbar. Der so geschaffene Wiedererkennungswert sorgt nicht nur für bessere Chancen auf den Absatzmärkten, sondern erspart darüber hinaus Kosten, die sonst für zusätzliche Werbung und Öffentlichkeitsarbeit aufgewendet werden müßten. Außerdem sinkt meist die Preissensibilität der Kunden.

Im gleichen Sinne lassen sich Gestaltungsaspekte – gerade bei einem bestehenden Überangebot von Waren – in der Verkaufsförderung nutzen. So empfiehlt es sich, die Produkte auf Messen, im Rahmen der Werbung und nicht zuletzt am Point of Sale in einem Umfeld zu präsentieren, das ihrem qualitativen Anspruch gerecht wird. Zu wirklich neuen Konzepten gelangt man dabei nicht, wenn lediglich herkömmliche Marketingmethoden, Marktforschung oder die in jüngster Zeit in Mode gekommene Trendforschung zum Einsatz gebracht werden. Gefordert sind vielmehr subjektives Gespür und der Mut, neue Wege zu gehen.

Eine ungewöhnliche Designbotschaft ist zwar für viele potentielle Kunden erklärungsbedürftig. Dies läßt sich aber durch angemessene, direkte Kundenansprache von entsprechend geschulten Vertriebsmitarbeitern kompensieren. Der Vorteil besteht vor allem in der ungewöhnlichen Nachhaltigkeit derartiger Maßnahmen, die insbesondere die Bindung des Kunden an die Produkte des Unternehmens erheblich steigern können. Bekannte Beispiele der Design-Identität wie beispielsweise die Coca-Cola-Flasche oder der Alessi-Wasserkessel beweisen, daß sich der Aufwand lohnt.

# Die Harmonie von Schönheit und Nützlichkeit

*von Jürgen W. Braun*

Wer Türen öffnen will, muß eine Klinke in die Hand nehmen – jeden Tag viele Male. Und das Entree beeinflußt unsere Stimmung. Es liegt in unserer Hand. Eine Tür von guter Gestaltung wird selten laut zugeschlagen. Der Griff als Schlüssel zu unserer Seele?

Es war Otl Aicher, der unser Denken in neue Bahnen gelenkt, das ergonomische Greifen der Hand transparent gemacht hat: Daumenbremse, Zeigefingerkuhle, Ballenstütze, Greifvolumen – Aichers „Kategorien des Greifens" sind inzwischen Gemeingut.

Denn: Seit Urzeiten sucht der Daumen beim Greifen einen Widerhalt. Der Zeigefinger will die Sache stets enger fassen als die übrigen Finger. Der Handballen muß sich abstützen können, um seine Kraft aufzubringen. Und die Hand will etwas umfassen, das Greifvolumen. Den Sprung vom Lebewesen zum Homo sapiens hat der Mensch über die Hand gemacht. So bekam auch die Türklinke ihren Sinn.

Nicht das zu tun, was alle tun; nicht das fortzusetzen, was Jahrzehnte üblich war, hat das mittelständische Unternehmen Franz Schneider Brakel GmbH & Co., besser bekannt als FSB, vom Mitläufer zum Schrittmacher bei dem Allerweltsprodukt „Türklinke" gemacht. Heute setzen die von Designern entwickelten Neugestaltungen oder die von FSB entdeckten Modelle Maßstäbe. Ein eigener Stil, eine eigene Handschrift, eine eigene Linie – nicht nur bei den Produkten – kennzeichnen den Weg des Unternehmens.

Marketing-Experten würden es als neue *strategische Ausrichtung* bezeichnen, für die meisten Beteiligten war es weitaus mehr: ein Kulturschock, eine Revolution, ein unverantwortliches Wagnis – so kritische Stimmen in der Startphase. Einem bis dahin reinen Zubehörartikel ohne individuelle Daseinsberechtigung einen eigenständigen Charakter geben zu wollen, klang zwar visionär, aber völlig unrealistisch. Die gemeinsam mit Otl Aicher definierte „Philosophie des Greifens" sollte die Basis für Wettbewerbsfähigkeit und Unternehmenswachstum für einen Mittelständler sein? – Nur für wenige Branchenfremde vorstellbar.

So glaubten wir selbst nicht an den Erfolg einer unserer ersten konkreten Maßnahmen. Mit dem Mut und der Respektlosigkeit eines Anfängers luden wir, ein weitgehend unbekanntes Unternehmen aus der deutschen Provinz im Weserbergland, namhafte Architekten und Designer aus aller Welt zu einem Türklinken-Workshop nach Brakel ein. Völlig unerwartet war die Resonanz überwältigend positiv, so daß die von uns zu übernehmenden Reisekosten jeglichen Rahmen sprengten. Architekten und Designer kamen, selbst Stars wie Peter Eisenman und Hans Hollein. Obwohl die erarbeiteten Entwürfe – mit wenigen Ausnahmen – nie in Produktion gegangen sind, wurde zweierlei erreicht: Die eingeladenen Architekten und Designer lernten die Türklinke aus Deutschland kennen, und durch die anwesenden Fachjournalisten gab es eine nachhaltig wirkende Medienberichterstattung.

## Ein Einschnitt in der Firmengeschichte

Das Wagnis, nach über 100jähriger Firmengeschichte mit der Tradition zu brechen und völlig unübliche Ideen voranzutreiben, wird kaum jemand eingehen, der von Kindesbeinen an mit einem erfolgreichen Unternehmen groß geworden ist. 100 Jahre lang war FSB von Mitgliedern der Familie Franz Schneider geleitet worden. Wie so oft in mittelständischen Unternehmen führte die ungelöste Nachfolgefrage 1981 dazu, daß mit mir in der vierten Generation erstmals ein familienfremder Manager die Geschäftsführung übernahm. Dazu noch ein branchenfremder Jurist, der zuvor in der Automobilbranche als Controller gearbeitet und sich später mit Kugellagern beschäftigt hatte. Dieses Handicap erwies sich als Vorteil: Keiner konnte es übelnehmen, wenn alles hinterfragt wurde. Und die Bereitschaft, neue Wege mitzugehen, war erstaunlich groß.

1881 hatte der Gürtlermeister Franz Schneider das Unternehmen in Iserlohn im Bergischen Land in den Kellerräumen seines Hauses gegründet. Devotionalien wurden aus Messingblech getrieben, gegossene Möbelbeschläge fein säuberlich ziseliert. Franz Schneider beherrschte alle nationalen Stilarten des Neohistorismus: Barock, Rokoko und Renaissance.

1909 zog er mit einigen seiner Mitarbeiter von Iserlohn nach Brakel ins Weserbergland. Die zweite Firmengeneration übernahm das Ruder. Das Fertigungsprogramm wurde erweitert. Schilder und Türklinken kamen hinzu.

Der Zweite Weltkrieg hinterließ eine Trümmerlandschaft in Deutschland. Eine neue Unternehmergeneration der Gründerfamilie – Maximilian Schneider und Fritz Scheffler – hatte inzwischen die Betriebsleitung übernommen, leistete beim Wiederaufbau einen kleinen, aber feinen Beitrag mit geschwungenen und bunten Griffen aus Aluminium.

Die 50er und mehr noch die 60er Jahre wurden zum großen Erfolg des nahezu unbekannten Johannes Potente. Er hatte vor dem Krieg bei FSB seine Lehre begonnen und fast nebenbei sein Gestaltungstalent entdeckt. So schuf er damals Handformklassiker, die auch heute noch ihren Platz im Markt behaupten. In der Folge trat eine schöpferische Pause ein. Das Produzieren stand im Vordergrund. Für die Entwicklung neuer Modelle blieb wenig Zeit, der Markt forderte hohe Stückzahlen. 1981 konnte FSB sein 100jähriges Bestehen feiern. Die Baukonjunktur war indes zu diesem Zeitpunkt nicht mehr von dem lange grenzenlos erscheinenden Boom gekennzeichnet, sondern verlief in zyklischen Bahnen. Gerade in den 80er Jahren bekam auch die Bauzulieferindustrie diese Auswirkungen zu spüren. Gute Voraussetzungen zum Nachdenken.

## Ein unverwechselbares Profil schaffen

Um sich im Wettbewerb besser zu behaupten, mußte der Begriff FSB im Bewußtsein der Architekten, bei Schreinern und Türfabrikanten verändert werden, nicht zuletzt beim

Endverbraucher. Aus der Anonymität eines x-beliebigen Beschlagherstellers heraustreten, ein unverwechselbares Profil entwickeln, ein *FSB-eigenes Image* schaffen: Schnell wurde uns bewußt, daß dazu mehr notwendig war, als ein neues Türschild zu entwerfen und den Schriftzug der Firma zu verändern.

***Ganzheitliches Design durchsetzen ...***

Kein Zweifel, die Neuausrichtung einer Marke muß beim Produkt beginnen. Etwas Neues zu kreieren war durchaus schwierig. Nicht von ungefähr brachte es FSB in einer Studie zur Geschichte der „Türdrücker der Moderne" einmal auf den Punkt: „Für die Entwicklung der modernen Türklinke hätte die Zeit eigentlich im Jahre 1923 stehenbleiben können." Wenn FSB dennoch ein *ganzheitliches Designkonzept* im deutschsprachigen Raum durchgesetzt hat, so verdankt es einiges dem eigenen Entschluß, vieles aber auch den Partnern, Freunden und Beratern.

Als erster ist Otl Aicher zu nennen. Die Gebrauchsgrafik der Nachkriegszeit bekam von ihm die entscheidenden Impulse: Ulmer Hochschule für Gestaltung, Braun AG, Olympia 1972 in München, Lufthansa, Sportschau im Fernsehen, um nur einige zu nennen, deren Erscheinungsbild von ihm maßgeblich geprägt worden ist. Es war nicht ganz einfach, Aicher für uns zu gewinnen. Als der Funke aber übergesprungen war, wurde er zu einem strengen Zuchtmeister – zu unserem Glück, wie wir heute wissen.

Mindestens zweimal im Jahr mußten wir während der siebenjährigen Zusammenarbeit in Aichers „freie Republik Rotis" zum Arbeitsbesuch antreten. Nie durften wir mit leeren Händen erscheinen. Es gab stets eine genaue Tagesordnung: das nächste Buchprojekt, die Zusammenarbeit mit einem bestimmten Designer, das Durchdenken einer Werbekampagne, die Auseinandersetzung mit der öffentlichen Resonanz. Aber auch viel ungebundenes Spekulieren über Politik und Kunst. Wir sind immer gern nach Rotis gefahren, stets zu zweit oder zu dritt. Möglichst viele Mitarbeiter des Unternehmens sollten dort die besondere Atmosphäre schnuppern und höhere Weihen erhalten.

Auch den Partnern aus der Designszene verdanken wir wichtige Ansätze. So stellte Dieter Rams alle Materialien und Bearbeitungsmethoden in Frage. Schritt für Schritt entwickelten wir zusammen ein neues Produktkonzept. Mit Jasper Morrison kommunizierten wir lakonisch per Fax, und bei den wenigen Besuchen reichten einige Worte, um die Dinge zurechtzurücken. Ganz anders Philippe Starck, der mehr als ein Dutzend Entwürfe so beredt vorstellte, daß wir uns fast verpflichtet fühlten, alle Ideen umzusetzen.

***Umdenken führt zu erstaunlichen Ergebnissen***

Auch wenn das Rad nicht ständig neu erfunden werden kann, so führt das Umdenken im Hause gelegentlich doch zu höchst erstaunlichen Ergebnissen. Der Franzose Philippe Starck verweigerte 1992 dem rechten Winkel seine Reverenz und lieferte einen höchst auffälligen Entwurf ab: Den halbkreisförmigen Griff auf einem runden Türschild, der eine gewisse Ähnlichkeit mit einem Widderhorn nicht leugnen kann. Mit der ihm eigenen Formensprache hatte Starck eine völlig neue funktionale Lösung des Greifens gestaltet. Gutes Design kann aber nie Selbstzweck sein, darin unterscheidet es sich vom Kunstwerk. Mit der *Produktdiffe-*

*renzierung* will FSB merkfähiges Aufsehen erregen und in einem weitgehend verteilten Markt neue Anteile gewinnen. Dabei bewegt sich die Kollektion ganz bewußt in dem Spannungsfeld von Funktion, Form und Emotion.

## Das Erscheinungsbild prüfen

Ein ansprechender Marktauftritt verlangt jedoch mehr als bloß ein gutes Produkt, mag es auch die wichtigste Voraussetzung für den unternehmerischen Erfolg sein. Wie der österreichische Philosoph Ludwig Wittgenstein jedes Detail im Haus seiner Schwester auf das nach seiner Meinung alleingültige Ideal hin untersuchte, so stellten wir zusammen mit Otl Aicher das gesamte Erscheinungsbild von FSB auf den Prüfstand.

Beispiel *Hausfarbe*: Untersuchungen der Hersteller von grafischen Farben haben ergeben, daß sich der Geschmack der Konsumenten in den vergangenen 60 Jahren kaum verändert hat. Ganz oben auf der Hitliste steht nach wie vor ein gelbliches Rot, gefolgt von einem rötlichen Blau, Orange und Gelb folgen auf den Plätzen. Einen Trend zu Grau soll es nur in den 30er Jahren gegeben haben.

FSB hatte sich in seiner Vergangenheit für das rötliche Blau entschieden. Doch ein Blick in die Regale der Händler zeigte, daß wir uns in guter Gesellschaft befanden. Von Eigenständigkeit keine Spur, auch konkurrierende Firmen hatten für Blau optiert. Aus diesem Grund beschlossen wir, uns künftig an den Farben der verarbeiteten Materialien zu orientieren: den Grautönen von Aluminium und von Edelstahl, dem Gold-Ton des Messings und dem warmen Rot-Ton der Bronze.

Beispiel *Schrifttype*: Meistens wird es den Druckereien überlassen, welche Schrift sie für die Gestaltung von Briefbogen, Prospekten, Broschüren und Katalogen wählen. In aller Regel ist das die Helvetica. Auch wir marschierten in diesem Gleichschritt, bis Otl Aicher vorschlug, künftig die News Gothic als Hausschrift zu übernehmen. Sie war von dem amerikanischen Typographen Morris Fuller Benton genau in dem Jahr gezeichnet worden, als unser Firmengründer Franz Schneider von Iserlohn nach Brakel umgezogen war. Eine Schrift mit Geschichte und Charakter, das gefiel uns.

***Eigenständig und charaktervoll gestalten ...***

Beispiel *Werbegeschenke*: Jahrzehntelang hatten wir zu Weihnachten westfälischen Schinken verschenkt. Nun bekommen unsere Geschäftspartner statt leiblicher Nahrung geistige Kost zugesandt. Denn aus der intensiven Zusammenarbeit mit Otl Aicher war die FSB-Edition entstanden, eine Sammlung von mittlerweile 15 Bänden, die Lästermäuler zu der Bemerkung veranlaßten, FSB sei inzwischen „ein Kunstbuchverlag mit angeschlossener Türklinkenproduktion“.

## Design inspiriert

Nach landläufiger Meinung ist es für Unternehmen schwierig, sich auf künstlerisch ausgerichtete Inspirationen zu verlassen. Lebensläufe, Ziele und Charaktere von Unternehmern und künstlerisch orientierten Designern seien zu verschieden: hier Kosten-Nutzen-Denken in finanziellen Kategorien, dort Kreativität im Dienste der Selbstverwirklichung und Reflexion. Erst wenn sich diese Gegensätze überbrücken lassen, kann die Kooperation gelingen. Ohne Begeisterungsfähigkeit, Offenheit, die Bereitschaft, Widersprüche auszuhalten und Ungewohntes erleben zu wollen, sind die Aussichten hierfür allerdings gering.

Wer seinen unternehmerischen Blick ausschließlich auf Umsatzzahlen und Deckungsbeiträge richtet, kauft Design lediglich als einen marketingrelevanten Faktor ein. Eine ganzheitliche Ausrichtung des Unternehmens und seiner Mitarbeiter bleibt Utopie. Zumindest unbewußt merken dies auch die Kunden. Und der Anspruch auf Glaubwürdigkeit und Unverwechselbarkeit dürfte nicht einzulösen sein.

Nun ist es nicht damit getan, reihenweise Design-Preise zu gewinnen. Türgriffe wollen verkauft werden, die Umsatzrendite muß stimmen. Die Konkurrenz der Baumärkte mit ihren importierten Niedrigpreisprodukten ist hart. Hochwertige Design-Produkte bedürfen einer Vertriebsmannschaft, die sich Zeit zur Beratung läßt. Es bedarf sachkundiger Multiplikatoren und Endkunden, die das Besondere zu schätzen wissen und es sich leisten wollen. Daß es FSB gelungen ist, alle Unternehmensfaktoren in Einklang mit der Design-Philosophie zu bringen, läßt sich in nüchternen Zahlen belegen.

## Umsatz vervierfacht

Aus 40 Millionen DM in den 70er Jahren sind inzwischen 160 Millionen geworden. Der Umsatz hat sich also vervierfacht. Zwar wird in Familienunternehmen nicht über Shareholder Value gesprochen. Es ist aber selbstverständlich, daß das zur Verfügung gestellte Kapital ausreichend Rendite abwerfen muß, um die Anteilseigner zufriedenzustellen. Doch treffen Kennzahlen nicht den Kern. Das ganze Unternehmen hat sich von Grund auf verändert.

Mit rund 700 Beschäftigten ist FSB der größte Arbeitgeber einer Kleinstadt von 17.000 Einwohnern im Weserbergland. In die Werkshallen sind zwar inzwischen mehrheitlich die Industrieroboter eingezogen, doch gibt es immer noch genügend Arbeiter, die das Aluminium in die Form ziehen können oder Stahlklinken mit der Hand schleifen. Der Standort Deutschland hat durchaus seine Vorteile, vor allem wenn die Produktherstellung hochqualifizierte Mitarbeiter erfordert.

FSB ist als Qualitätsanbieter mit hohem Gestaltungsanspruch bestens im Markt positioniert. Schreiner und Architekten treten als kompetente Absatzmittler auf. Sie tragen die FSB-Botschaft an ihre Kundschaft heran. Der Beschläge-Großhandel übernimmt die logistische Funktion.

Pro Jahr werden 50.000 Kataloge an diese Multiplikatoren verschickt. Bis heute liegt das Werbebudget mit 1,2 Millionen DM pro Jahr relativ niedrig. Als Nischenhersteller muß FSB auch in der Werbung auf eine Nischenpolitik setzen, die nur über die Medienberichterstattung von Zeit zu Zeit bundesweit hohe Wellen schlagen kann.

Natürlich sind auch Überlegungen angestellt worden, kostengünstig im Ausland zu produzieren. Das schafft allerdings Probleme bei Kleinserien und Sonderwünschen. Verlangt beispielsweise ein Kunde 100 Stück von einem Modell, dem eine besondere Form und ein besonderer Farbton zu geben ist, so ist dies bei einem ausländischen Massenproduzenten, etwa in Tschechien, kurzfristig nicht zu realisieren. Die Mitarbeiter in Brakel sind hingegen auf anspruchsvolle Kleinserien spezialisiert.

Zudem ist die FSB-Kollektion sehr breit angelegt, was einer Massenfertigung entgegensteht. Insgesamt spielt Individualität eine große Rolle. Die benötigten Stückzahlen je Serie sind langfristig nicht planbar.

## Ökologisches Design ohne Büßergewand

Daß man mit Visionen durchaus auch Geld verdienen kann, zeigt nicht zuletzt unser *ökologisches Engagement*, das mit der wahrhaft beschämenden Beantwortung eines amerikanischen Fragebogens begann: „How green is your business?" Selbstbewußt nahmen wir, unterstützt von Freunden aus Wissenschaft und Praxis, den Kampf gegen die grünen Moralisten auf. Nach fünf Jahren hatten wir uns und dem Markt bewiesen, daß Ökologie und Ökonomie auch unter dem Dach eines Industrieunternehmens friedlich nebeneinander wohnen können.

1991 schlossen wir mit dem Betriebsrat eine Vereinbarung, in der jeder unserer 700 Mitarbeiter zum Umweltminister für seinen Arbeitsplatz ernannt wurde. 1992 reorganisierten wir den Betrieb unter ökologischen Gesichtspunkten, stellten einen Mitarbeiter als Umweltbeauftragten frei, baten den Hausdesigner Hartmut Weise, mit 25 Prozent geringerem Materialeinsatz brauchbare Modelle zu schaffen. 1995 präsentierten wir auf der Münchener Baumesse das Programm „FSB federleicht". Erstaunlich: Der Messebesucher verstand auf Anhieb, worum es ging. Und da ökologisches Design keineswegs im asketischen Büßergewand daherzukommen braucht, wurde es vom ersten Tag an gekauft.

In den dazwischen liegenden Jahren haben wir das EU-Öko-Audit getestet, ein Organisationshandbuch in Sachen Umweltschutz geschrieben und zusammen mit der ostwestfälischen Umweltinitiative den deutschen Umweltpreis erhalten.

1996 erteilten wir dem Fachbereich Umweltschutz an der Universität/Gesamthochschule Paderborn/Höxter den Auftrag, eine Ökobilanz anhand zweier vergleichbarer Designlinien unseres Hauses zu erstellen. Der Doktorand Stefan Seuring legte uns nach sechs Monaten ein dickes Buch mit für uns doch sehr überraschendem Inhalt auf den Tisch. So war die Produktion des Leichtgewichtes von Hartmut Weise gegenüber dem schwereren Modell von Jasper Morrison nur dann im Vorteil, wenn es in altväterlicher Art im Handguß mit exakter Metalldosierung hergestellt wurde. Werden jedoch moderne Roboter eingesetzt und die Formen parallel mit derselben Gießmenge bestückt, muß das überschüssige Metall eingeschmolzen und unter erneutem Energieverbrauch wieder in den Materialkreislauf zurückfließen.

Beim Eloxieren waren wir vorher schon durch die Bestellung eines Frankfurter Architekten sensibilisiert worden.

Aus ökologischer Sicht ist es am besten, auf diesen Vorgang ganz zu verzichten und die Objekte in poliertem Zustand anzubieten. Die Oberfläche wird zwar beim ersten Gebrauch zunächst zerkratzt, doch durch den fortwährenden Kontakt mit der Hand ständig wieder aufpoliert.

Ganz gleich, ob wir die Kataloge der Wettbewerber betrachten oder die Beschlägewände der Baumärkte – gelegentlich kommen uns Zweifel, ob wir mit unserer Umwelt-Initiative der Branche ein Vorbild sein konnten. Dort strahlt in Bi-Color, was vom Hauseingang bis zum Badezimmer die Augen der Mehrheit erfreut: Grau-, Schwarz-, Gold- und Glanzchrom. Als ob Schwermetall ein belangloses Fremdwort sei.

Der FSB-Umweltbericht führt in jedem Bereich auf Heller und Pfennig detailliert auf, wie sich insgesamt 35 Millionen DM für eine umweltorientierte Standortsicherung ausgezahlt haben. Ob beim produktionsspezifischen Abfall oder beim Sondermüll, beim Verbrauch von Wasser, Strom und Erdgas – die Werte und damit die Kosten konnten Jahr für Jahr gesenkt werden, gemessen an der produzierten Menge. Gelegentlich werden die ökologischen Anstrengungen allerdings durch administrative Gebühren bestraft nach dem Motto „weniger Abfall, höhere Preise".

Die wissenschaftlichen Ergebnisse der Untersuchung verfestigten bei uns die Erkenntnis, daß der Schlüssel für Umweltfreundlichkeit nicht im Sparen des Materials liegt, sondern in einer totalen Anpassung der innerbetrieblichen Fertigung. Umweltschutz wird nicht durch den Einsatz von großen Baggern erreicht, sondern muß quer durch den Betrieb von Arbeitsplatz zu Arbeitsplatz mit kleinen Löffeln zusammengetragen werden. Ein fortlaufender Prozeß, der nie endet.

## Die passende Werbung

Expansion bedeutet, im bestehenden und begrenzten Markt Anteile hinzuzugewinnen. Das bedeutet aber auch, speziell für uns, Bewußtsein zu verändern, die Türklinke von ihrem Image eines Allerweltsprodukts zu befreien. Das sagt sich so einfach hin, die Umsetzung verlangt ungemein viel Phantasie. Denn Türöffner gehören für die Kreativdirektoren der Werbeagenturen zu ähnlich undankbaren Produkten wie Hühneraugenpflaster.

Doch wir wollten uns auch in der Werbung von den Wettbewerbern unterscheiden, die Zielgruppe der Architekten nicht nur mit unserem Katalog erreichen. Zusätzlich sollte eine einem guten Design aufgeschlossene Klientel angesprochen und das kleine Budget nicht überzogen werden. Ziemlich viel auf einmal.

Wiederum kam von Otl Aicher die unkonventionelle Idee: „Wir müssen einfach *mit Bildern Geschichten erzählen.*" Und so erzählten wir Geschichten, etwa die von dem Architekten, dem Philosophen und der Couch von Sigmund Freud, die – wie könnte es anders sein – bei einer Türklinke endet. Allmonatlich in der Zeitschrift „Schöner Wohnen" veröffentlicht, wurde selbst der Kurator des Museum of Modern Art auf FSB aufmerksam. Seitdem sind einige der in den 50er und 60er Jahren von Johannes Potente entworfenen Klinken Bestandteil der berühmten New Yorker Sammlung. Ein Ostwestfale mit italienischem Namen wurde Mitglied des Olymps der Designelite.

In unseren Werbeversuchen wollten wir es dem Olympier Johannes Potente nachtun. Wir hatten damals die Idee, den Lesern der deutschen Magazine (Der Spiegel, FAZ, Die Zeit, Süddeutsche Zeitung) auf Drittelseiten einfach kleine Essays zu unseren Produkten anzubieten.

## Mit Thomas Mann auf Begriffsuche

Über einen Zeitraum von vier Jahren schrieben wir mehr als 140 Türklinken-Essays: „Die Klinke als Bildungsnachweis", „Der Irrtum des Aristoteles – am Beispiel der Klinke", „Wie deutsch sind die FSB-Klinken?", „Die Klinke für Linkshänder", „Ein demokratisches Produkt, die Türklinke", „Unsere Dichter und die Türklinke".

Ein großer Sprachcomputer in Mannheim half uns, die Türklinke zu erforschen. Ist es nicht interessant, einmal zu wissen, wie Thomas Mann, Günter Grass und Uwe Johnson mit diesem Produkt umgehen? Denn deren sprachliche Vorstellung von unserem Produkt ist keineswegs immer eindeutig. So wird es in Thomas Manns Roman „Die Buddenbrooks" zunächst als „Klinke" bezeichnet, dann als „Türgriff", schließlich nur noch als „Griff". Grass entscheidet sich in der „Blechtrommel" und allen folgenden Werken stets für die korrekte Bezeichnung „Türdrücker", denn als gelernter Steinmetz sind ihm baunahe Fachausdrücke geläufig. Bei dem zunächst in der DDR lebenden Autor Uwe

Johnson hieß die Klinke gar „Zimmertürdrücker“, was einem Westliteraten nie eingefallen wäre.

Diese Art der „Forschung und Entwicklung“ inspiriert und trägt dazu bei, trotz hartem Wettbewerb und zunehmender Uniformität, weiterhin das *Schöne mit dem Nützlichen zu verbinden*, das Besondere im Alltäglichen zu suchen, Materiellem eine Seele zu geben. Die ungewöhnliche Anzeige, das ästhetische Druckstück, die zur Gebäudeausstattung passend entworfene Türklinke sind dann zwangsläufig „aus einem Guß“. Und der Macht der Schönheit können und wollen sich viele Menschen nicht entziehen. Eines Tages war es dann soweit. Die deutsche Werbeszene wählte uns in der Gestalt des renommierten Art Directors Club 1998 zum Kunden des Jahres. Die Türklinke hatte den Werbeolymp erklommen. Wir feierten das Ereignis mit der Herausgabe der 100 schönsten Türklinken-Essays in Buchform.

***Materiellem eine Seele geben ...***

## Die Natur der Schönheit

Mitunter hilft einem der Zufall bei der Arbeit, zum Beispiel das Buch „Die Natur der Schönheit“. Zu jeder Zeit haben bedeutende Geister versucht, ihre Schlüsse aus dem zu ziehen, was die Natur – ohne menschliche Manipulation – vorlebt. Die Wachstumsspirale einer Muschel, der Samenstand einer Sonnenblume. So entstanden der „Goldene Schnitt“ und die Proportionsskizzen eines Leonardo da Vinci.

Durch das Schlüsselloch unserer Branche betrachtet, wird daraus eine gefällige Türklinkenform. Wir haben nur nachvollzogen, was uns die Altvorderen vorgegeben hatten, zum Beispiel „diese unaussprechliche Zahl“, wie sie der Astronom Johannes Kepler nannte, in den Computer eingeben, anschließend mit Hilfe von gleichen Winkeln und anhand der Fibonacci-Zahlenreihe – 1, 2, 3, 5, 8, 13, 21 – eine Linie durch die wirbelnden Rechtecke laufen lassen.

So entstand auf dem Bildschirm eine mit sanfter Spannung zum Türblatt zurückneigende Grifform. Ein irrationales Maß an Griffigkeit und doch nichts anderes als die mathematische und zeichnerische Ausdeutung der Schönheit der Natur.

Die erste nach dem „Goldenen Schnitt“ konstruierte Türklinke erblickte das Licht der Welt. Eigentlich aber gleich dreifach: mit rundem, dreieckigem und quadratischem Querschnitt. Auf der Münchener Bauausstellung des Frühjahrs 1999 stellten wir unser neues Hausdesign vor, und jeder Besucher verstand die Botschaft auf Anhieb.

## Emotionen auslösen

***Ästhetik kultivieren ...***

Solche Erlebnisse haben, zugegeben, nicht nur die Griff-Designer. Steven Jobs, Begründer und jetzt wieder Geschäftsführer von Apple, sprach von „the look of love“, als er seinen eiförmigen und farbigen iMac vorstellte. Denn der Käufer interessiere sich für den ganzen Technikkram nur oberflächlich, selbst ein Computer solle Emotionen auslösen. In weniger als zwölf Monaten hatte Apple mehr als eine Million Exemplare verkauft. Oder die Optischen Werke G. Rodenstock in

München, die als Unternehmensziel festgelegt haben: „Bei allem, was Rodenstock tut, soll Ästhetik erkennbar werden – eine kultivierte Art Ordnung, die das Streben nach Perfektion auch im Detail ersichtlich und glaubwürdig macht."

Gutes Design ist sicher nicht die einzige, aber nachweislich eine durchaus erfolgreiche Möglichkeit, dem ruinösen Preiswettbewerb zu entgehen. Es wird zwar gnadenlos kopiert, doch der erste Erfolg am Markt wird immer dem Urheber vorbehalten bleiben.

***Unverwechselbar bleiben ...***

Reicht das nun, um Marktführer zu werden oder zu einem Trendsetter der Branche? Ein anerkannt gutes Design? Eine handwerklich einwandfreie Produktverarbeitung? Ein durchgängiges Erscheinungsbild bis hin zu einer besonderen Art der Werbung? Wir meinen: nein. Es muß etwas hinzukommen; zum Beispiel das Tag-Träumen. Und *wir wagen zu träumen.* Jedes Unternehmen braucht Visionen, sonst bleibt es in der Routine des Tagesgeschäfts stecken. Das gilt auch oder gerade für einen Türklinkenbauer in der hintersten westfälischen Provinz. Vielleicht wird FSB irgendwann einmal nicht nur Klinken produzieren, sondern komplette Türen liefern, mit Schloß und Glaseinsatz, aus Holz oder Kunststoff. Doch auch dann wird man sie unverwechselbar erkennen können.

Es hat in der Vergangenheit sogar traditionsreiche Familienunternehmen gegeben, die aufgeben mußten oder unter ihrem klangvollen Namen nur als unselbständige Tochtergesellschaft eines finanzstarken Konzerns weiterexistieren. Für FSB sehe ich eine ähnliche Entwicklung nicht. Vorausgesetzt, uns gehen die Ideen nicht aus.

## Offen für virtuelle Welten

Die Suche nach dem virtuellen Haus ist unsere *Vision* vom Zeitalter der Kommunikation. Wenn der Zeichner Tomi Ungerer für eine neue FSB-Kampagne Klinken-Phantasien in der Form von Tierskizzen zu Papier bringt, so mag dies als angewandte Virtualität gedeutet werden. Türklinken als Körperteile. Bei Stieren formen sie Hörner, bei einem Dakkel die Schlappohren, bei einem Walroß die Zähne. Dies ist jedoch nur ein kleiner Aspekt auf dem Weg der Umsetzung unserer Vision, die wiederum pragmatische Wurzeln hat: Wir wollen in unserem Marktsegment des Greifens und der Griffe weltweit ein digitaler Gesprächspartner sein.

Die prosaische Hausaufgabe bestand zunächst darin, intern eine Datenstruktur zu erarbeiten, die es unseren Partnern in Zukunft erlauben soll, per Knopfdruck zu überprüfen, ob der jeweilige Gesprächspartner in Brakel pünktlich zum Dienst erschienen ist, seine Mailbox geleert hat, fleißig und freundlich vorm Bildschirm lächelt.

Bei der Suche nach helfenden Händen trafen wir wieder die richtigen Freunde. Klaus Imbeck zum Beispiel, ein begnadeter Zeichner und Texter. Ihn baten wir, unsere Arbeitsergebnisse aus der Zeit des Design-Managements in die digitale Welt des Cyberspace zu übertragen. Heraus kam eine inzwischen preisgekrönte Comic-Geschichte, die ausschließlich mit digitalen Werkzeugen gestaltet wurde.

Wenig später präsentierten wir dem Markt mit Hilfe des Stuttgarter Fraunhofer-Institutes ein virtuelles Verkaufsstudio, in dem sich der Betrachter mit Hilfe von Türklinken virtuelle Erlebnisräume erschließen kann. Bis zum Internet war es dann nur noch ein kleiner Schritt. Unsere Vision nahm allmählich Gestalt an: Wir waren auf der Suche nach der Virtualität in der Welt der Türklinken angekommen.

## Eine Anleihe bei Karl Popper

Aber noch fehlte der entscheidende Durchbruch, das definitive Konzept. Um diesen kreativen Prozeß zu erläutern, haben wir uns den Philosophen Karl Popper vorgenommen und sein Modell von den drei Welten:

- Die Welt Nummer 1 ist laut Popper das Universum aller physikalischen und psychischen Gegenstände und Zustände, dem wir Menschen angehören.
- In der Welt Nummer 2 ist die kreative Befindlichkeit des Menschen mit all seinen Träumen und geheimen Wünschen angesiedelt.
- In der Welt Nummer 3 sind unsere Erfahrungen archiviert, zum Beispiel in Form von Märchen, Naturgesetzen, Gedichten, Romanen, Partituren und Gemälden.

Übertragen auf unsere Suche nach dem virtuellen Haus bedeutet das: Vom sicheren Boden des realen Universums ausgehend, wandten wir uns an Architekten mit der Bitte, uns eine reale Behausung als Schutz vor Wind und Wetter zu zeichnen, zu beschreiben oder als Modell vorzustellen. Dabei sollte ihnen Poppers dritte Weltanschauung als Hilfsmittel dienen, allerdings mit der Vorgabe, bei den Entwürfen bitte auf keine Indianerzelte, Blockhütten, Viktorianische Fassaden oder andere Versatzstücke der Vergangenheit zurückzugreifen. Deshalb konnten sie eigentlich nur in der zweiten Popperschen Zwischenwelt fündig werden. Denn die Materie der Welt Nummer 1 und die verdingliche Erfahrung der Welt Nummer 3 können nur in einem kreativen Schöpfungsakt überwunden und erneuert werden.

Denn allzuoft fallen Wunschtraum, Erinnerung und Realität in der Banalität des Geschehens zusammen. Etwas Naheliegendes und Mögliches wird bedenkenlos umgesetzt. Heraus kommt dann ein weiterer Beitrag zu dem anonymen Siedlungsbrei unserer Vorstädte oder ein kitschiger Abklatsch einer längst vergangenen Stilepoche. Denkbar ist aber auch, daß der kreative Gestaltungswille so stark ist, daß aus der Materie und Erinnerung etwas Neues entsteht. Von den Bauten der Vergangenheit würde sich dieses virtuelle Haus darin unterscheiden, daß es sich der Beliebigkeit entzieht.

Immerhin: Innerhalb von drei Wochen hatten wir ein Dutzend Zusagen, die ein virtuelles Haus konzipieren wollten, und der Wettbewerb endete in einem Berliner Kongreß, zu dem wir – neben Architekten und Philosophen – auch 140 Studenten des Fachbereichs Architektur der Technischen Universität, Berlin, eingeladen hatten. Eric Alliez, Akira Asada, Cynthia C. Davidson, Peter Eisenman, Kurt W. Forster, Jacques Herzog, Rebecca Horn, Toyo Ito, Daniel Libeskind, Fritz Neumeyer, Jean Nouvel, Erik Oger, John Rajchman und Alejandro Zaera-Polo fanden ein aufmerksames Publikum vor.

Diese Art des Nachdenkens führt zum Umdenken, das Umdenken führt zum Neudenken. Der Erfolgsfaktor „Design" am Markt, aber auch intern, bleibt eng verbunden mit der Harmonie zwischen Schönheit und Nützlichkeit, Träumen und Umsetzen, dem Begreifen und den dazugehörenden Begriffen, beides mit unseren realen Produkten (den Griffen) nicht nur sprachgeschichtlich eng verwandt.

## Mit Design das Bewußtsein schärfen

Der belgische Maler René Magritte beantwortet die Frage nach der Befreiung des Menschen mit dem Bild der zur Hälfte aufgebrochenen Tür: Nur dem Tatkräftigen kann es gelingen, die Lage zu verändern. Auf der Grenze zwischen Realität und Virtualität liegen bei einem weiteren Magritte-Bild genau Schlüsselloch und Türschwelle. Diesseits der Grenze können Möglichkeiten realisiert, Virtuelles nur geträumt werden. Jenseits dieser Grenze mag es gelingen, neue Ufer zu erreichen. Die berühmte Wolkentaube am Nachthimmel weist den Weg.

# En passant ...

*Was bedeutet für Sie, Herr Braun, Erfolg?*

Ausgleich zum Mißerfolg.

*Durch welche Eigenschaften muß sich ein Unternehmer auszeichnen, der sich in unserer Zeit behaupten will?*

Durch ständiges Unternehmen, auch auf die Gefahr eines Mißerfolges hin.

*Welche Philosophie bestimmt Ihr unternehmerisches Handeln?*

Wer rastet, der rostet. – Falls man ein altes deutsches Sprichwort als Philosophie bezeichnen darf.

*Wie bereiten Sie wichtige Entscheidungen vor?*

Durch Waldlauf mit meinem Rauhaardackel, gerufen „Gauner".

*Welche Eigenschaften schätzen Sie an Mitarbeitern besonders?*

Fleiß, Zuverlässigkeit und natürlich ein Hochmaß an Bewunderung für den Chef (!).

*Wenn Sie einen Nachfolger einarbeiten müßten, was wäre Ihr wichtigster Rat?*

Sorgen Sie möglichst schnell dafür, daß ich überflüssig bin.

*Welches sind für Sie in den nächsten Jahren die zentralen Herausforderungen?*

Der gekonnte Rückzug in den Ruhestand.

*Haben Sie ein Lebensmotto?*

Sogar zwei: Carpe diem! Et Cave canem!

# Erfolgsfaktor Discounter

Verdrängung, Konzentration und Internationalisierung prägen kaum eine andere Branche so stark wie den Einzelhandel. Im Kampf um Marktanteile wird verstärkt auf den Preis als Wettbewerbsfaktor gesetzt. Betriebsformen mit aggressiver Preispolitik, wie Discounter, sehen sich gezwungen, ihre ohnehin niedrigen Margen noch weiter zu reduzieren. Unternehmen, die nicht über genügend Macht gegenüber ihren Zulieferern verfügen oder keinen extrem hohen Warenumschlag erzielen, sind nicht länger überlebensfähig.

Zu dieser Entwicklung beigetragen haben vor allem der seit 1992 nur schwach wachsende private Konsum, die demgegenüber dynamische Ausweitung der durchschnittlichen Verkaufsflächen und die nach der Convenience-Philosophie aufkommenden Shops, wie etwa in Tankstellen oder Bäckereien.

So stieg beispielsweise im Lebensmitteleinzelhandel von 1990 bis 1997 der Marktanteil von Discountern von 25,0 auf 30,5 Prozent. Verlierer waren Geschäfte mit einer Verkaufsfläche bis 400 Quadratmetern, deren Anteil von 22,9 auf 16,5 Prozent sank. Auf den traditionellen Lebensmittelsupermarkt, dessen Anteil bei 69 Prozent aller Lebensmittelgeschäfte liegt, entfallen nur noch 25 Prozent des Branchenumsatzes.

Ein anderes Beispiel: Zwar sind mittelständische Fachhändler mit 40 Prozent immer noch der wichtigste Absatzkanal für Spielzeugwaren in Deutschland. Im Preiskampf können sie jedoch nur noch schwer bestehen. Neben der Konkurrenz durch das Angebot in Verkaufsmärkten spielen hier allerdings auch rückläufige Geburtenraten und die kürzere Spielzeit der Kinder eine Rolle.

Vor allem kleine und mittelgroße Händler suchen deshalb nach Möglichkeiten, ihre Kosten zu senken. Einsparpotentiale bestehen zum Beispiel bei einer Intensivierung der Zusammenarbeit zwischen Handel und Industrie durch Verringerung der Bestandsmengen oder der Durchlaufzeiten in der Versorgungskette.

Neben der Strategie, durch Verbesserung der Kostenstrukturen im Preiswettbewerb bestehen zu können, wird auch der Ansatz diskutiert und zum Teil bereits umgesetzt, die Handelsleistung attraktiver zu gestalten. Hier hat Deutschland einen erheblichen Nachholbedarf: Die Kundenzufriedenheit weist im internationalen Vergleich die schlechtesten Werte auf.

Denn: Qualität, Frische, Sauberkeit und Übersichtlichkeit der Einkaufsstätte spielen für potentielle Käufer laut einer Nielsen-Umfrage selbst bei Discounter-Kunden eine große Rolle. Und: Das Sortiment muß stimmen, denn der Verbraucher bleibt meist seiner Marke treu und neigt nicht zu „Aktionskäufen“.

*Tabelle 1: Verhältnis Normal- versus Aktionsverkäufe beim Absatz in Verbrauchermärkten 1997*

| **Produktgruppe** | **Normalverkauf** | **Aktionsverkauf** |
|---|---|---|
| Zahncremes | 80 % | 20 % |
| Süße Brotaufstriche | 80 % | 20 % |
| Cerealien | 78 % | 22 % |
| Fruchtsäfte/-nektare | 77 % | 23 % |
| Handgeschirrspülmittel | 77 % | 23 % |
| Haarspray | 74 % | 26 % |
| Haarwaschmittel | 73 % | 27 % |
| Weichspüler | 73 % | 27 % |
| Minisalamis/Snacks | 65 % | 35 % |
| Pralinen | 64 % | 36 % |
| Weinbrand | 58 % | 42 % |
| Tafelschokolade | 56 % | 44 % |
| Sekt | 50 % | 50 % |
| Vollwaschmittel | 41 % | 59 % |
| Kaffee | 38 % | 62 % |

Quelle: GfK, zitiert in: Lebensmittel Praxis 9/1998

Außerdem wird der Zeitfaktor immer wichtiger. So bevorzugen fast 60 Prozent der bei einer Studie befragten Verbraucher Tankstellen-Shops, „wenn es schnell gehen soll“.

Abgeleitet aus den Erkenntnissen des Produkt-Marketing, empfehlen deshalb viele Experten Einzelhandelsunternehmen, eine eigene Marken-Persönlichkeit zu entwickeln. Durch Service, Kundenfreundlichkeit, individuellen Stil in Kombination mit einem angemessenen Preis läßt sich eine emotionale und damit dauerhaftere Kundenbindung aufbauen, die die Wettbewerbschancen verbessert.

In schwierigen Ausgangssituationen können auch innovative Sortimentskonzepte eine Lösung gerade für kleinere Unternehmen sein, sich gegenüber international agierenden Handelsketten erfolgreich abzugrenzen.

# Handelswege verkürzen und Preise differenzieren

*von Wilfried Franz*

„Große Auswahl zum kleinsten Preis", das ist die Philosophie von Spiele Max. Dahinter steht der Anspruch, daß jeder, der bei Spiele Max Spielzeuge und Babyartikel einkauft, die Gewißheit haben kann, unterm Strich in seinem Einzugsgebiet nirgendwo günstiger einkaufen zu können.

Spiele Max ist eine Mischung aus Fachgeschäft und Fachmarkt. Vom Sortiment ausgehend sind wir ein Fachgeschäft. Wir führen sämtliche Markenartikel – auch die, mit denen zum Beispiel unsere Wettbewerber im Spielwaren-Fachmarktbereich nicht beliefert werden. Von der Darbietung der Waren sind wir ein Fachmarkt, da der Kunde sich bei uns selbst bedienen kann. Erst wenn er es wünscht, steht ihm unser Verkaufsfachpersonal beratend zur Seite.

Im Grunde sind wir ein Fachgeschäft, das mit Prinzipien des Discountgeschäfts arbeitet und den Anspruch hat, die vergleichsweise größte Auswahl zum relativ kleinsten Preis zu bieten.

Wie es uns im einzelnen gelingt, dabei mit den großen Kaufhauskonzernen und Spielwarenmärkten zu konkurrieren, welche Faktoren dafür ausschlaggebend sind, wird später erläutert.

## Wie wir wurden, was wir sind

Ich war vom Wunsch beseelt, einmal im Leben zu versuchen, mich selbständig zu machen. Dabei war ich mit der Bereitschaft ausgestattet, im Falle des Mißerfolges auch einige Jahre die aufgelaufenen Schulden abzubezahlen. 1976 ließ ich mit erspartem Kapital von 30.000 DM und einem Kredit in gleicher Höhe ein Spiel namens „Poker Bingo" produzieren. Dieses Spiel hatte den Vorteil, daß es von zwei bis zwölf Mitspielern gleichzeitig gespielt werden und jeder die Regeln in zwei Minuten lernen konnte.

Zunächst hat es sich auch recht gut verkauft. Leider gelang es aber einem eingeführten Spielehersteller, der einer meiner Zulieferer war, ein ähnliches Produkt am Markt zu plazieren. Gegen dessen Vertriebsapparat, der es ermöglichte, das Spiel binnen kürzester Zeit in Westdeutschland flächendeckend in den Handel zu bringen, war ich chancenlos.

So stand ich vor der Frage: Konkurs oder weitermachen? Weitere Spieleideen, die ich noch in der Schublade hatte, waren natürlich unter diesen Umständen nicht realisierbar.

Meine ganzen Ersparnisse waren in dem Spiel investiert. So versuchte ich, es weiterhin selbst zu verkaufen, merkte dabei jedoch recht bald, daß mit einem einzelnen Artikel nicht genügend Umsatz zu erzielen ist. Daher übernahm ich nach und nach mehrere Handelsvertretungen. Aber auch hier waren meine Aktionsmöglichkeiten eingeschränkt: Beispielsweise untersagten mir Lieferanten, bestimmte Kunden zu beliefern, solange diese ihre Rechnungen nicht beglichen hatten.

Aus dieser Situation heraus entstand der Entschluß, Großhändler zu werden, um selbst entscheiden zu können, wer beliefert wird und wer nicht. Vorteilhaft war dabei die veränderte Ergebnissituation: Meine Gewinnspanne hatte sich um die Handelsvertreterprovision plus Großhandelsspanne vergrößert. Außerdem konnte ich bedarfsgerechter liefern, da meine Abnehmer nicht mehr an große Verpackungseinheiten der Lieferanten gebunden waren.

***Aktionsradien vergrößern ...***

Schließlich ergab es sich, daß ich einen kleinen Schreib- und Spielwarenladen sehr nah bei meinem damaligen Büro und Lager kaufen konnte. Nachdem ihr Mann gestorben war, sah sich die Inhaberin zum Verkauf gezwungen. Da sie zu vertretbaren Bedingungen keinen Interessenten finden konnte, bot ich ihr einen marktgerechten Preis unter der Voraussetzung, daß sie den Laden weiterführt. Auf diese Weise konnte ich meine Spanne erneut steigern: Handelsvertreterprovision plus Großhandels- und plus Einzelhandelsspanne. Dies erwies sich als optimal, so daß ich jetzt in der Lage war, jedes Jahr ein weiteres Spielwarengeschäft zu kaufen.

Das solide Fundament war solchermaßen gelegt. Über den Großhandel belieferte ich Spielwareneinzelhändler und zugleich auch meine eigenen Läden.

## Spielwarenmärkte auf dem Vormarsch

Neue Impulse vermittelte mir 1981 eine Reise in die USA, bei der ich alle Wege des Vertriebs von Spielzeug in Amerika kennenlernte. Der dortige Marktführer, „Toys`R´Us", ist mit Spielzeugmärkten in Stadtrandlagen angesiedelt. Das Unternehmen verzeichnet ein enormes Wachstum. In nur einem Jahr war es in der Lage, vierzig neue Märkte in den USA zu eröffnen. Zu dieser Leistung gehört nicht nur eine gehörige Finanzkraft, sondern auch gewaltige Manpower und Organisationskraft. Schon damals war klar, daß das Wachstum von „Toys`R´Us" sich nicht nur auf die USA beschränken würde, sondern der Sprung nach Europa und auch nach Deutschland bevorstand. Und mir wurde deutlich, daß meine Großhandelskunden neben „Toys`R´Us" keinerlei Überlebenschance haben würden.

So stand ich vor der Frage, welche Maßnahmen ich einleiten konnte, um dieser zu erwartenden Entwicklung zu begegnen und zukunftsträchtig zu arbeiten. Zu jenem Zeitpunkt war ich weder finanziell noch vom Know-how her in der Lage, einen 4.000 Quadratmeter großen Spielzeug-Fachmarkt in Deutschland zu errichten. Zudem war der deutsche Markt für solche großen Verkaufsflächen noch nicht reif. Allenfalls große Möbelhäuser arbeiteten damals in solchen Dimensionen. Andererseits war ich sicher, daß „Toys `R´Us" in Deutschland Fuß fassen und damit zur Akzeptanz für Größenordnungen dieser Art beitragen würde.

Das Ergebnis meiner Überlegungen war „Spiele Max". Das entsprechende Vorbild fand ich ebenfalls in den USA. An dritter Stelle im Spielzeugmarkt stand zur damaligen Zeit ein Handelsunternehmen, das in denselben geographischen Regionen, in denen auch „Toys`R´Us" vertreten war, mit etwa 300 Filialen höchst profitabel agierte. Der Unterschied zu „Toys`R´Us" bestand darin, daß es nicht in den Stadtrandlagen zu finden war, sondern in den Einkaufszentren in Innenstadtlagen. Ich sah keine Gründe, weshalb dieses Konzept in Deutschland nicht ebenfalls erfolgreich sein sollte: Spielwarengeschäfte in guten Geschäftslagen mit Verkaufsflächen von 500 bis 1.000 Quadratmetern.

So eröffnete ich 1982 in Berlin, im Forum Steglitz, den ersten Selbstbedienungsladen für Spielzeug in Deutschland. Das Konzept ging auf, das Interesse der Kundschaft war groß.

Allerdings hatten wir größere Probleme mit verschiedenen Spielwarenherstellern und Lieferanten. Von Konkurrenten wurden gezielte falsche Gerüchte über Spiele Max in Umlauf gebracht. Das reichte von Rufschädigungen im Sinne der Unterstellung baldiger, mangelnder Zahlungsfähigkeit bis hin zu dem Versuch, uns generell als bedrohlichen Wettbewerber im Markt auszugrenzen und solchermaßen die Belieferung seitens der Hersteller zu unterbinden. Die ersten zwei Jahre waren besonders hart. Wir hatten die Kunden im Laden und konnten teilweise nicht die Belieferung mit dringend benötigten Waren erreichen. Wir brauchten insgesamt fast sechs Jahre, bis wir uns durchgesetzt hatten. Inzwischen haben uns alle Hersteller akzeptiert und sind froh, wenn sie uns beliefern dürfen.

Nach der „Wende“ im Jahr 1990 entschieden mein Partner, Udo Schork, und ich, keine kurzfristigen und überteuerten Mietverträge (unter anderem wegen ungeklärter Eigentumsverhältnisse) abzuschließen. Statt dessen wollten wir warten, bis in Ostdeutschland die ersten Einkaufszentren gebaut werden. Dies war dann 1992 soweit – zuerst in Brandenburg und in Ostberlin. Dort haben wir dann Flächen besetzt und Spiele-Max-Filialen eröffnet. Aus den vier Läden, die wir im Sommer 1992 hatten, sind mittlerweile 30 geworden.

Inzwischen verfügen wir über verschiedene Betriebskonzepte: Abhängig von Einzugsgebiet, Einwohnerzahl und guten Mietvertragskonditionen wählen wir Solitärstandorte, Filialen in Fachmarktzentren auf der grünen Wiese oder in Einkaufszentren in guten Innenstadtlagen – je nach dem Standort und der Größe mit oder ohne Babygrundausstattung. Mit der Warengruppe Kinderwagen, Autositze, Kindermöbel etc. starteten wir 1992. Heute sind wir auch in diesem Bereich Marktführer in den Städten, wo wir Filialen betreiben.

## Umfassende Konkurrenzbeobachtung

Den Anspruch auf günstige Preise sichern wir durch ein EDV-gestütztes Konkurrenzbeobachtungssystem. Wir analysieren mehrmals jährlich das Angebot der 6.000 bis 7.000 wichtigsten Artikel und unterbieten die Konkurrenz systematisch. Die Kunst ist es, den richtigen Preis zu haben, der immer etwas niedriger ist als der des jeweils günstigsten Wettbewerbers am Ort. Für die Niedrigpreisgarantie, die wir unseren Kunden geben, ist jede unserer Filialen selbst zuständig. Die Filiale handelt eigenverantwortlich, da sich jede einzelne in einer anderen Konkurrenzsituation befindet. In der einen Lage ist es der Kaufhauskonzern, in der nächsten der Spielzeuggroßmarkt und in wieder einer anderen Lage ein

***Die Preisfindung am Markt orientieren ...***

SB-Markt mit Spielwarenabteilung, mit dessen Preisen sich das Angebot der Spiele-Max-Filiale messen lassen muß.

Berücksichtigt man, daß in der Branche schätzungsweise 500.000 Artikel verfügbar sind, von denen wir etwa 60.000 anbieten, so wird deutlich, wie wichtig die richtige Sortimentszusammenstellung ist. Spiele Max führt natürlich die Hauptumsatzträger. Andererseits ist das Sortiment in unserer Branche so groß, daß neben Spiele Max tüchtige Einzelhändler eine gute Existenz haben können.

Vom Wettbewerb her sind wir in der günstigeren Position, daß die Konzerne uns nur dort angreifen können, wo es regionale Überschneidungen gibt. Da wir aber so viele verschiedene Filialen haben, gibt es keinen Konzern, der an allen unseren Standorten mit uns konkurriert. So sind wir nur selektiv unseren Preis-Wettbewerbern ausgesetzt.

Natürlich sind es nicht nur unsere Organisationsform und die Vorteilhaftigkeit der damit verbundenen Konkurrenzbeobachtung, mit der wir unsere guten Ergebnisse erreichen und sichern können. Es sind im wesentlichen drei weitere Faktoren, die uns unseren Anspruch verwirklichen lassen: Der eine ist die „Chancengleichheit im Einkauf", der zweite der „Gesamkostenvorsprung gegenüber den Wettbewerbern" und der dritte die „Mitarbeitermotivation".

## Chancengleichheit im Einkauf

Günstigste Preise können wir nur bieten, wenn wir gleich oder billiger, keinesfalls aber teurer einkaufen als unsere

Wettbewerber. Vielfach sind wir in der Lage, zu niedrigeren Preisen einzukaufen, weil es uns gelingt, Sonderkonditionen mit den Herstellern auszuhandeln. Da wir uns in der glücklichen Lage befinden, stark zu expandieren, weisen die Mengen, die wir von den Herstellern abnehmen, naturgemäß hohe Zuwachsraten auf. Aufgrund dieser Umsatzsteigerungen gewähren uns die Hersteller besondere Boni, die wir selbstverständlich an die Kunden weitergeben. Gegenüber unseren Wettbewerbern im Konzernbereich befinden wir uns so in einer außerordentlich vorteilhaften Lage. Dort werden nämlich gegenwärtig keine nennenswerten Zuwächse erzielt und folglich auch kaum Steigerungsboni eingeräumt.

## Niedrige Gesamtkosten

Unter den Kostenfaktoren sind neben den Personalkosten hauptsächlich die Raumkosten, das heißt die Mieten, relevant. Spiele Max ist derzeit das einzige und zudem noch erfolgreich expandierende Filialunternehmen mit Fachsortiment in der Spielwarenbranche in Deutschland. Von daher bekommen wir zur Zeit jährlich über 1.000 Immobilienangebote für Mietflächen. Unsere Aufgabe ist es, die „Perlen" herauszufinden, die wir im Rahmen unserer Möglichkeiten als mittelständischen Unternehmen sowohl finanziell als auch organisatorisch darstellen können.

Die Planer von Einkaufszentren wissen um die Zugkraft von Spielwaren, insbesondere im Weihnachtsgeschäft. Solchermaßen sorgt Spiele Max am jeweiligen Standort für die übrigen Einzelhändlern für Besucherfrequenz, die es sonst nicht gäbe. Verständlicherweise sind daher die Einkaufszentren zu Zugeständnissen bereit, wenn es um die Festlegung der Ladenmieten geht. Es ist für Vermieter nachvollziehbar, daß in unserer Branche Preisführerschaft nur durch vergleichsweise niedrige Raumkosten möglich ist.

Weitere Möglichkeiten zur Kosteneinsparung nutzen wir bei unseren Werbeausgaben. Wir beschäftigen selbst einen Grafikdesigner und leisten insofern viele Arbeiten selbst, die normalerweise kostenaufwendig außer Haus geleistet werden müßten.

## Die Motivation der Mitarbeiter

Ein weiterer, aber nicht weniger wichtiger Erfolgsfaktor sind schließlich unsere Mitarbeiter. Sie identifizieren sich in äußerst hohem Maße mit dem Unternehmen. Daher sind sie im Durchschnitt auch vergleichsweise viel fleißiger als Beschäftigte in den Großunternehmen.

Wir haben einen professionellen Management-Trainer fest angestellt, der unsere Mitarbeiter sowohl fachlich als auch bezüglich der Persönlichkeitsentwicklung fördert. Dies ist wohl in einem Unternehmen unserer Größenordnung recht ungewöhnlich.

Gegenüber den anonymen Konzernen ist es wahrscheinlich einfach der Spaß, den unsere Mitarbeiter haben, bei einem Unternehmen zu arbeiten, an dessen Spitze der Inhaber selber sitzt, von dem sie wissen, er ist verheiratet und hat fünf Kinder. Das ist etwas, das menschlich zählt. Wichtig sind wohl auch die Werte, die ich vertrete, auch wenn diese nicht von allen nachvollzogen werden.

Gestatten Sie an dieser Stelle einige persönliche Worte, die in Deutschland (im Gegensatz zum Beispiel zu den USA) inzwischen ungewöhnlich sind. Es war für mich von wegweisender Bedeutung, vor etlichen Jahren ein Vorstandsmitglied aus dem Top-Management eines deutschen Großkonzerns kennenzulernen. In dessen Vortrag gab es ausgezeichnete wirtschaftspolitische und persönlichkeitsbezogene Aussagen. Die größte Überraschung war jedoch, daß er sich als Top-Manager in der Öffentlichkeit als Christ bekannte. Es machte mich sehr neugierig herauszufinden, was dahintersteht, wenn gesagt wird, es ist das Wichtigste, sein Leben unter die Leitung von Jesus Christus zu stellen. Ich entdeckte, daß Gott durch sein Wort – die Bibel – zu uns Menschen sprechen will. Es ist äußerst spannend, die Bibel mit der Erwartungshaltung zu lesen: Gott – wenn es Dich gibt –, laß mich doch verstehen, was Du mir in meine Lebenssituation hinein persönlich sagen willst. Dies in Verbindung mit der Bereitschaft, aus dem Erkannten Konsequenzen zu ziehen. Das hat mein Leben und die Prioritäten total verändert und zum Guten erneuert. Um Mißverständnissen vorzubeugen: Ich bin Mitglied einer landeskirchlichen Gemeinschaft innerhalb der evangelischen Kirche.

Diese Grundhaltung hat auch Auswirkungen auf die Sortimentszusammenstellung, wobei wir pro Jahr auf Umsätze in Millionenhöhe verzichten. So führt Spiele Max zum Beispiel keine Horoskop-Artikel, Sex-Artikel, Wahrsagekarten oder Fantasie-Spiele, bei denen man sich zum Beispiel von Hexen verführen lassen muß, um gewinnen zu können.

Trotz dieser Sortimentsbeschränkungen ist Spiele Max zur Zeit der erfolgreichste mittelständische Spielwarenhändler in Deutschland, so daß ich bezeugen möchte, daß Gott sich nichts schenken läßt.

Obwohl ich viele Mitarbeiter nicht mehr persönlich kenne, sind wir eine große Familie. Jeder Mitarbeiter weiß, daß er sich engagiert einbringen muß, um seinen Arbeitsplatz zu sichern. Umgekehrt kann er sich darauf verlassen, daß mit jeder unserer Investitionen zusätzliche Arbeitsplätze geschaffen werden. Auf diese Weise versuche ich, christliche Werte in das Unternehmen zu integrieren und gleichzeitig die Überlebensfähigkeit zu garantieren.

# En passant ...

*Was bedeutet für Sie, Herr Franz, Erfolg?*

Dankbarkeit gegenüber Gott in Verbindung mit Freude und Dankbarkeit gegenüber dem jeweiligen Mitarbeiter-Team, weil Erfolg meist Ergebnis überdurchschnittlichen Fleißes und Einsatzes ist.

*Durch welche Eigenschaften muß sich ein Unternehmer auszeichnen, der sich in unserer Zeit behaupten will?*

Zum einen durch die Fähigkeit, Visionen zu entwickeln, daraus Ziele abzuleiten und zu verfolgen, ohne ständig die Auswirkungen auf den eigenen Geldbeutel im Auge zu haben. Bei Erfolg stimmt es im eigenen Geldbeutel automatisch. Zum anderen durch kämpferischen Optimismus in Verbindung mit der Bereitschaft zu überdurchschnittlich harter Arbeit.

*Welche Philosophie bestimmt Ihr unternehmerisches Handeln?*

Als praktizierender evangelischer Christ ist folgende Frage essentieller Bestandteil meines Lebens: Was ist aus Gottes Sicht richtig?

*Wie bereiten Sie wichtige Entscheidungen vor?*

Die meisten Entscheidungen ergeben sich aus kaufmännischem Rechnen. Meist ist eine Variante bzw. Lösung die kaufmännisch günstigste. Dann muß noch der Bauch ja sagen bzw. sich ein innerer Friede einstellen.

*Welche Eigenschaften schätzen Sie an Mitarbeitern besonders?*

Offenheit, Identifizierung mit den Aufgaben des Unternehmens, Professionalität, Kompetenz und Einsatzbereitschaft.

*Wenn Sie einen Nachfolger einarbeiten müßten, was wäre Ihr wichtigster Rat?*

Er sollte sich informieren, welche Mitarbeiter und externe Berater für welche Bereiche gute und kompetente Ratgeber sind.

*Welches sind für Sie in den nächsten Jahren die zentralen Herausforderungen?*

Börsengang und Wachstum durch gezielte Mitarbeiter-Entwicklung sicherzustellen.

*Haben Sie ein Lebensmotto?*

Römer 8.28: „Wir wissen, daß denen, die Gott lieben, alle Dinge zum Besten dienen." Ich habe in meinem Leben immer erfahren, daß aus Schwierigkeiten durch mein Vertrauen zu Gott Gutes entstand, was ohne die Schwierigkeiten nicht wäre.

# Erfolgsfaktor High-Tech

Mit dem Begriff „High Technology“, abgekürzt High-Tech, werden all jene hochentwickelten Bereiche der Ingenieurstechnik verknüpft, die als Basis für die Entstehung vieler anderer technologischer und wirtschaftlicher Neuerungen dienen und denen damit eine Schrittmacherfunktion bei der Beschleunigung von Innovationen zukommt.

Da sich Wissenschaft und Praxis bis heute auf keine eindeutige Definition einigen konnten, beschreibt Kaeven Gazdar das Phänomen noch am zutreffendsten, wenn er von der „Spitze der technologischen Entwicklung zu einem bestimmten Zeitpunkt“ spricht (Gazdar, 1992) und dabei dem Zeitfaktor eine äußerst wichtige Bedeutung beimißt. Auch Miniaturisierung und Hochwertigkeit sind Merkmale, die eng mit High-Tech verbunden sind. Am Beispiel der Mikroprozessoren wird deutlich, daß High-Tech stets auf wissenschaftlichen und technischen Entwicklungen der Vergangenheit aufbaut: Was früher für Transistoren und ihre industrielle Verwertung galt, setzt heute die Mikroelektronik fort.

Diese Schlüsseltechnologie hat eine neue Ära eingeleitet, die Auswirkungen auf nahezu alle Bereiche des Lebens und der Wirtschaft hat. Kaum ein Prozeß, ein Produkt oder eine Dienstleistung, die nicht tangiert werden. So eröffnen die Halbleitertechnologie und die permanent wachsende Leistungsfähigkeit der Bauelemente zum Teil völlig neue Fertigungsmöglichkeiten oder ein extrem verändertes Preis-Leistungsverhältnis. Internet-Telefonie, CD-Brenner, DVD-Player, LCD-Monitore, Laser-Projektoren und Auto-Navigationssysteme sind Ergebnisse dieses technologischen Fortschritts. Damit induziert High-Tech neben wirtschaftlichen auch gesellschaftliche Veränderungen, die teilweise Widerstände hervorrufen. Die Zusammenhänge veranschaulicht Abbildung 3.

Daß die Mikroelektronik als „dritte industrielle Revolution" quasi ein Paradebeispiel für die Verkörperung von High-Tech in unserer Gegenwart ist, erlebt der Verbraucher in allen Bereichen der Konsumelektronik bis hin zu den Einflüssen auf die Informations- und Kommunikationstechnik.

Das Marktvolumen für Mikroelektronik wird in Deutschland auf knapp 30 Milliarden DM geschätzt. Trotz sinkender Preise wächst das Segment dynamisch mit rund 8 Milliarden DM in den letzten fünf Jahren. Der Umsatz bei der Software und ergänzenden Dienstleistungen lag 1998 bereits bei 50 Milliarden DM. Auch für die nächsten Jahre sehen Experten keine physikalischen Grenzen und keine Beschränkung hinsichtlich möglicher weiterer Anwendungsbereiche.

Das Wachstum und die Dynamik der Branche spiegelt sich in einem Gründungsboom wider. Junge Wissenschaftler und Experten machen sich selbständig und bilden die Grundlage einer neuen Generation mittelständischer Unternehmen. Viele haben als Zulieferer für Einzelkomponenten, Systementwickler oder Berater zwischen Hersteller und Anwender Marktlücken geschlossen, die für die global operierenden Konzerne nicht von Interesse sind.

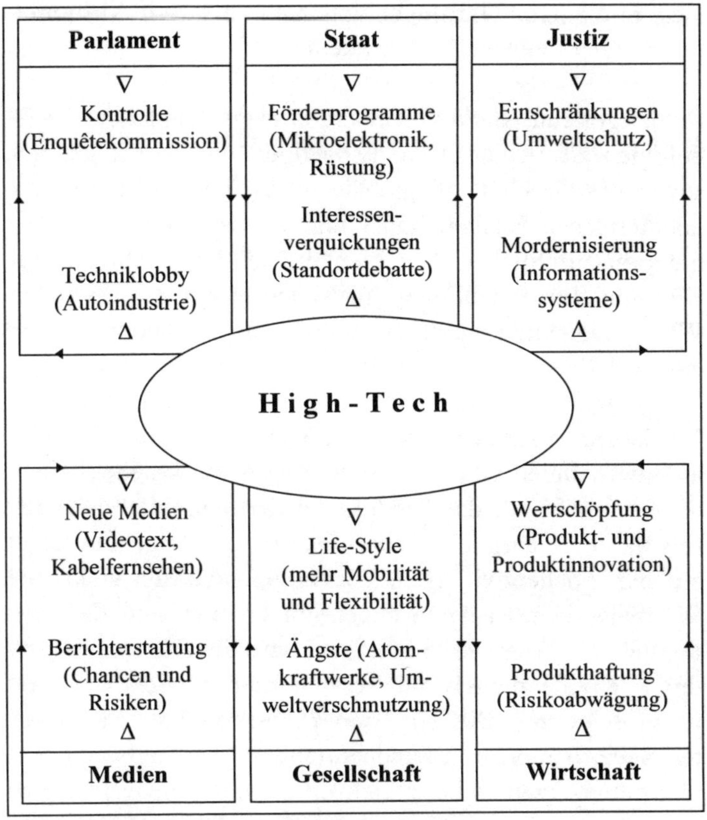


Quelle: Gazdar, K., High-Tech Handbuch

*Abbildung 3: Das Phämonen High-Tech im Spannungsfeld der Öffentlichkeit*

Überdurchschnittliche Wachstumsraten werden in den nächsten Jahren insbesondere bei Serviceanbietern erwartet, die kundenorientierte Kommunikationslösungen entwickeln und die Informationstechnologie für Unternehmen betreuen. So geht die Firma EDS davon aus, daß jedes zweite Unternehmen mit einem IT-Budget von mehr als fünf Millionen Dollar über Outsourcing nachdenkt.

Da der gesamte Markt von einem raschen Wandel der Technologien, der Allianzen und sonstiger Marktkräfte geprägt sowie das Geschäft oft globaler Natur ist, sind die unternehmerischen Risiken höher und Konzentrationsprozesse nicht auszuschließen. Wie nicht zuletzt jedoch die Akzeptanz von Börsenneulingen im Neuen Markt zeigt, werden Wachstums- und Renditeerwartungen insgesamt optimistisch eingeschätzt.

Das ist sicherlich auch darauf zurückzuführen, daß sich viele Unternehmen von der Vorstellung verabschiedet haben, die Fixierung auf das Produkt sei der ausschließliche Erfolgsfaktor. Da die Unterscheidbarkeit der Angebote selbst auf den hochentwickelten Technologiemärkten sinkt, die Wettbewerbsintensitäten zugenommen und sich die Produktlebenszyklen verkürzt haben, wird die Differenzierung durch Kundendienst und Service immer wichtiger. Erst wenn es gelingt, die den High-Tech-Produkten immanenten Spezifikationen in kundenorientierte Verkaufsargumente zu übersetzen, dabei gleichzeitig Kundenbedürfnisse zu befriedigen, ohne das gewachsene Bewußtsein für Umweltverträglichkeit überzustrapazieren, steht dem wirtschaftlichen Erfolg eines auf Spitzentechnologie ausgerichteten Unternehmens kaum ein Hindernis entgegen.

# Mittler zwischen High-Tech-Welten

*von Kurt Kuhn*

Am Anfang einer jeden erfolgreichen Unternehmensgeschichte, so scheint es, steht immer eine Vision und die sich anschließende konsequente Umsetzung. Bei mir war das aber nicht so. Mein Weg führte mich gelegentlich an einem Elektrogeschäft vorbei. Dort stand in großen Lettern „Inhaber Dipl.-Ing. Kohl". Irgendwie hat mich das beeindruckt und den Wunsch geweckt, auch einmal ein solches Unternehmen zu haben.

Während meines Studiums habe ich oft mit Freunden über meine Vorstellung gesprochen, ein eigenes Unternehmen zu gründen. Wir haben tolle Pläne gemacht. Aber auch nicht im Traum hätte ich damals daran gedacht, eines Tages ein High-Tech-Unternehmen zu leiten. Die Zeit war einfach noch nicht reif dafür.

In der Welt der Großrechner, in der ich nach meinem Studium zunächst tätig war, gab es – wegen des erforderlichen enormen Kapitaleinsatzes – keine reale Chance, sich selbständig zu machen.

Diese Situation änderte sich allerdings zu Beginn der 70er Jahre, als die Mikroprozessoren aufkamen und in den USA die ersten Garagenfirmen entstanden. Durch Besuche in den

USA lernte ich die neue Technologie kennen und sah damit die Möglichkeit, meinen Traum einer kleinen, eigenen Firma zu verwirklichen.

Zusammen mit Michael Seidel kündigte ich mein Arbeitsverhältnis bei Sperry Univac. Für 40.000 DM kauften wir unseren ersten Computer und gründeten am 1. Oktober 1977 die Micrologica Computersysteme GmbH. Unsere Ausbildung in der Fernmelde-/Nachrichtentechnik und die Erfahrungen aus der Tätigkeit in der Software bei Sperry Univac erwiesen sich als besondere Stärke und verschafften uns die *Kompetenz*, die getrennten Welten der Telefonie und der Datentechnik zusammenzubringen. Aufgrund unserer sich optimal ergänzenden Fähigkeiten und dem „Connectivity know how“ hat sich die Micrologica AG heute zu einem erfolgreichen Technologieführer für softwarebasierte CTI (*C*omputer *T*elephonie *I*ntegration)-Lösungen entwickelt.

## Das Micrologica Communication Center

Die Micrologica AG produziert Software, die branchenunabhängig Kommunikationsprozesse zwischen Unternehmen und deren Kunden unterstützt. Die Micrologica-Produkte werden beispielsweise in Call Centern von Direktbanken, in der Bestellabwicklung zwischen Pharma-Großhandel und den Apotheken oder in der Verkaufsabwicklung von Mineralölprodukten eingesetzt.

Der Hauptmarkt der Micrologica AG umfaßt die technische Ausrüstung sogenannter „Communication Center“

eines Unternehmens. Kernprodukt ist die Software „Micrologica Communication Center" oder kurz: MCC. Eingesetzt wird diese Software hauptsächlich dann, wenn eine große Anzahl von Kundenanfragen in möglichst kurzer Zeit mit größtmöglicher Effizienz beantwortet werden sollen.

Einzigartig ist die dem MCC zugrundeliegende Idee eines „Job-Managers": Die bei einem Unternehmen eingehenden Kundenanfragen vermittelt das MCC an den „richtigen", das heißt verfügbaren, zuständigen und/oder entsprechend qualifizierten Service-Anbieter. Noch während der Anruf aufläuft, wird der Kunde vom Computersystem identifiziert und die entsprechenden Daten erscheinen am Arbeitsplatz in einer Maske auf dem Computer-Bildschirm.

Dies geschieht unabhängig vom Kommunikationsmedium. Das System beschränkt sich also nicht auf das Telefon, es darf auch eine E-Mail, ein Fax oder ein Internet-Call sein. Dabei spielt es keine Rolle, wo die Mitarbeiter sich physisch tatsächlich befinden. Das Micrologica Communication Center verbindet die Mitarbeiter an verschiedenen Unternehmensstandorten und selbst die Heimarbeiter zu *einem* virtuellen Communication Center.

Die MCC-Software ist modular aufgebaut, nach modernen Design-Kriterien entwickelt und kann kundenindividuell konfiguriert sowie angepaßt werden. Dabei ist die *Integrationsfähigkeit* der Software in die beim jeweiligen Kunden vorhandene Informations- und Kommunikationsinfrastruktur, sprich Computernetzwerke und Telefonanlagen, von großer Bedeutung. Deshalb sorgt Micrologica dafür, daß das MCC auf nahezu allen Computersystemen lauffähig ist und die Verbindung zu den relevanten, am Markt befindlichen Telefonanlagen herstellen kann.

## Verbindungs-Know-how bei High-Tech

Die Micrologica AG stellt die *Verbindung* zwischen zwei High-Tech-Welten her: der Welt der Informationstechnik auf der einen Seite und der Welt der Kommunikationstechnik auf der anderen Seite. Sie verbindet den – bislang überwiegend – „tauben“ Computer mit dem – bislang überwiegend – „blinden“ Telefon. Der dazugehörige Fachterminus heißt „Computer Integrierte Telefonie“, oder kurz: CTI.

Mit dieser Integration wird dafür gesorgt, daß aus High-Tech-Produkten, wie sie die heutigen Telefonanlagen und Computersysteme darstellen, ein noch höherer Nutzen gezogen werden kann.

## Hochtechnologien – Welten für sich

Die Idee, verschiedene High-Tech-Welten miteinander zu verbinden, stand schon bei der Gründung der Micrologica GmbH 1977 im Vordergrund. Zur damaligen Zeit klafften in der Großrechnerwelt tiefe, schier unüberwindliche Gräben. Über proprietäre Schnittstellen wurde dafür gesorgt, daß an die Großrechner nur das angeschlossen werden konnte, was der jeweilige Hersteller selbst lieferte. So paßten an IBM-Rechner nur IBM-Geräte und an UNIVAC-

Rechner nur UNIVAC-Geräte. Aus heutiger Sicht eine sicherlich sinnvolle Strategie zur Marktsegmentierung. Allerdings bestanden die Probleme auch zwischen Groß- und Prozeßrechnern.

Die Folge davon war, daß bestimmte, in der Welt der Prozeßrechner eingesetzte Geräte, etwa Plotter oder Lochstreifenleser, für die damaligen Großrechner unbekannte Wesen waren.

***Rechnerwelten miteinander verbinden ...***

Für die Benutzer der Großrechner war dies eine mißliche Situation. So war es beispielsweise nicht möglich, die auf Großrechnern angestellten Berechnungen in ansprechender und präsentabler Form auf einen Plotter auszudrucken. Aus dieser Diskrepanz heraus entstand die Geschäftsidee der Micrologica GmbH. Ziel war es, die Brücke zwischen den unterschiedlichen Systemen zu schlagen und von Prozeßrechnern bekannte Peripherien und Funktionalitäten an den proprietären Schnittstellen der Großrechner nutzbar zu machen.

Das Ergebnis war ein *Gateway*, das auf der einen Seite die Protokolle zur Peripherie und auf der anderen Seite die Sprache der Großrechner beherrschte. Die Verbindung zwischen den beiden High-Tech-Welten war hergestellt.

Es folgten Projekte und Lösungen für die automatische Abwicklung von Bestellungen im Pharmahandel, für die Erfassung der Honorardaten von Kassenärzten, für die Zeiterfassung und Zutrittsberechtigung in Großunternehmen sowie Tankstellen- und Parkhaussysteme.

## Integration von Computer und Telefon – CTI

Mitte der 80er Jahre bestand eine ähnliche Situation wie bei den Groß- und Prozeßrechnern bei Telefonen und Computern. Beides waren Welten für sich. Zur selben Zeit äußerten Unternehmen den Wunsch, daß Anrufe von Kunden automatisch an den dafür zuständigen Mitarbeiter geleitet werden. Schließlich wollten sie auch noch die spezifischen Kundendaten, die bislang in den Datenbanken der Computersysteme schlummerten, bei den Telefonaten mit ihren Kunden gezielt einsetzen können.

Um dies zu ermöglichen, mußte vermieden werden, daß sich die Mitarbeiter bei Anrufen von Kunden auf eine langwierige Suche in den Datenbeständen machen. Außerdem war erforderlich, daß die notwendigen Programme auf den Computern automatisch gestartet wurden. Daher erschien eine Kopplung der Telefonanlagen mit den EDV-Anlagen sinnvoll. Die vermeintlich alte Technik der Telefonie sollte mit der modernen Datenverarbeitung fortan in Symbiose leben.

Dieser Bedarf an telefonbasierten Technologien wurde zunächst von der traditionellen Telefonausrüsterindustrie aufgegriffen. Firmen wie Siemens, Alcatel und AT&T rüsteten ihre klassischen Telefonnebenstellenanlagen mit zusätzlicher Hard- und Software zur automatischen Verteilung der Telefongespräche auf. Anders als in der EDV-Industrie waren in dieser Branche allerdings kaum globale Standards und Schnittstellen vorhanden. Wie schon zu Zeiten der Großrechner paßte an eine Siemens-Nebenstellenanlage nur das Hard- und Softwarepaket von Siemens. Auch bei Alcatel, AT&T und all den anderen Herstellern war es nicht anders. Der Markt war segmentiert, der Preisdruck und der Innovationszwang zu dieser Zeit folglich äußerst gering.

Allerdings wiesen und weisen diese Produkte aus der Telekommunikationsbranche ein entscheidendes Handicap auf: Da sie auf den herstellereigenen Hardware-Plattformen realisiert wurden und zum Teil auch heute noch realisiert werden, sind sie nur in begrenztem Umfang – und mit vergleichsweise hohem Aufwand – in die EDV-Landschaften der Anwender integrierbar. Nicht zuletzt deshalb und durch den bestehenden Innovationsstau konnte sich Micrologica in der nächsten Entwicklungsphase des Marktes als Spezialanbieter für Call-Center-Technologien etablieren und zum Pionier der CTI-Technologie in Europa werden.

Die Fähigkeit, die *Brückenfunktion* zwischen den beiden Welten herzustellen, besaßen Michael Seidel und ich bereits seit unserer Ausbildung. Softwarespezialist der eine, Nachrichtentechniker der andere – so hatten wir die Füße in beiden Welten und waren in der Lage, die Verbindung zwischen ihnen herzustellen. Der Umgang mit Computern war nicht unser Problem, sondern unser Kerngeschäft. Zudem wußten wir außerdem noch, wie ein Telefon funktioniert.

## Trivial, aber doch genial

Der Grundansatz des Micrologica Communication Center ist eigentlich recht trivial. Es ist weniger das an beiden Enden offene Konzept, das es erlaubt, verschiedene Kommunikationsanlagen mit unterschiedlichen Computersystemen zu verbinden. Es ist vielmehr der Gedanke, einen Anruf, eine E-Mail oder ein Fax als eine Serviceanforderung an das System zu betrachten. Diese Serviceanforderung wird vom System intern als „Job“, als eine Dienstanforderung behandelt. Die Leistung des Systems besteht nun darin, als Mittler zwischen den verschiedenen Dienstanforderungen auf der einen Seite und den zu deren Erledigung verfügbaren Dienstanbietern auf der anderen Seite zu fungieren. Mit Telefonie hat das nichts mehr zu tun. Daß das MCC unter anderem auch Anrufe verteilen kann, ist ein angenehmer Nebeneffekt und das eigentliche Differenzierungsmerkmal.

***Hardware-unabhängige Lösungen sind gefragt***

Dieser Lösungsansatz macht das MCC völlig unabhängig von den in den Unternehmen eingesetzten Telefonanlagen und Computersystemen. Für das Micrologica Communication Center ist eine Telefonanlage nichts anderes als ein Server, der Verbindungsdienste von A zu B zur Verfügung stellt. Ebenso ist ein E-Mail-Server nichts weiter als ein Dienstanbieter für die Versendung und den Empfang von auf dem PC erzeugten Briefen, ein Internet-Server nichts weiter als ein Anbieter von „Surf“-Diensten im Internet.

Ausgerichtet an der Zielsetzung, neue Ideen und Technologien schnell, unkonventionell und vor allen Dingen marktnah in die Praxis umzusetzen, kann die Micrologica AG mit dem MCC die Bedürfnisse der Kunden optimal befriedigen. Aufgrund der Produktivitätssteigerung, die beim Personaleinsatz durch das Micrologica Communication Center entsteht, liegt der beim Kunden generierte Nutzen in den meisten Fällen um ein Vielfaches über den Investitionen in die Technik.

## Vom Call Center zum virtuellen Communication Center

Aufgrund des Grundansatzes ist die MCC-Software auf die technologischen Weiterentwicklungen der Hardwareseite, das heißt bei Telefonanlagen und Computern, bestens vorbereitet. Irgendeine Schnittstelle, an der die Dienstanforderungen und Dienstangebote abgegriffen werden können, wird es immer geben – selbst dann, wenn die proprietären Telefonanlagen nicht mehr als Geräte existieren, sondern nur noch eine Funktion des globalen Kommunikations- und Informationsnetzes sind.

***Entwicklungen rechtzeitig antizipieren ...***

So erwarten wir, daß die zur Zeit noch üblichen Call Center ihr Gesicht künftig grundlegend verändern werden. Momentan ist es noch üblich, Call Center dezidiert als solche auch organisatorisch, das heißt an einem festen Ort, zentral aufzubauen und alle Mitarbeiter dort zu versammeln. Dies beruht weniger auf den betrieblichen Anforderungen der Unternehmen, sondern hat seine Gründe in den hardwarebasierten Ursprüngen der heute üblichen Call Center – in der Regel Telefonnebenstellenanlagen, die durch entsprechende Zusatzeinrichtungen ausgebaut wurden. Für diese Organisationsform bestehen aber schon heute keine zwingenden Gründe mehr. Ein Call Center als solches muß nicht physisch greifbar in einem Großraumbüro angesiedelt sein.

Der Trend, Call Center zu dezentralisieren, sie aufzulösen in ihre kleinste Einheit, den einzelnen Mitarbeiter, ist bereits erkennbar. Diese Entwicklung ist vergleichbar mit jener, die sich vor Jahren bei den zentralen Schreibstuben abgespielt hat. In keinem Unternehmen finden sich heute noch Schreibbüros. Genauso wird es in absehbarer Zeit auch keine neuen Call Center in räumlicher Abgrenzung, in einem Großraumbüro, auf einer Büroetage, in einem eigenen Gebäude mehr geben. Die erforderliche Technologie ist heute bereits verfügbar. Ein dezentralisiertes Call Center kann wesentlich flexibler betrieben werden, da die Mitarbeiter in anrufschwachen Zeiten anderen Tätigkeiten nachgehen können oder umgekehrt sich bei einem starken Anrufaufkommen weitere Mitarbeiter an der Beantwortung der Anfragen beteiligen können.

Zudem treten die Kunden nicht mehr nur über das Telefon mit den Unternehmen in Kontakt. Neben dem Telefonanruf – dem „Call" – verwenden sie vermehrt auch das Fax oder moderne Kommunikationsmedien wie etwa E-Mails und das Internet. Das Telefon wird aufgrund der zu erwartenden Entwicklung seine primäre Rolle als Kommunikationsmedium einbüßen. Durch leistungsfähige Sprachverarbeitungssysteme werden einfache Geschäftsprozesse Zug um Zug ersetzt. Das klassische Call Center ist damit nur eine Übergangserscheinung.

Zusammen mit der integrativen Einbeziehung aller bereits heute möglichen und in Zukunft noch denkbaren Kommunikationsmedien werden alle Mitarbeiter eines Unternehmens in letzter Konsequenz zu Mitarbeitern eines virtuellen Communication Centers. Über die Software werden sie weiterhin in den Kommunikationsprozeß voll einbezogen, egal, an welchem Ort sie sich befinden. Aus der Computer Telephonie Integration wird die Computer Integrated Communication, kurz: CIC. Bereits heute deckt das MCC diese Anforderungen vollständig ab.

Ihre Leistungsfähigkeit in der virtuellen Welt konnte die MCC-Technologie beim Börsengang der Deutschen Telekom AG eindrucksvoll unter Beweis stellen: Bis zu 75.000 Anrufe wurden in den Spitzenzeiten stündlich auf drei regional verteilte, aber miteinander vernetzte Call Center verteilt.

## Konsequenter Ausbau des technologischen Vorsprungs

Dennoch – oder gerade wegen ihrer Spitzenstellung – muß die Micrologica AG weiter am Ball bleiben. Um das Tempo halten zu können, das die Mitspieler im High-Tech-Bereich, die Kommunikations- und Informationstechnikunternehmen, vorlegen, hat der Bereich *Technologie und Entwicklung* einen hohen Stellenwert.

Den Technologievorsprung, den die Micrologica AG gegenüber den Wettbewerbern hat, kann sie nur halten, wenn sie auch weiterhin zeitnah marktgerechte Produkte und Anwenderlösungen entwickelt und erfolgreich vermarktet. Um die starke Produktbasis zu erhalten und weiter auszubauen, ist neben der laufenden Anpassung der Software auch die Erweiterung durch innovative Komponenten unverzichtbar.

## Kundennutzen als Primat des Handelns

Doch geht es nicht nur darum, die technologischen Entwicklungen auf dem Computer- und Telefonmarkt frühzeitig zu erkennen und zu nutzen. Es gilt vor allem, rechtzeitig auf die sich stetig wandelnden Bedürfnisse der Kunden einzugehen. Schnelligkeit bei der Aufnahme von neuen Kundenbedürfnissen und deren Umsetzung ist dabei von entscheidender Bedeutung. Deshalb arbeitet der Technologie- und Entwicklungsbereich der Micrologica AG eng mit dem Projektbereich zusammen. Die so entstehende Marktnähe der Entwicklung soll zu marktnahen Innovationsimpulsen bei der Produktentwicklung führen. Dabei steht die *Schaffung von Nutzen* auf seiten der Kunden stets im Vordergrund. Innovationen werden nicht um ihrer selbst willen umgesetzt, sondern nur dann, wenn mit ihnen beim Einsatz des Micrologica Communication Center ein klarer Zusatznutzen für die Kunden einhergeht.

## Preis am Kundennutzen orientiert

Angefangen mit einer umfassenden Beratung, Detaillierung und Abstimmung des Angebotes während des Vertriebsprozesses, wird bei der Realisierung des Projekts beim Kunden zusätzlich auf das jeweils optimale Preis-Leistungsverhältnis geachtet. Deshalb orientieren sich alle gelieferten Leistungen an den im Markt zuverlässig verfügbaren Standards und fügen sich optimal in die beim Kunden bestehende Infrastruktur ein. Dafür steht die Micrologica AG selbst gerade. Denn dem Kunden werden komplette, in sich voll funktionsfähige und zuverlässige

Lösungen geliefert – und keine Einzelkomponenten, die der Kunde selbst mit viel Aufwand mit der bestehenden Telekommunikations- und Informationstechnik-Infrastruktur synchronisieren muß. Aus diesem Grund kümmert sich die Micrologica AG auch um die Einführung und den reibungslosen Betrieb ihrer Software beim Kunden.

Ziel ist es, die „Cost of Ownership" beim Kunden möglichst zu minimieren. So müssen auch die Preise, die die Kunden für die Leistung bezahlen, in einem gesunden Abstand zum individuell geschaffenen Nutzen stehen, damit deren Investition möglichst schnell die Rentabilitätszone erreicht.

## Das Unternehmen als Plattform unternehmerisch handelnder Mitarbeiter

Die für eine High-Tech-Firma lebenswichtigen neuen Konzepte und Lösungen werden durch ein Team von kreativen und hochmotivierten Mitarbeitern erarbeitet. Die im CTI-Umfeld notwendige Spezialisierung wird durch die Struktur des Technologie- und Entwicklungsbereiches der Micrologica AG unterstützt. Dort ist eine eigene Abteilung für die Weiterentwicklung des MCC zuständig und implementiert kontinuierlich neue Ideen und die Anforderungen der Kunden in das Produkt.

Die aktive Mitarbeit an spezifischen Kundenlösungen auf der Basis des MCC-Produktkerns geben immer wieder Input für Markttrends und die sich daraus ableitenden Entwicklungsanforderungen. In der Abteilung „System" ist das notwendige Know-how über Betriebssysteme, LAN-Technologie, Telefonanlagen und Systemarchitektur konzentriert.

Technologieführer für softwarebasierte Kommunikationslösungen kann die Micrologica AG nur bleiben, wenn sie nicht nur ständig in das Produkt investiert, sondern auch gut ausgebildete Mitarbeiter halten und neue Kräfte zur Mitarbeit gewinnen kann. Das stellt besondere Anforderungen an Führungsphilosophie und Kultur. Die Führungsphilosophie des Unternehmens basiert auf einer offenen, unternehmerisch orientierten Kultur. So soll Qualität im täglichen Handeln bei minimaler „Kontrolle" gewährleistet werden. Die Stärkung der *Eigenverantwortung* des Mitarbeiters und die Führung zum unternehmerischen Handeln kann für den einzelnen gute Chancen bieten, sich zu entwickeln.

## High-Tech als Kunst

Dies wird durch die flache Hierarchiestruktur der Micrologica AG zusätzlich begünstigt. In meinen Augen ist sie die einzige Möglichkeit, Kreativität, Engagement, Flexibilität und Kritikfähigkeit der Mitarbeiter zu fördern. Das Programmieren von Software ist eine individualistische Arbeit. Sie liegt näher bei der Kunst als bei der Ingenieurswissenschaft und erfordert daher als Mitarbeiter auch Künstlertypen, die gemeinsam ein Gesamtkunstwerk schaffen, das banal Micrologica Communication Center heißt. Die besondere Leistung der Unternehmensleitung besteht nicht nur darin, auch selbst an diesem Kunstwerk Hand anlegen zu können, sondern vor allem darin, die Künstler so einzusetzen und zu motivieren, daß das Bild am Ende eine überzeugende Konzeption vermittelt.

All dies verbessert die Bindung der Mitarbeiter an das Unternehmen und schafft einen besonderen Anreiz für potentielle neue Mitarbeiter im stark umkämpften Personalmarkt der Informationstechnik-Branche.

## Blick in eine gewisse Zukunft ...

Dem weiteren Erfolg der Micrologica AG steht also eigentlich nichts im Weg. Wir befinden uns nicht in einem gesättigten, sondern in einem expandierenden Markt. Untersuchungen gehen davon aus, daß die jährlichen Wachstumsraten bei über 85 Prozent liegen werden. Im Dienstleistungsbereich wird es sich künftig kaum noch ein Unternehmen leisten können, seinen Kunden keine umfassende telefonische Unterstützung anzubieten. Customer Relation Management ist ein Schlüsselprojekt für jedes Unternehmen. Es ist zwar nicht auszuschließen, daß die Hersteller der Telekommunikationsanlagen versuchen werden, ihre Software leistungsfähiger und anpassungsfähiger zu machen. Bislang hat sich aber der mittelständische Antritt der Micrologica AG gegenüber den Konzernstrukturen mancher Wettbewerber stets als überlegen erwiesen. Überlegen, weil ein mittelständisches Unternehmen *schneller und flexibler auf die Kundenbedürfnisse reagieren* kann, als dies ein Großunternehmen je könnte. Die Nähe zum Markt, die Nähe zum Kunden ist eben durch eine große Organisation nicht zu erreichen.

## ... am Standort Deutschland

Aus diesem Grund wird die Micrologica AG ihren Standort dauerhaft in Deutschland belassen.

*Vor-Ort-Service bindet Kunden*

Zum einen fehlte es bislang an der Größenordnung, um eine Softwareproduktion an Niedriglohnstandorten, sei es nun Osteuropa oder Asien, in Erwägung zu ziehen. Zum anderen können die Dienstleistungen bei der Installation, Beratung und Pflege der MCC-Software nur schwer von einem anderen Standort aus erbracht werden. Die Verlagerung des Standorts in ein Niedriglohnland hätte aber vor allem zur Folge, daß der unmittelbare Kontakt zum Kunden verlorenginge.

Das Know-how und die Überlegenheit des Micrologica Communication Center gegenüber den Lösungen der Wettbewerber wird zu einem Großteil aus den Gesprächen mit Kunden generiert. Solange diese Kunden in Deutschland und im angrenzenden Ausland ansässig sind, wird auch die Micrologica AG ihren deutschen Standort beibehalten.

Die eventuelle Reduzierung der Produktionskosten, die eine Standortverlagerung ins Ausland möglicherweise mit sich brächte, spielt für uns nur eine untergeordnete Rolle. Die Produktionskosten, in diesem Fall also die für die Entwicklung zu zahlenden Arbeitslöhne, schlagen zwar mit rund 25 Prozent an den Gesamtkosten des Unternehmens zu Buche. Den größten Kostenblock, rund 50 Prozent der Gesamtkosten, stellen aber die Ausgaben für Marketing und Vertrieb dar. Diese Leistungen lassen sich nicht ins Ausland verlagern. Sie müssen an Ort und Stelle, also in

Deutschland, in Österreich, in den Benelux-Staaten, in der Schweiz oder in Großbritannien erbracht werden: überall dort, wo das Micrologica Communication Center eingesetzt wird.

## Börsengang als Initialzündung

Für ein erfolgreiches mittelständisches Unternehmen, das zudem noch stark an den Personen der beiden Gründer ausgerichtet und von diesen geprägt ist, stellt sich irgendwann unweigerlich die Frage nach der Zukunft. Wie soll es weitergehen, nachdem es gelungen ist, mit dem Micrologica Communication Center einen Standard in der Verknüpfung eigentlich inkompatibler High-Tech-Welten zu setzen? Vor dieser Frage standen 1998 auch Michael Seidel und ich. Wir mußten uns damit auseinandersetzen, ob das Unternehmen auch künftig weiterhin im Kleinen gedeihen oder die außerordentliche Wachstumschance, die der Markterfolg des MCC eröffnete, wahrgenommen werden sollte.

Wir haben es schließlich als unsere Verpflichtung empfunden, diese Chance für das Unternehmen, für den Standort, für die Mitarbeiter und für die Kunden zu nutzen. Mit der Umwandlung in eine Aktiengesellschaft und dem anschließenden Börsengang wurde der ehemaligen Micrologica GmbH eine Zukunft gegeben, die unabhängig von ihren Gründern ist.

Die Entscheidung für das „Going Public“ läßt sich mit einem einfachen Bild unterlegen: Im Laufe der Jahre hat die Micrologica GmbH ein High-Tech-Produkt, vergleichbar einer Rakete, entwickelt. Die Probeflüge wurden erfolgreich absolviert, dank der mehr als 20jährigen Erfahrung, die ihre Erbauer gesammelt haben. Ein derart komplexes System muß aber regelmäßig gewartet und darüber hinaus ständig fortentwickelt werden, wenn es sich auf einem anspruchsvollen Markt behaupten will. Das bindet Kapital und mit wachsendem Erfolg immer neue Mittel. Der Gang an die Börse schafft hier einen Spielraum, der es ermöglicht, den Anforderungen der Zukunft erfolgreich zu begegnen. Um im Bild zu bleiben: Der Börsengang hat den Treibstoff geliefert, um die Rakete in eine stabile Umlaufbahn zu bringen.

# En passant ...

*Was bedeutet für Sie, Herr Kuhn, Erfolg?*

Grund zur Dankbarkeit und Bescheidenheit. Ohne Glück zur rechten Zeit, die tüchtigen Mitarbeiter, die Kunden und den Rückhalt der Familie ist er nicht möglich. Aber Erfolg ist auch Ansporn für die Zukunft.

*Durch welche Eigenschaften muß sich ein Unternehmer auszeichnen, der sich in unserer Zeit behaupten will?*

Ich bin davon überzeugt, daß eine gewisse Naivität – neben einer guten Ausbildung und einer entsprechenden Kapitalausstattung – erforderlich ist. Dabei definiere ich Naivität als Fähigkeit, Chancen stärker wahrzunehmen als Risiken. Es gehören auch Einsatzbereitschaft und Glaubwürdigkeit sowie die Fähigkeit, neue Ideen zu entwickeln, dazu.

*Welche Philosophie bestimmt Ihr unternehmerisches Handeln?*

„Fun geht vor Profit." – Es geht darum, die Herausforderung wichtiger zu nehmen, weil sie die Zukunft bestimmt, als den kurzfristigen Profit. Ich sehe da auch keinen Widerspruch zu den Gedanken des Shareholder Value, weil auch der gute Investor stets ein langfristiges Interesse am Unternehmen hat.

*Wie bereiten Sie wichtige Entscheidungen vor?*

Im Team und im Dialog mit Mitarbeitern, Kunden, aber auch gemeinsam mit der Familie. Der Bauch (die Erfahrung) spielt dabei allerdings eine zunehmend wichtige Rolle. Entscheidungen gegen den Bauch sind meistens ein Fehler.

*Welche Eigenschaften schätzen Sie an Mitarbeitern besonders?*

Selbständiges und unternehmerisches Handeln. Gute Ideen und die Fähigkeit, sie erfolgreich zu kommunizieren, sind wertvolle Eigenschaften. Auch Motivation und Verläßlichkeit schätze ich hoch ein.

*Wenn Sie einen Nachfolger einarbeiten müßten, was wäre Ihr wichtigster Rat?*

Der Nachfolger sollte die Glaubwürdigkeit gegenüber den Mitarbeitern, Kunden und Investoren erhalten und ausbauen sowie die Führung auf allen Ebenen auf den erforderlichen Qualifikationen und dem Vorbild aufsetzen. Darüber hinaus würde ich ihm empfehlen, flache Strukturen zu erhalten.

*Welches sind für Sie in den nächsten Jahren die zentralen Herausforderungen*

Die Micrologia AG befindet sich am Anfang einer neuen Entwicklungsphase. Ich möchte dazu beitragen, daß der Übergang von einer kleinen Technologiefirma zu einem global erfolgreichen Wachstumsunternehmen gelingt. Das MCC-Produkt und der Markt geben uns alle Chancen dazu. Die Frage ist: Kann das Management sie erfolgreich umsetzen? Bei diesem Prozeß möchte ich in den nächsten Jahren aktiv mitgestalten und helfen.

*Haben Sie ein Lebensmotto?*

Carpe diem.

# Erfolgsfaktor Internationalisierung

Jahr für Jahr weist die Außenhandelsstatistik des Statistischen Bundesamtes die enorme Bedeutung der Exportwirtschaft für die Bundesrepublik Deutschland aus. 1998 wurden Güter im Wert von rund 950 Milliarden DM exportiert. Die deutschen Anbieter folgen damit auf Rang Zwei der Statistik dem Exportriesen USA.

Damit einher gingen Auslandsinvestitionen in Höhe von 152 Milliarden DM. Obwohl dieses Engagement vor allem von Global Playern getragen wird, haben auch die Aktivitäten des Mittelstandes erhebliche Größenordnungen erreicht. Das zeigt bereits die Zahl von insgesamt 7.500 deutschen Auslandsinvestoren, die den Vergleich mit dem europäischen Ausland nicht zu scheuen brauchen. In Frankreich sind es 2.200, in Großbritannien 1.500.

Im Zuge der Globalisierung erkennt auch die mittelständische Wirtschaft, daß sich ihre traditionelle Bodenständigkeit durchaus mit internationalen Aktivitäten in Einklang bringen läßt. Dies wird nicht zuletzt dadurch belegt, daß die deutschen Mittelständler schätzungsweise bereits 40 Prozent ihres Umsatzes im Ausland tätigen. Weltweit ist davon auszugehen, daß 25 bis 30 Prozent der Exporte mittelständischen Unternehmen zuzurechnen sind.

Die Beweggründe für den Schritt ins Ausland sind dabei recht vielfältig, wie die nachstehende Übersicht zeigt.

*Tabelle 2: Internationalisierungsmotive des Mittelstandes in Deutschland*

| | |
|---|---|
| Wachstum durch Absatz auf neuen Märkten | 72 % |
| Absicherung bestehender Märkte | 53 % |
| Niedrige Arbeitskosten im Ausland | 27 % |
| Steuervorteile | 12 % |
| Nachfolgen eines wichtigen Kunden | 11 % |
| Mögliche Vorteile aus Reimporten | 10 % |
| Niedrige Umweltauflagen | 5 % |

Quelle: OECD 1997 (Mehrfachantworten waren möglich)

Je nach Motiv für die Internationalisierung eignen sich unterschiedliche Wege der Umsetzung: Export, Lizenzen, Kooperationen und Niederlassungen.

Entscheidender Vorteil des Exports ist der geringe Kapital-, Personal- und Informationsbedarf. Besonders risikoarm erweisen sich Exporte in räumlich näher liegenden Regionen mit ähnlichen Rahmenbedingungen. So gehen über 70 Prozent der Ausfuhren deutscher Mittelständler in EU- oder EFTA-Staaten.

Auch die Lizenzvergabe zeichnet sich durch relativ geringes Risiko bei gesichertem Ertrag aus. Entscheidend ist lediglich die richtige Wahl des Lizenzpartners.

Demgegenüber ermöglicht die koordinierte und typischerweise auch vertraglich fixierte Zusammenarbeit zwischen

Unternehmen verschiedener Länder beiden Partnern vor allem die Erschließung weitgehend unbekannter Märkte; und das auch bei begrenzter Personal- und Kapitaldecke. Häufig ist eine solche Kooperation aus rechtlichen Gründen geboten, wenn ein anderweitiges Tätigwerden im Ausland nicht zulässig ist. Steuerliche Gründe oder die Überwindung von Markthemmnissen sind weitere Faktoren, die für eine internationale Zusammenarbeit sprechen können. Die zentrale Frage ist dabei, ob es gelingt einen Partner zu finden, mit dem sich ein gemeinsames unternehmerisches Verständnis entwickeln läßt.

Einen wesentlich höheren personellen und finanziellen Aufwand erfordert die Gründung von Auslandsstützpunkten. Vorteilhaft sind aber vor allem die höhere Eigenständigkeit und die unmittelbare Nähe zum relevanten Markt. Ist das Engagement langfristig geplant, wird darüber hinaus marktspezifisches Know-how aufgebaut, das eine bessere und schnellere Produktanpassung an lokale Gegebenheiten erlaubt.

Da deutsche Mittelständler im Rahmen ihrer Internationalisierungsstrategien soweit wie möglich auf Eigenständigkeit setzen, tendieren sie selbst auf exotischen Märkten zum Niederlassungsmodell. So ergab eine Umfrage der DG BANK bei 500 chinesischen Niederlassungen und Repräsentanzen deutscher Mittelstandsunternehmen sowie deren Müttern, daß 60 Prozent eine 100prozentige Tochtergesellschaft bevorzugen würden.

Die Ergebnisse dieser Studie spiegeln erneut die große Anpassungsfähigkeit von kleinen und mittleren Unternehmen wider, die selbst in geographisch weit entfernten, aber zunehmend interessanten Märkten erfolgreich agieren. Sie sind in der Lage, sich in relativ kurzer Zeit auch in völlig unterschiedlichen Kulturkreisen zu etablieren. Voraussetzung ist allerdings, daß durch gründliche Vorbereitung die zentralen Probleme eines Engagements in zunächst fremden Märkten und Kulturen gelöst werden. Dazu gehören in erster Linie die Beschaffung fundierter Marktdaten, geeigneter lokaler Arbeitskräfte sowie die Ermittlung und positive Beeinflußbarkeit des Zahlungsverhalten der neuen Kunden.

# Respekt vor fremden Kulturen

*von Peter Mager*

Keine Frage – obwohl sie immer wieder gestellt wird –, wir hätten mit den von uns produzierten Folien den Globus nach Christo-Manier einwickeln können. Einer unserer Mitarbeiter hat für die Jahresproduktion 1998 von 167.000 Tonnen noch eine andere Rechnung aufgemacht: Würden für deren Transport alle Lastwagen optimal beladen, so wären dafür 12.000 Fahrzeuge erforderlich. Hintereinander aufgestellt ergäben sie einen Konvoi, der die Autobahn von Köln bis zum Frankfurter Kreuz beansprucht – mehr als 200 Kilometer lang.

Erst solche Vergleiche machen deutlich, welche enormen Mengen sich hinter der nüchternen Umsatzzahl von 902 Millionen DM verbergen. Die positive Geschäftsentwicklung der NORDENIA INTERNATIONAL AG wurde 1998 geprägt durch organisches Wachstum und die Eingliederung von drei Unternehmen: NF-Folien in Osterburken als Hersteller von Industriefolien und Konsumverpackungen, CITO Nederland Holding, die sich neben Konsumverpackungen auf technische Folien konzentriert hat, sowie MAXEMBALL im französischen Chaumont, ein Spezialist für flexible Großbehälter als Industrieverpackungen. Außerdem wurde von KNU Polska ein neues Werk in Posen in Betrieb genommen.

Womit wir beim Thema sind: Erfolgsfaktor Internationalisierung. 1998 produzierten die Unternehmen der NORDENIA INTERNATIONAL AG in 18 Werkseinheiten, davon acht in Deutschland, sechs im europäischen Ausland und vier außerhalb Europas. Dabei sind wir häufig unseren global agierenden Kunden (wie Henkel, Procter & Gamble oder Unilever) ins Ausland gefolgt und haben mit dazu beigetragen, daß diese vor Ort erfolgreicher wurden.

## Abenteuer China

Unser Joint-venture in China hat zweifellos die größte Aufmerksamkeit erregt. Obwohl alles andere als einzigartig, bleibt ein Engagement im Reich der Mitte für einen deutschen Mittelständler doch ungewöhnlich genug. Allein die Entfernungen haben geradezu kontinentale Ausmaße. China ist nicht *ein* Markt, das sind sieben oder acht Märkte. Unterschiedliche Klimazonen sowie verschiedene Landessprachen und Nationalitäten machen es praktisch unmöglich, eine einheitliche Strategie zu entwickeln.

Es war von Anfang an klar, daß wir eine solche Unternehmung nur gemeinsam mit einem chinesischen Partner wagen konnten – schon wegen der mit Europa nicht zu vergleichenden Kultur und den sprachlichen Schwierigkeiten. Dies funktioniert aber nur, wenn die Chemie zwischen den handelnden Personen stimmt, das gegenseitige Vertrauen nicht zu großen Belastungen ausgesetzt ist. Geld ist vorhanden, Maschinen kann man kaufen, da gibt es kaum Probleme. Der menschliche Kontakt muß stimmen, wenn die Kooperation erfolgreich sein soll.

## Drei Wochen Zeit

Der Anstoß war von Procter & Gamble (P & G) gekommen – bei einem Abendessen in Budapest. In Ungarn hatten wir uns mit unserem dortigen Werk bereits als Lieferant für P & G qualifiziert, ähnlich wie in den USA, denn Procter gehört zu unseren Hauptkunden. Nun also das Angebot, mit nach China zu gehen, denn dort will der weltweit agierende Markenartikler Waschmittel und Hygieneprodukte wie Windeln und Binden verkaufen. Die notwendigen Verpackungen hätte er gern von NORDENIA. Wir hatten drei Wochen Zeit, uns zu entscheiden, 21 lange Arbeitstage mit Beratungen und Berechnungen, dazu noch einige schlaflose Nächte. Doch dann haben wir zugesagt.

Deutsche Investoren werden in China bevorzugt behandelt. Vor allem ihre Zuverlässigkeit wird hoch geschätzt. Eher zufällig kam der Kontakt zum chinesischen Partner, der Dalian Shengdao Group, während einer Betriebsbesichtigung bei einer unserer Tochtergesellschaften zustande, der bei einem Gegenbesuch in Dalian, dem ehemaligen Port Arthur im Nordosten Chinas, vertieft wurde. Das Ergebnis war die Gemeinschaftsgründung von Dalian Danor Printing Packaging Company, an der beide Partner jeweils zur Hälfte beteiligt sind.

## Wunschvorstellung und Beziehungsgeflecht

Obgleich das neu errichtete Werk in Dalian in der für chinesische Verhältnisse kurzen Bauzeit von sieben Monaten entstanden ist, so mußten wir doch so manche Wunschvorstellung revidieren. Vor allem das familiäre Beziehungsgeflecht hat in China eine enorme Bedeutung, was nicht unbedingt nachteilig ist. Mangels einheimischer Lieferanten mußten wir beispielsweise die Paletten und Regale alle selbst bauen: Irgendwer aus der Verwandtschaft eines Mitarbeiters wußte nicht nur Rat, sondern konnte ihn auch umsetzen.

Oder: Das Kunststoff-Granulat als Ausgangsprodukt für die Folienverpackungen läuft nicht wie hierzulande üblich über Silos, es muß vielmehr in Säcken transportiert werden, was zusätzliches Personal erfordert. Der Sippenverbund funktioniert ausgezeichnet. 260 Menschen sind in Dalian beschäftigt, alle irgendwie um drei Ecken miteinander verwandt. Und trotz einiger logistischer und vieler Verständigungsprobleme in der Anfangsphase wurden die Planzahlen im Startjahr erreicht und im Jahr darauf erstmals die Gewinnschwelle überschritten, auch wenn noch kein positives Jahresergebnis erwirtschaftet wurde. Dafür braucht man in China einen längeren Atem.

Das liest sich so glatt wie in einem Geschäftsbericht. Und doch läßt sich gerade dieses Resultat in keiner Weise mit einer unserer mitteleuropäischen Produktionsstätten vergleichen.

## Unternehmerische Mitverantwortung

Das beginnt schon mit der unternehmerischen Führung. Wir sind schließlich keine Kapitalanlagegesellschaft, die nur an einer finanziellen Beteiligung interessiert ist. Wir wollen unser Know-how einbringen und darüber hinaus eine Mitverantwortung übernehmen. Wie aber führt man als deutscher Unternehmer in China?

Daß wir auf der Absatzseite die notwendigen Verbindungen zu interessanten Kunden mitbringen, hat uns bereits einigen Respekt verschafft. Nicht zuletzt wegen unserer Partnerschaft gelang es dem chinesischen Unternehmen, seine Produkte gen Westen zu verkaufen.

Wenn zudem westliches Maschinen-Know-how von Europa nach China transferiert wird, ergibt sich verständlicherweise auch auf der Lieferantenseite ein hohes Mitspracherecht. Das bezieht sich insbesondere auf die Auswahl von Maschinen und die begleitenden Maßnahmen für die gewählte Verfahrenstechnik. Und schließlich haben wir bei der Rohstoffversorgung ein entscheidendes Wort mitzureden. Denn über die Rezepturen, die im Westen zum gewünschten Erfolg führen und westliche Kunden zufriedenstellen, läßt sich spezifisches Wissen in unternehmerischen Einfluß umwandeln.

***Mit Know-how-Transfer Einfluß nehmen ...***

Alle großen Rohstoffversorger weltweit, ob BP, Exxon, BASF oder Shell, sind mit der Petrochemie in Europa konzentriert. Nur allmählich werden diese Kenntnisse nach Asien transferiert. Weil Forschung und Entwicklung derzeit vornehmlich in Europa angesiedelt und fernöstliche Defizite unverkennbar sind, können wir als Know-how-Partner auf diesem Gebiet natürlich ein großes Plus vorweisen.

## Gegenseitiger Respekt

Andererseits verlangt gegenseitiger Respekt, auch die Leistungen des Partners anzuerkennen. Man muß da wirklich zwischen den einzelnen Segmenten differenzieren. Wenn man beispielsweise den Bereich der Lebensmittelverpackungen betrachtet, kann man sich nur wundern, wie technologisch ausgereift gerade unsere chinesische Partnergruppe komplizierte Verbunde von Folie mit Aluminium und anderen Komponenten herstellt. Auch im Tiefdruck sind die Chinesen mit japanischen Maschinen sehr stark. Dagegen ist das in Europa verbreitete Flexodruckverfahren in China weitgehend unbekannt. So entstehen gegenseitige Abhängigkeiten wie von selbst.

***Leistungen des Partners anerkennen ...***

## Intimkenntnisse der Infrastruktur

Aus eigener Kraft den chinesischen Markt zu erobern wäre in unserer Branche schon wegen des nicht vorhandenen Netzwerks kaum gelungen. Es gibt konkrete Beispiele: Unternehmen, die in den letzten fünf Jahren auf eigene Faust sehr kapitalintensiv investiert haben und dennoch gescheitert sind. Die intimen Kenntnisse der örtlichen Infrastruktur, von den rechtlichen Rahmenbedingungen bis zu den Behördenkontakten, waren für unsere gemeinsame Unternehmung sehr hilfreich und haben den Werksaufbau in Dalian enorm beschleunigt.

Außerdem: Unser Partner stellt selbst keine Folien her, sondern verarbeitet sie nur. Er deckt seinen Bedarf bei der gemeinschaftlichen Tochter. Vor allem im Waschmittelmarkt, in dem die Shengdao Group mit einem Anteil von 30 Prozent Marktführerin ist, sind die Wachstumschancen nicht annähernd ausgeschöpft. Im übrigen sind Kartonverpakkungen für Seifenpulver in China nicht gefragt. Die am meisten verbreitete Verpackung ist der 400-Gramm-Folienbeutel. Größere Packungseinheiten werden nicht akzeptiert, Vorratskäufe sind nicht üblich und Waschmaschinen noch nicht weit verbreitet.

Und unsere westlichen Kunden freuen sich, daß sie nun auch in China einen Ansprechpartner haben, dessen Qualitätsstandard sie kennen. Henkel ist beispielsweise seit 1993 in China vertreten und verfügt mittlerweile über 17 Produktionsstandorte vornehmlich im Osten des Landes, also in der gleichen Region, wo auch wir tätig sind.

## Multikulturelle Denkweise

NORDENIA beliefert mit seinen Verpackungen vor allem internationale Konsumgüterhersteller: Für einen Kunden haben wir zum Beispiel eine besonders hautfreundliche Folie für dessen Windelproduktion entwickelt. Wenn dieser – nach guten Absatzerfolgen in den westlichen Märkten – nun das Reich der Mitte mit dem enormen Wachstumspotential von 1,3 Milliarden Menschen erobern möchte, dann ist es unsere Aufgabe, das dafür erforderliche Verpackungswissen verfahrenstechnisch zu transferieren.

Darauf ist auch unser chinesischer Partner angewiesen. Neben uns können das etwa drei oder vier westliche Firmen, die aber eher angelsächsisch denken und daher in aller Regel nicht den Mut haben, nach China zu gehen. Meist sind sie stark an ihren Heimatmärkten orientiert. Die wenigsten amerikanischen Firmen denken beispielsweise daran, international zu agieren: 280 Millionen Einwohner als Zielgruppe reichen aus. Nicht zuletzt ist das eine Mentalitätsfrage. Die Europäer sind da wesentlich flexibler, denken auch internationaler. Vom technischen Anspruch her könnten die Amerikaner ihr Wissen auch selbst exportieren, aber die Bereitschaft dazu fehlt. Und das ist unsere Chance.

## Defizite und Schattenseiten

Es gibt natürlich – wie könnte es anders sein – auch Schattenseiten in der Zusammenarbeit. Wobei man immer sagen muß: aus unserer Sicht. Denn die chinesische ist oft eine ganz andere. Wir haben uns aber nun einmal für China entschieden. Bei verfahrenstechnischen Defiziten in der Umsetzung von Ablaufprozessen müssen wir Fachleute von Deutschland nach Dalian schicken. Die haben wiederum erhebliche Kommunikationsprobleme, wenn es um sehr spezifische technische Details geht. Dolmetscher helfen da nur sehr bedingt weiter. Umgekehrt bleibt unverzichtbar, daß das Unternehmen vor Ort chinesisch geführt wird. Es würde sonst schnell im Labyrinth von Verständigungsschwierigkeiten untergehen.

Im gegenseitigen Beziehungsgeflecht stellen wir uns aber natürlich die Frage: Wie können wir uns unentbehrlich machen? Am wichtigsten ist wohl der Einfluß unserer Kunden, die nur dann kaufen, wenn NORDENIA beteiligt ist.

Diese Einstellung müssen wir dem chinesischen Geschäftsführer und seinem Handelsvertreter klarmachen.

Wenn ein Großkunde sagt, ich will nach China gehen und dort eine Damenbinde auf den Markt bringen, dann verlangt dieser die Begleitung der entsprechenden Zulieferer mit der anspruchsvollen, aus westlichen Ländern gewohnten Technik. Also braucht er uns.

Dabei haben wir – wenn man so will – sogar eigene Chinesen in das Gemeinschaftsunternehmen eingebracht: einen Berater beispielsweise, der seit 15 Jahren in Bielefeld lebt, der perfekt Mandarin spricht ebenso wie seine Frau, beides promovierte Leute, die unser Investment ständig begleiten. Wenn wir Board-Sitzungen haben, ist dieser deutsch denkende Chinese immer dabei.

## Wir sind keine Traumtänzer

Wenn Internationalisierung unser entscheidender Erfolgsfaktor ist, können wir die Wachstumsmärkte nicht nur in Asien suchen. Ein global denkendes Unternehmen muß Osteuropa ebenso im Blick behalten wie Lateinamerika.

1994 haben wir nahe Budapest die KNU Verpackungswerke in Betrieb genommen und inzwischen die ungarischen Aktivitäten auf Polen erweitert. In Moskau unterhalten wir derzeit nur ein Verkaufsbüro, denn die Verhältnisse sind in Rußland derart chaotisch, daß wir den Aufbau einer eigenen Produktionsstätte zunächst einmal zurückgestellt haben. Wir studieren die Märkte, wir beliefern sie auch von Polen oder von Ungarn aus. Wenn wir ein bestimmtes Niveau erreicht haben und wenn die Henkels dieser Welt sagen, wir brauchen vor Ort einen Lieferanten, dann haben wir eine neue Situation.

Völlig andere Verhältnisse bestehen in Brasilien. Das Land hat zwar seine währungspolitischen Tücken, vom Verfall des Real kann man aber durchaus profitieren. Wir verhandeln nun schon über mehrere Monate mit einem Partner, und der Einstiegspreis wird für uns immer günstiger. Auf jeden Fall macht ein Engagement in Brasilien Sinn. Zum einen handelt es sich um ein sehr gut eingeführtes Unternehmen. Zum anderen sind wir in Südamerika gegenwärtig nicht vertreten. Unser langfristiger, ehrgeiziger Anspruch: Irgendwann wollen wir zum kleinen Kreis der Marktführer in diesem Land gehören.

Da internationale Großkunden, wenn schon nicht weltweit, so doch in Handelszonen und damit kontinental denken, erhoffen wir uns von einer eigenen Produktion in Lateinamerika auch bedeutend bessere Absatzchancen für die nordamerikanischen Tochtergesellschaften.

## Moderne Maschinen genügen nicht

Die niedrigeren Lohnkosten in den entwicklungsfähigen Ländern beeinflussen durchaus unsere Kalkulation. Doch sie sind für uns nicht von entscheidender Bedeutung, da der Re-Import nur eine untergeordnete Rolle spielt. Letztlich kommt es auf die Erschließung der neuen Märkte an. Denn deren Wachstumspotential ist gewaltig.

Die Personalkosten sind hierzulande immer noch der größte Posten, sie liegen in unserer Branche zwischen 18 und 30 Prozent der Gesamtleistung. In Ungarn haben wir dagegen nur einen Anteil von etwa 8 bis 10 Prozent. Dafür sind die anfänglichen Investitionen in die Ausbildung höher. 25 westliche Fachleute haben den Ungarn zunächst den Umgang mit den Maschinen beibringen müssen. Die Mannschaft ist lernwillig, was man auch von den Polen sagen kann. Doch die heute vorhandene Moral haben wir uns im Laufe von drei Jahren hart erarbeiten müssen.

Anfangs war die Fluktuation erheblich. Schöne, neue Fabrikhallen und moderne Maschinen allein genügen eben nicht. Erst im Laufe der Zeit kristallisierten sich die Talente heraus, und die haben wir dann ordentlich gefördert. Heute kommen wir mit acht bis zehn Leuten an westlichem Personal aus, das sind vor allem Führungskräfte. Wir gehen inzwischen in unerschlossenen Regionen von etwa drei Jahren Aufbauhilfe durch Experten aus anderen Konzerngesellschaften aus. Wir sind davon überzeugt: Das wird sich auszahlen.

***Mitarbeiter gezielt fördern ...***

In Polen engagieren sich beispielsweise rund 80 westliche Firmen aus dem konsumnahen Bereich, die auch westliches Verpackungs-Know-how wünschen. Deshalb müssen wir von Anfang an den deutschen Standard bieten, und das gelingt uns auch. Bis hin zur Zertifizierung nach 9001, die wir in Ungarn bereits erreicht haben.

Hinzu kommt die Anspruchshaltung des westlichen Investors im Ausland. Er sagt nicht: Auf das Aussehen der Verpackung kommt es nicht so genau an, die Kunden achten ohnehin nicht darauf. Im Gegenteil: Das Design muß genauso ansprechend wie anderswo sein. Denn auch die Verbraucher gewöhnen sich erstaunlich schnell an ein neues Niveau.

## Zuerst den Torf verpackt

Begonnen hat die NORDENIA-Erfolgsgeschichte Anfang der 60er Jahre, als Torf noch als „schmutziges", anonymes Produkt angeboten wurde, mit Holzlatten und Spanndrähten zu einer Verkaufseinheit geformt. Foliensäcke für die Torfindustrie waren unser erstes Produkt. Die Anfänge waren bescheiden: Der Versand erfolgte auf geliehenen Lastwagen, und Freunde und Verwandte steuerten Startkapital bei. Schon nach kurzer Zeit hatten wir die Produktpalette auf Verpackungen für Tiernahrung, Baustoffe und Chemikalien erweitert. Nach 20jähriger Tätigkeit, 1987, entstand dann der Unternehmensverbund NORDENIA Verpackungswerke AG, ein Zusammenschluß der drei Firmen NORDENIA in Steinfeld, CITO in Halle/Westfalen sowie M & W in Gronau. Seit 1992 nennt sich die Gruppe NORDENIA INTERNATIONAL AG und konzentriert sich seitdem auf die Aufgaben einer Finanz- und Managementholding.

## Enge Zusammenarbeit in Nordamerika

Der Zusatz „International" hat nichts mit Profilneurose zu tun, sondern war längst zum Unternehmensziel geworden. Er repräsentiert bis heute unseren Erfolgsfaktor Nummer eins. So waren wir zum Zeitpunkt der Umfirmierung bereits mit eigenen Werken in den USA und in Kanada vertreten.

Die beiden nordamerikanischen Töchter arbeiten eng zusammen und unterscheiden sich vor allem in der zur Verfügung stehenden Drucktechnik. GH International Packaging im kanadischen Belleville, in der Provinz Ontario gelegen, bezieht die Folien als Rollenware von der US-Schwester M & W Packaging, bedruckt sie im Flexoverfahren und stellt dann Verpackungen daraus her. Der Betrieb in Jackson/Missouri ist dagegen auf Tiefdruck spezialisiert. Je nach Anforderung des Kunden können so alle drucktechnischen Ansprüche erfüllt werden. Die gute Zusammenarbeit wird im Vertrieb durch gemeinsame Branchenmanager unterstrichen, die ihre Kunden, zum Beispiel in der Hygiene-Industrie, sowohl in Kanada als auch in den USA betreuen.

## Von Spanien nach Marokko ...

1993 wurde das spanische Unternehmen Inerflexo von der deutschen Klöckner-Gruppe mit der Produktionsstätte Polinya bei Barcelona übernommen. Es war für NORDENIA der erste Schritt ins europäische Ausland, wobei die Wachstumsdynamik des Marktes und die regionale Ausdehnung des Geschäfts mit großen Kunden aus dem Hygienebereich für das Engagement auf der iberischen Halbinsel den Ausschlag gaben.

Der Sprung nach Marokko war nicht nur geographisch naheliegend. Hohe Einfuhrzölle für Fertigprodukte belasten die Exporte in die nordafrikanischen Länder. Vor uns waren aus diesem Grund auch spanische Kunden von Inerflexo zur Endfertigung in Marokko übergegangen. Mit der Folge, daß wir 1996 zusammen mit einem einheimischen Juniorpartner Inerflexo Maroc gegründet haben, an dem wir mit 70 Prozent beteiligt sind. Die Folien kommen als Rollenware von der spanischen Muttergesellschaft, in Casablanca erfolgt die Konfektionierung, zunächst als Beutel für Babywindeln und Damenbinden, doch inzwischen auch für einige Waschmittel und für Produkte aus der Ernährungsindustrie.

## ... und von Ungarn nach Polen

Der Zusammenbruch der sozialistischen Planwirtschaft öffnete das Tor nach Osteuropa. Ungarn war für ausländische Investoren gerade in den ersten Jahren besonders attraktiv. Unsere strategischen Überlegungen, als Verpackungsspezialist den weltweit operierenden Markenartiklern auf die neuen Märkte zu folgen, beschleunigte unsere Entscheidung. So war das Geschäft der ungarischen Tochter KNU mit dem neuen Werk in Szada in der Nähe der Hauptstadt Budapest von Anfang an auf die internationalen Märkte ausgerichtet. Mehr als 70 Prozent der Produktion ging 1997 in die Länder Mittel- und Osteuropas, vornehmlich nach Polen, Ungarn und Rußland.

Inzwischen hat sich KNU zu einem anerkannten Marktpartner großer Kunden entwickelt mit Schwerpunkten in den Branchen Nahrungs- und Genußmittel, Hygiene, Tier- und Gartenbedarf sowie Waschmittel. Ende 1998 hat dann als Ergänzung KNU-Polska mit dem Werk in Posen die Produktion aufgenommen, wobei nahezu das gleiche Segment bedient wird.

Polen ist insofern für uns kein Neuland, da wir dort bereits 1996 mit STARPAC in eine Mehrheitsbeteiligung investiert hatten. Damals stand die Nutzung vorteilhafter Kostenstrukturen bei der Fertigung von flexiblen Großbehältern für industrielle Anwendungen im Vordergrund. Mit der Übernahme einer weiteren Mehrheitsbeteiligung an der Walther Opakowania Specjalne (WOS) eröffnete sich sogar ein neues Geschäftsfeld: Aludeckel für Becherprodukte, vom Joghurt über Frischkäse bis zu den süßen Brotaufstrichen. Da die beiden Werke WOS und KNU dicht beieinander liegen, erfolgte Ende 1998 eine organisatorische Verschmelzung, die zur Nutzung von Synergien beiträgt.

## Wachstumspotentiale im Ausland

Wir werden unsere internationale Präsenz auf Märkten mit großen Wachstumspotentialen auch in Zukunft ausbauen. Deutschland bleibt zwar noch unser wichtigster Absatzmarkt, doch selbst mit einem über dem Branchendurchschnitt der Verpackungsindustrie liegenden Umsatzplus von drei Prozent fällt das heimische Geschäft weit hinter unser internationales Geschäft mit zweistelligen Zuwachsraten zurück.

Ein paar Zahlen aus dem Geschäftsbericht 1998 mögen die wachsende Bedeutung und die sich verändernde Struktur des Auslandsgeschäfts deutlich machen: Dem im Inland erzielten Umsatz von 368 Millionen DM stehen Exportumsätze aus Deutschland von 229 Millionen DM gegenüber. Weitere 305 Millionen DM Umsatz stammen aus ausländischen Produktionsstätten, fast 50 Prozent mehr als im Jahr zuvor. Maßgeblichen Anteil daran hatten die Akquisitionen von MAXEMBALL in Frankreich und von CITO Nederland. Aber auch ohne diese Neuerwerbungen hätte sich der Anteil der Auslandsproduktion um zehn Prozent erhöht, deutlich stärker als der inländische Umsatz.

Wir werden den Weg zu einem globalen Unternehmen konsequent weitergehen, schon weil es für unsere Expansionsbestrebungen keine andere Alternative gibt. Wo es möglich ist, etwa in Marokko, nutzen wir die noch nicht ausgeschöpften Reserven zur Erweiterung. Unser westeuropäisches Netz braucht indes neue Maschen in Italien und in Großbritannien.

## Forschung und Entwicklung

Wie groß die Bedeutung der Grundlagenforschung und der Weiterentwicklung von Produkten ist, zeigt eine andere Kennziffer: 19 Prozent des Konzernumsatzes wurden 1998 mit Produkten erwirtschaftet, die auf Neuentwicklungen der vorangegangenen drei Jahre von NORDENIA Technologies zurückzuführen waren.

Dieses für die gesamte Gruppe tätige Zentrum für strategische Entwicklungen hat innerhalb von zwölf Monaten 13 Projekte erfolgreich abgeschlossen: zum Beispiel eine innovative Frischfleischverpackung in Klarsichtfolie oder besonders gummielastische Folien als Zulieferteil für die Herstellung von Windeln.

Wir kommen zwar von der Verpackung, und dieser Bereich hat immer noch einen Umsatzanteil von knapp 75 Prozent. Doch schneller wachsen jene Geschäftsfelder, die außerhalb des klassischen Sortiments liegen. Dazu gehören neben den Windelkomponenten auch die Spezialfolien für den Oberflächenschutz und andere technische Anwendungen, darunter in der Bauindustrie, der Kraftfahrzeug- und Zubehörindustrie sowie als Vorstufe für die Herstellung von Kühlschränken und anderen Großgeräten des Haushalts.

Da wir von der Wettbewerbsfähigkeit unserer Kunden abhängig sind und der Lebenszyklus vieler Produkte immer kürzer wird, können wir nur bestehen, wenn wir den Entwicklungsrhythmus im eigenen Unternehmen beschleunigen und somit den ständigen Veränderungen anpassen.

## Expansion kostet Geld

Weitreichende Investitionen – allein 1998 waren es 100 Millionen Mark – lassen sich leider nur begrenzt aus dem Cashflow finanzieren. Eine Börseneinführung der NORDENIA-Aktie ist deshalb immer wieder diskutiert worden, Anfang 1999 haben wir beispielsweise unsere Satzung an die üblichen Gepflogenheiten börsennotierter Gesellschaften angepaßt. So sind an die Stelle der bislang auf fünf Mark lautenden Anteile Stückaktien ohne Nennbetrag getreten. Inzwischen besteht auch die Möglichkeit einer Ausgabe stimmrechtsloser Vorzugsaktien.

Mit einer Umsatzrendite von 3,1 Prozent – das Ergebnis aus der gewöhnlichen Geschäftstätigkeit konnte 1998 auf 28 Millionen DM verdoppelt werden – wurde die Ertragssituation des Konzerns so verbessert, daß eine nachhaltige Akzeptanz der Aktie am Kapitalmarkt gewährleistet wäre.

Mit den Banken haben wir während der mehr als 30 Jahre zwar durchweg gute Erfahrungen gemacht, doch deren Geld muß nicht unbedingt das billigste sein. Zudem wollen wir mit dem geplanten Börsengang nicht nur die Kapitalbasis des Unternehmens verbreitern, sondern die Aktionäre auch stärker an unseren Erfolgen beteiligen.

## Das Potential ist längst nicht ausgeschöpft

Wie groß der Bedarf an Verpackungen gerade in jenen Ländern ist, in denen wir im Ausland vertreten sind, belegt die Statistik der World Packaging Organization (WPO): Bei einer Weltbevölkerung von rund sechs Milliarden Menschen liegt der durchschnittliche Pro-Kopf-Verbrauch bei 157 DM pro Jahr. Darin ist alles enthalten, vom einfachen Bonbonpapier bis zur gezimmerten Maschinenkiste für den Übersee-Versand. In Westeuropa erreicht der Packmittelverbrauch eine Summe von 710 DM pro Kopf, in Japan sogar von 830 DM. Um wieviel geringer müssen da die Ergebnisse in China, in Lateinamerika oder in Rußland ausfallen. Zwar liegen hier keine zuverlässigen Zahlen vor, aber die Aussichten sind vielversprechend.

# En passant ...

*Was bedeutet für Sie, Herr Mager, Erfolg?*

Erfolg motiviert zu unternehmerischem Handeln. Erfolg überträgt sich auf Mitarbeiter und fördert den Teamgeist. Erfolg bedeutet für mich aber auch höhere Lebensqualität, und dazu zählt soziales Handeln, und das wiederum setzt Erfolg voraus.

*Durch welche Eigenschaften muß sich ein Unternehmer auszeichnen, der sich in unserer Zeit behaupten will?*

Risikobereitschaft, Teamgeist und Belastbarkeit, aber vor allem Begeisterungsfähigkeit für das Erreichen definierter Ziele und Flexibilität auf dem Weg dorthin. Soziale Kompetenz muß dazukommen, weil der Unternehmer und das Kapital allein – ohne motivierte Mitarbeiter – nichts bewirken.

*Welche Philosophie bestimmt Ihr unternehmerisches Handeln?*

„Jedes starke Bild wird Wirklichkeit!" könnte das Motto dieser Philosophie sein. Oder anders ausgedrückt: Mit starker Willenskraft Umsetzungsdisziplin vorleben. Nie einsame Beschlüsse fassen, sondern die eigene Kreativität im Team fortentwickeln. Toleranz gegenüber den Kollegen und Mitarbeitern üben und andere Meinungen als Bereicherung und nicht als lästig empfinden.

*Wie bereiten Sie wichtige Entscheidungen vor?*

Unternehmerische Entscheidungen sind an Wirtschaftlichkeitskriterien zu orientieren, bei strategischer Dominanz in langfristigen Zeithorizonten. Sie sind nach den Kernkompetenzen des eigenen Unternehmens zu prüfen und nach eigener Überzeugung den Entscheidungsträgern darzustellen.

*Welche Eigenschaften schätzen Sie an Mitarbeitern besonders?*

Aufrichtigkeit, eine positive Grundeinstellung und hohe Belastbarkeit, die Bereitschaft, Probleme zu erkennen und zu lösen, Kommunikationsfähigkeit und auch ein gewisses Maß an Charisma.

*Wenn Sie einen Nachfolger einarbeiten müßten, was wäre Ihr wichtigster Rat?*

Sein Einfühlungsvermögen für Menschen muß ausgeprägt sein. Symbolisch gesprochen: Das „Ich“ ist durch das „Wir“ zu ersetzen oder zu ergänzen. Er sollte belastbar sein, eine optimistische Grundeinstellung haben, Durchsetzungsvermögen beweisen und Umsetzungsdisziplin vorleben.

*Welches sind für Sie in den nächsten Jahren die zentralen Herausforderungen?*

Wettbewerbsfähigkeit durch kundennahes Handeln sichern und Präsenz in Wachstumsmärkten. Den Trend zu Globalisierung nicht nur als Risiko, sondern als Chance begreifen und die eigene, unternehmensspezifische Antwort darauf finden.

*Haben Sie ein Lebensmotto?*

Ich arbeite, um zu leben.

# Erfolgsfaktor Marketing

Ein definiertes Produkt gewinnbringend zu verkaufen war traditionell Gegenstand der Absatzpolitik und Aufgabe der Vertriebsabteilung. Im Mittelpunkt der Überlegungen standen dabei:

- Produktgestaltung,
- Vertriebsorganisation,
- Distribution und
- Preispolitik.

Mit steigender Tendenz zu Käufermärkten und zur Standardisierung von Produktionsverfahren wurde der Absatz jedoch zum entscheidenden Engpaßfaktor, der eine marktorientierte Unternehmensführung erforderte. Diese Umorientierung, die in den USA begann, heißt „Marketing". Hauptansatzpunkt einer Geschäftstätigkeit ist nunmehr die Frage, wie für bestimmte Abnehmergruppen konkurrenzfähige Angebote entwickelt werden können. Aus zunehmender Marktsättigung, der wachsenden Zahl der Anbieter, der funktionsmäßigen Angleichung der Produktmerkmale und nicht zuletzt der sich immer stärker differenzierenden Kundenwünsche leitet sich die Notwendigkeit ab, das Leistungsangebot mit hohem Kundennutzen auszustatten. Damit gewinnen Instrumente wie

- Kommunikationspolitik,
- Sortimentsgestaltung,
- Verpackung und
- Service bzw. Kundendienst

erheblich an Bedeutung.

Ein Unternehmen realisiert vor allem dann Wettbewerbsvorteile, wenn alle Faktoren so aufeinander abgestimmt werden, daß das Produkt nach dem subjektiven Urteil des Kunden einen höheren Wert verkörpert oder besonderen Nutzen erwarten läßt. Konsequent sollten deshalb vor oder zumindest parallel zur Produktentwicklung die Vorstellungen der potentiellen Kunden erforscht und berücksichtigt werden. Die auf solche Weise entstehenden „integren" Produkte kombinieren produktionstechnische und funktionale Aspekte mit der externen Dimension der Kundenanforderungen.

Immer wichtiger werden daher jene Marketing-Instrumente, die zur Übermittlung von Informationen und Bedeutungsinhalten dienen. Dabei geht es auch um die Steuerung und Beeinflussung von Meinungen und Einstellungen im Interesse einer gezielten Kommunikationspolitik. Neben zielgruppengerechter Öffentlichkeitsarbeit, Maßnahmen zur Verkaufsförderung bis hin zum persönlichen Verkauf, der besonders bei erklärungsbedürftigen Produkten eine große Rolle spielt, stehen Werbeaktivitäten im Mittelpunkt. Welche enorme Bedeutung inzwischen der Werbung in den Medien zukommt, verdeutlicht Abbildung 4, die einen Fünf-Jahres-Vergleich der getätigten Umsätze, differenziert nach ausgewählten Werbeträgern veranschaulicht.

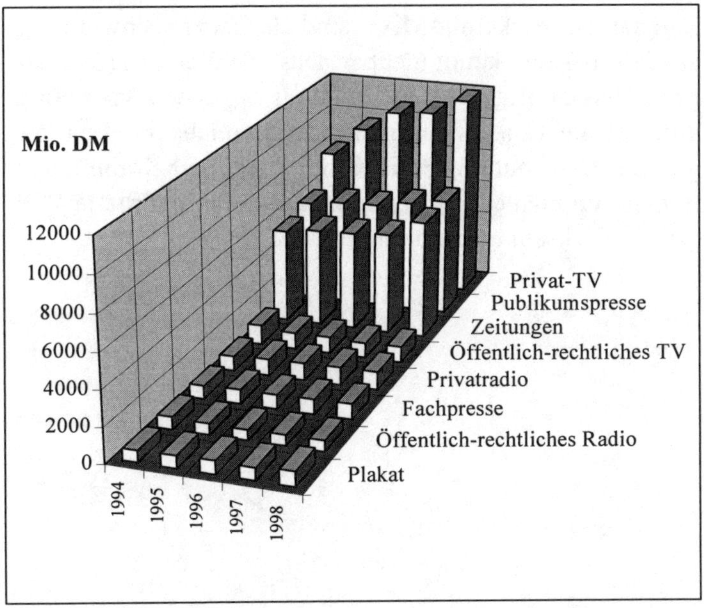


Quelle: A. C. Nielsen Werbeforschung S+P

*Abbildung 4: Werbeumsätze der Medien im Fünf-Jahres-Vergleich von 1994 bis 1998 (in Mio. DM)*

Zwar ist die Tendenz bei den öffentlich-rechtlichen Rundfunk- und Fernsehanstalten eher rückläufig. Insgesamt wird aber deutlich, daß die Aufwendungen der Werbetreibenden in den genannten Medien von 1994 bis 1998 von rund 23.328,3 auf 29.911 Millionen DM, also um 28,2 Prozent zugenommen haben.

Da das Verhalten der Kunden nicht mit Sicherheit eingeschätzt werden kann, gelten Marketingentscheidungen als äußerst komplex. Insbesondere die Wirkungen unterschiedlicher markt- und umweltbeeinflussender Instrumente – der sogenannte Marketing-Mix – sind als Ganzes schwer prognostizierbar und kaum meßbar. Deshalb bleibt es stets eine neue Herausforderung, in einem strategischen Marketingkonzept die Einzelinstrumente der Bereiche Produkt/Programm, Distribution, Preis/Konditionen und Kommunikation so aufeinander abzustimmen, daß die definierte Zielgruppe wirksam erreicht wird.

# Erfolg im Quadrat

*von Friedgard Spingler*

Das Quadrat der Firma Ritter wurde 1932 geboren, lange bevor es das Wort Marketing überhaupt gab. Wie so viele Ideen war es nicht das Ergebnis von Forschung oder wissenschaftlichen Untersuchungen, sondern entsprang der praktischen Überlegung einer klugen Frau: Clara Ritter, die zusammen mit ihrem Mann Alfred 1912 in Bad Cannstatt bei Stuttgart eine Schokoladen- und Zuckerwarenfabrik gegründet hatte.

Was Clara Ritter auf den Einfall brachte, ist in Vergessenheit geraten. Eine Firmen-Anekdote erzählt jedoch, daß sie sich ärgerte, weil die Schokoladentafeln nicht in die Jakkentasche ihres Sohnes paßten und ständig zerbrachen. Sie warf deshalb alle Traditionen über Bord und beschloß genervt-revolutionär: Quadratisch sei praktischer. Die 100-Gramm-Tafel wurde kürzer und damit gleichzeitig dicker und bruchsicherer. „Ritter´s Sport Schokolade" war geboren. Inzwischen sind seit nahezu 70 Jahren Form und Markenname untrennbar miteinander verbunden.

Eine große Bedeutung maßen die Eheleute Ritter ihrer Idee allerdings nicht zu. Immerhin 30 Jahre lang war sie nur ein Produkt unter vielen Tafeln, feinen Pralinen und Hohlfiguren.

## Quadratisch. Praktisch. Gut.

Erst als mit Alfred Ritter II die nächste Generation in das Unternehmen eintrat, begann der eigentliche Siegeszug des Quadrats. Ab 1960 nahm der Sohn der Firmengründer nach und nach fast alle anderen Artikel aus dem Programm. Ein kluger Schachzug: In nur zehn Jahren verdoppelte sich das Produktionsvolumen.

Alfred Ritter II, der die Firma von 1952 bis zu seinem Tod 1974 leitete, hatte einen ausgesprochenen Instinkt für erfolgreiches *Marketing*. Er führte seinen Betrieb aus der Nischenexistenz als schwäbisches Familienunternehmen heraus und machte es bundesweit bekannt. „Quadratisch. Praktisch. Gut.“, wer kennt den Slogan nicht? Erstmals erreichte diese Werbebotschaft die deutschen Haushalte über Radio und Fernsehen im Jahre 1970. Schon zwei Jahre später überschritt der Umsatz die Grenze von 100 Millionen DM. Der Spruch schrieb Werbegeschichte und gehört längst zur Umgangssprache. 99 Prozent aller Deutschen kennen ihn und damit die Marke Ritter Sport.

## Billigschokoladenland Deutschland

Seit dem letzten Jahrzehnt ist der Schokoladenmarkt in Deutschland hart umkämpft. Die Rohstoffpreise haben sich in den vergangenen zwei Jahren extrem erhöht, die Verkaufspreise geben dagegen eher nach.

Während in Deutschland die 100-Gramm-Tafel für die Verbraucher durchschnittlich zwischen 0,99 DM und 1,09 DM kostet, zahlt man in anderen Ländern durchaus das Doppelte, mindestens aber 1,30 DM. Damit ist Schokolade in Deutschland so günstig wie in keinem anderen europäischen Land.

Gleichzeitig wird der Markt von wenigen großen Handelsketten beherrscht. Vor allem die Discounter profilieren sich durch einen extrem scharfen Preiswettbewerb. Neben Kaffee, Bier usw. gehört auch Tafelschokolade zu den Produkten, mit denen der Handel die Preiswürdigkeit seines Gesamtsortiments suggerieren möchte. Ein Unternehmen wie Ritter, das über 80 Prozent auf dem Binnenmarkt verkauft und zudem nicht über eine breite Produktpalette diversifiziert ist, ist so einem Preis- und Wettbewerbsdruck ausgesetzt, der das Management auf eine harte Probe stellt.

## In stagnierenden Märkten die Unabhängigkeit bewahren

Das Umfeld des „kleinen Unternehmens mit der großen Marke" ist seit vielen Jahren durch eine Konzentration auf wenige Großanbieter, wie Kraft Jacobs Suchard (KJS) oder Nestlé, gekennzeichnet.

Viele Marktbeobachter prophezeiten den traditionell gewachsenen Familienbetrieben der Lebensmittelbranche in absehbarer Zeit die Übernahme durch international agierende Konkurrenten. Diese Einschätzung galt es zu widerlegen. Der Bekanntheitsgrad des Ritter Sport Quadrats war dabei der Schlüssel jeglicher Marketingüberlegungen.

## Die Markenattraktivität steigern

Schokolade ist nicht nur Bedarfsartikel, sondern auch ein *Impulsartikel*. In der Regel gehen Verbraucher nicht in einen Supermarkt mit dem Vorsatz, Schokolade zu kaufen. Auch wenn die Loyalität zur Marke Ritter Sport mit 60 Prozent für den Schokoladenbereich erstaunlich hoch ist, so ist sie immer noch weit geringer ausgeprägt als beispielsweise bei Hautcreme oder Rasierklingen. Jeder Mann greift immer wieder auf seine bewährte Rasierklinge zurück. Jede Frau sucht nach ihrer speziellen Tagescreme.

Deshalb gilt es für Ritter Sport, durch die gezielte Produkt- und Programmgestaltung sowie Markenkommunikation die Markenattraktivität zu steigern und zu Wiederholungskäufen anzuregen.

Ritter Sport setzt dabei sowohl auf unverwechselbare Produktmerkmale als auch auf Sortenvielfalt. Im Fokus stehen insbesondere:

- Das *Quadrat* ist das Symbol der Marke und hat diese stark und unverwechselbar gemacht. Jenseits aller Marktforschung zeigt dies ein jederzeit nachvollziehbarer Test, der in der Praxis die Theorie der Markensymbolik bestätigt: Legt man eine quadratische und eine rechteckige 100-Gramm-Schokolade-Tafel – neutral verpackt – nebeneinander, so wird das Quadrat spontan und eindeutig als Ritter Sport Schokolade erkannt. Der Hersteller der anderen Tafel läßt sich anhand der Form alleine nicht identifizieren. Das zeigt: Quadrat ist zwar nicht alles, aber alles ist nichts ohne das Quadrat.

- Die *Gestaltung der Verpackung* setzt gleichfalls ein wichtiges Signal. Schon seit 1974 ist Ritter Sport Schokolade ein farbenfrohes Produkt. Alfred Ritter II führte die bunte Palette ein, bei der jede Sorte eine eigene Farbe und damit ein spezielles Gesicht erhielt. Neben der emotionalen Komponente hat die Farbgebung auch einen praktischen Nutzen für den Verbraucher: Er erkennt seine Lieblingssorte sofort.

- Darüber hinaus sind die *Technik* und das *Material der Verpackung* von erheblicher Bedeutung:

  Vom Verbraucher sehr schnell angenommen wurde die 1976 eingeführte und damals für Schokolade einmalige Verpackungstechnik mit dem inzwischen berühmten Ritter Sport Knick-Pack. Damit wurde eine bequeme und äußerst praktische Handhabung der Öffnung und der Aufbewahrung der Schokolade möglich (der Trick mit dem Knick und die Masche mit der Tasche). Insbesondere beim Sport, unterwegs oder in der Freizeit hat sich dieses einmalige Ritter-Sport-Merkmal bestens bewährt und wird von den Ritter-Sport-Freunden sehr geschätzt.

  Die Ritter-Sport-Einstoff-Verpackung aus Polypropylen gibt es seit 1991. Damit wird eine Dichtigkeit erreicht, die mehrfach höher ist als bei herkömmlicher Schokoladeverpackung. Sie schützt die Ritter Sport Schokolade wirkungsvoll gegen Aromaverlust und vor der Aufnahme von Störgerüchen und Keimen, die sich in der Atmosphäre befinden. Vergleichende Ökobilanzen bestätigen eindrucksvoll, daß die Ritter-Sport-Einstoff-Verpackung in allen wesentlichen Kenngrößen deutlich günstiger bewertet wird als Verpackungen aus Aluminium und Papier und somit einen Beitrag zum Umweltschutz erbringt.

- Die *Sortenvielfalt* ist ein weiteres Merkmal, das Verbraucher zu Ritter Sport greifen läßt. Als einzige Marke bietet Ritter Sport im 100-Gramm-Bereich 18 Sorten in den unterschiedlichsten Geschmacksrichtungen. Marktanalysen haben gezeigt, daß der Verbraucher die Marke Ritter Sport stets mit seiner Lieblingssorte assoziiert. Die Imagewirkung bleibt erhalten, egal ob es sich um Voll-Nuss, Pfefferminz oder Knusper-Flakes handelt. Zusätzlich erlaubt diese Differenzierung, unterschiedliche Käuferschichten anzusprechen. Auch wenn das klassische Zielgruppensplitting weniger eindeutig ist, als noch vor einem Jahrzehnt – ein 50jähriger kann heute so jung wie ein 30jähriger sein –, so wissen wir doch, daß es altersspezifische Vorlieben gibt. Knusper-Flakes oder Olympia sind junge Sorten, Nugat oder Trauben-Nuss reifere.

## Hochwertigkeit verpflichtet

Der Kunde ist der Souverän für die Marke. In der Praxis gibt es keinen Verkaufserfolg ohne das Vertrauen des Verbrauchers, um das tagtäglich gekämpft werden muß. Die wichtigste Voraussetzung dafür ist die *Qualität* des Produkts, eine Erkenntnis, der bei Ritter Sport traditionell hohe Bedeutung zukommt. Im Geschmack und in der Zusammensetzung ist Ritter Sport absolute Spitzenklasse. Das haben unabhängige Experten bescheinigt. Bei einem Blindtest setzten sie Ritter Sport Vollmilch-Schokolade an die zweite Stelle direkt hinter eine sehr teure belgische Marke.

Hinter dem Geschmack von Ritter Sport verbergen sich keine geheimnisvollen Rezepturen. Er ist das Ergebnis sorgfältiger Zubereitung und bester Zutaten. Hier zu sparen wäre ein völlig falscher Ansatz: So werden beispielsweise statt zerbrochenem Nußabfall, wie er in billigen Schokoladen zu finden ist, für die Ritter Sport Voll-Nuss nur Nüsse mit einem Durchmesser zwischen 11 und 14 Millimeter verwendet. Die für andere Sorten erforderlichen Sultaninen und Mandeln kommen ausschließlich aus Kalifornien, wo sie handverlesen werden. Der Kakaoanteil liegt höher, der Butterfettanteil niedriger als bei anderen Marken.

***Beste Rohstoffe und Zutaten sind unverzichtbar***

Vor allem dieses Qualitätsbewußtsein unterscheidet Ritter Sport von vielen anderen Herstellern. Das mußten auch ausländische Plagiatoren erkennen, die vergeblich versucht haben, ebenfalls Schokolade in Quadratform auf den Markt zu bringen.

## Qualität hat ihren Preis

Gerade große Marken wie Ritter Sport haben darunter zu leiden, daß sie vom Handel als Marketingwerkzeug instrumentalisiert werden. Als Mittler zwischen Marke und Verbraucher versucht er, sich mit niedrigen Preisen für gute Qualität bei seinen Kunden zu profilieren.

Zwar fördern Sonderangebote die impulsiven Kaufentscheidungen. Werden sie allerdings zu oft eingesetzt, schaden sie der Marke mehr als sie nützen. Was wenig kostet, ist in den Augen der Verbraucher auch wenig wert. Einmal als Billig-

Produkt identifiziert, sind erhebliche Anstrengungen über einen längeren Zeitraum notwendig, um das Image als Qualitätsmarke wieder aufzubauen.

Um die gewohnte Qualität von Ritter Sport beibehalten zu können und darüber hinaus beim Verbraucher das Bewußtsein dafür zu schaffen, muß deshalb die magische Preisgrenze von einer DM für das 100-Gramm-Quadrat auch bei Sonderangeboten mittelfristig dauerhaft und deutlich überschritten werden.

Gleichzeitig ist dafür zu sorgen, daß der Handel aufgrund hoher und permanenter Verbrauchernachfrage nur schwer auf Ritter Sport verzichten kann. Die Voraussetzungen dafür sind gut. Bei Umfragen nennt der Handel Ritter Sport regelmäßig als eine der fünf wichtigsten Marken.

Neben dem Preis ist die Plazierung das wichtigste Instrument, mit dem der Handel die Aufmerksamkeit auf ein bestimmtes Produkt lenkt. Wenn Ritter am Point of Sale – neben der laufenden Belegung von Regalflächen – an anderer Stelle in hervorgehobener Position nochmals zu finden ist, so greifen mehr Käufer zu. Deshalb legt Ritter Sport auf Zweitplazierungen und weitere Aktionsformen im Handel großen Wert.

## Vom Werbereim zur Markentechnik

Darüber hinaus muß der Verbraucher direkt angesprochen, die Neugier stets wachgehalten werden. Kontinuierliche Werbung gehört deshalb zu den unverzichtbaren Marketinginstrumenten. Allerdings nutzt sich auch der erfolgreichste Werbespot irgendwann ab. Zusätzlich ändern sich die Interessen und Vorlieben der Verbraucher manchmal schon innerhalb weniger Jahre. Jede Werbestrategie muß daher von Zeit zu Zeit auf den Prüfstand gestellt werden.

Das zeigt auch die Entwicklung der Ritter-Sport-Werbung. „Ob Nougat, Vollmilch, Mokka, Bitter... wenn Schokolade dann von Ritter" war eine der ersten Werbeaussagen in den 50er Jahren. Wie andere Sprüche jener Zeit war er nett, austauschbar und beliebig. Typische Eigenschaften, die Ritter Sport von den anderen Schokoladen unterschieden, wurden nicht herausgearbeitet. Die launige Reimerei, die in der heutigen Werbeflut völlig untergehen würde, paßte in die Zeit des frühen Wirtschaftswunders: Die Verbraucher waren für alles aufgeschlossen. Reizüberflutung war kein Thema.

***ds und tewandel cksichtigen ...***

Ganz anders die Situation Ende der 60er Jahre: Wohlstand bedeutete nicht mehr üppige Formen. Schlankheit kam in Mode. Dieser gesellschaftliche Wertewandel wirkte sich auch negativ auf den Absatz von Schokolade aus. Ritter Sport reagierte darauf mit einer *neuen Marketingstrategie*. Im Ergebnis war sie so vorausschauend und erfolgreich, daß ihre Grundzüge bis heute noch gültig sind. Wörtlich heißt es in einer Marketingkonzeption aus dem Jahr 1969: „Ritter Sport ist eher ein Nahrungsmittel. Diese Schokolade wird nicht aus Kummer im stillen Kämmerlein gegessen und schon gar nicht gelutscht. In die Ritter Sport wird hineingebissen, und zwar herzhaft. Das ist eine aktive Form des Genießens." Ritter Sport hatte damit sein Markenprofil gefunden und mit dem von der Dewe Werbeagentur entwikkelten „Quadratisch. Praktisch. Gut.“ in die geeignete Form gegossen.

Dieser Slogan drückt alles aus, was Ritter Sport erfolgreich gemacht hat:

- „Quadratisch“ bezeichnet die äußere Form der Ritter Sport Quadrate, die sich auch im Markensignet, dem Logo wiederfindet. Es verkörpert die Alleinstellung, die andere Schokolade.

- „Praktisch“, heute würde man eher „Convenience“ sagen, ist das eigenständige Verpackungskonzept, das die überragende Out-door-Kompetenz von Ritter Sport begründet hat. Ritter Sport ist schlechthin die Schokolade für unterwegs. So ist es nicht verwunderlich, daß die Marke bei Tankstellen einen Marktanteil von über 40 Prozent erreicht hat und damit mit Abstand in diesem Segment führend ist.

- „Gut“ bezieht sich auf die Produktqualität – eine typisch schwäbische Untertreibung. Hier zahlt sich größte Sorgfalt bei der Auswahl der Rohstoffe und der Herstellverfahren aus. Mit einem Qualitätssicherungssystem stellt Ritter Sport sicher, daß das hohe Qualitätsniveau dauerhaft und gleichmäßig gewährleistet werden kann.

„Quadratisch. Praktisch. Gut.“ ist auch heute noch der Slogan von Ritter Sport. Dennoch muß der Markenauftritt ständig aktualisiert werden, um stets auf der Höhe der Zeit zu sein. Die aktuellen Ritter Sport Werbespots sprechen deshalb die moderne Erlebnisgesellschaft an und beseitigen zugleich ein Defizit in der bisherigen Werbung. Im Gegensatz zum Hauptwettbewerber Milka wurde Ritter Sport eher rational empfunden. Der Schokoladenkauf wird jedoch durch den Bauch und nicht durch den Kopf gesteuert. Das bedeutet, daß die Werbung emotionalisiert werden muß. Der Genußaspekt, das sinnliche Erlebnis ist stärker in den Vordergrund zu rücken, ohne den Markencharakter zu verändern: „Nur wer sie knackt, weiß wie sie schmeckt".

Eine Marke ist eine Persönlichkeit. Um glaubwürdig zu sein, muß sie authentisch bleiben. Ritter Sport kann nicht von heute auf morgen zu einer Schokolade mutieren, bei deren Genuß man dahinschmilzt. Sie signalisiert vielmehr Kraft und Energie, Dynamik und Aktivität. Sie ist handfest, nicht zum Lutschen geeignet, sondern zum Hineinbeißen. Knackig zu sein, das ist dem Produkt inhärent. Es knackt beim Öffnen der Packung. Es knackt, wenn man einen Riegel abbricht, es knackt, wenn man ein Stück Schokolade abbeißt. Diese Eigenschaften herauszustellen, wirkt überzeugender als jede noch so gut gemachte, aber austauschbare Demonstration von Life-Style. Die aktuelle Werbung vermittelt eine emotional erlebbare Komponente von Ritter Sport.

***Durch Werbung Emotionen wecken ...***

Nicht nur wie, sondern auch wo geworben wird, ist Teil des Marketingkonzepts. Dabei gilt der Grundsatz, daß Fokussierung erfolgreicher ist als Streuung. Die Medien müssen zielgruppenspezifisch ausgewählt werden. Ritter Sport bevorzugt das Fernsehen als Basis-Medium. Ergänzend erfolgen Schaltungen im Funk, in Zeitschriften im Internet oder im Kino.

## Die erste Geige im Orchester des Erfolges

Insgesamt ist es notwendig, den Wert der Marke ständig zu steigern, indem der Verbrauchernutzen optimiert und die Verbesserungen über eine geeignete Kommunikationsstrategie transportiert werden, Aufgaben also, die durch effizientes Marketing zu bewältigen sind. Am Erfolg von Ritter Sport wirken verschiedene Faktoren mit, wie die Instrumente in einem Orchester. Die Produktionsbedingungen gehören dazu, die Unternehmensphilosophie, die Identifikation der Mitarbeiter mit dem Produkt. Fehlt eines davon, wirkt sich das negativ auf die Produkt- und Markenleistung aus.

Ein perfektes Ergebnis gibt es zwar nur im Zusammenspiel aller Faktoren und Beteiligten. Trotzdem ist evident, daß Marketing bei diesem Orchester des Erfolges die erste Geige spielt. 10 Prozent des Umsatzes werden daher bei Ritter Sport für Marketingmaßnahmen ausgegeben. Allein im Jahr 1998 wurde dieses Budget noch einmal um 12 Prozent gesteigert. Der Erfolg zeigt, daß Ritter Sport auf dem richtigen Weg ist. Mit zeitweise 24,3 Prozent erreichte die Marke 1998 den höchsten Marktanteil in ihrer Geschichte.

## Erfolg lebt von Erneuerung

Jede große Marke lebt von Aktualisierung und Erneuerung. Nur so ist es möglich, dauerhaftes Interesse zu wecken und den Erfolg immer wieder neu zu begründen. Das Aufspüren von Trends und Bedürfnissen gehört deshalb zu den wichtigsten Marketingaufgaben.

Das Unternehmen arbeitet seit einiger Zeit verstärkt daran, das Ritter-Sport-Sortiment auszuweiten. Das heißt allerdings nicht, zur Beliebigkeit der 50er Jahre zurückzukehren. Damals war das Sortiment qualitativ gut und vielfältig, hatte aber keinen Kern. Der ist erst durch die Reduzierung auf die 100-Gramm-Quadrate geschaffen worden. Dieses Prinzip soll auf alle zukünftig zu entwickelnden Produkte übertragen werden.

***Den Markenkern kultivieren ...***

Das bedeutet: Variation nur innerhalb des *Fokus Quadrat* und allen anderen markenrelevanten Attributen, die sich als Diamant aus dem ursprünglichen Sortiment herausgeschält haben. Die Potentiale dieses Diamanten bearbeiten und zum Glänzen bringen ist das Motto.

Zu den großen Vorteilen mittelständischer Unternehmen gehören Flexibilität und kurze Wege. Bei Ritter Sport werden Projekte und Veränderungen im Konferenzraum geplant, alle beteiligten Mitarbeiter können direkt einbezogen werden und sind ständig miteinander im Gespräch. So ist es möglich, schnell Entscheidungen zu treffen und umzusetzen. Inzwischen hat Ritter Sport einen richtungsweisenden Erneuerungsprozeß eingeleitet, dessen erste Ergebnisse bereits sichtbar werden.

Die Produktpalette der 100-Gramm-Quadrate wurde überprüft und aktualisiert. Die Produktentwicklung orientiert sich dabei unter anderem an aktuellen Geschmackstrends, für die beispielsweise die Joghurt- oder Eisanbieter gute Indikatoren sind. Neue Sorten wie die sehr erfolgreiche „Knusperkeks“ und die „Cocos“ hat der Markt bereits angenommen.

Über der schnellen Umsetzung von Ideen wird die Sorgfalt nicht vergessen. Bis ein neues Produkt alle Hürden genommen hat und auf dem Markt angeboten wird, können eineinhalb Jahre vergehen. Der Geschmack muß stimmen, die Akzeptanz der Verbraucher mit Hilfe eines genau definierten Panels getestet werden. Das Produkt muß auf Stabilität geprüft werden, damit eine ausreichende Mindesthaltbarkeitsdauer garantiert ist.

Der Sortimentspolitik sind in bezug auf die Anzahl der Sorten Ritter Sport durch den Handel Grenzen gesetzt. Zur Zeit gibt es 18 verschiedene 100-Gramm-Sorten, deren Vielfalt der Handel gerade noch akzeptiert, so daß alle Sorten gleichzeitig angeboten werden können.

Weitere Differenzierungen sind deshalb außerhalb des 100-Gramm-Segments vorgenommen worden. Seit 1982 gibt es Ritter Sport auch im Mini-Format, im Jahre 1995 kam das 150-Gramm-Schokoladequadrat XXL dazu. Als kleinster Sproß der Ritter-Sport-Familie werden die Quadretties in fünf Geschmacksrichtungen als Betthupferl oder als süße Zugabe zur Tasse Kaffee oder einfach zum Naschen angeboten. Jüngste Innovation ist die kleine Ritter Sport 40 Gramm. Sie wird in drei Geschmacksrichtungen im dreier Multipack speziell für junge, aktive Frauen angeboten. Es ist die optimale Portion für zwischendurch. Damit präsentiert sich Ritter Sport einmal mehr als eine Schokolade für viele Gelegenheiten. Zusätzlich ermöglichen die Größenvarianten schon jetzt, die engen Preisgrenzen zu verlassen.

Ein weiterer Schritt zur Ausschöpfung des Absatzpotentials ist die Diät-Variante der 100-Gramm-Quadrate. Diät-Schokolade ist nicht nur eine Alternative für Menschen, die keinen Zucker essen dürfen. Sie ist ideal für Ernährungsbewußte und alle, die schlank und aktiv bleiben wollen. Der innovative Zuckeraustauschstoff Maltit, mit dem die Ritter Sport Diät in vier Varianten hergestellt wird, garantiert geschmacklich eine große Nähe zum echten Schokoladengenuß und gleichzeitig eine positive Differenzierung zu Wettbewerbsprodukten.

## Auf dem Weg zur globalen Marke

Um die Herausforderungen des kommenden Jahrtausends bestehen zu können, sind eine stärkere Erschließung der internationalen Märkte und eine Optimierung des traditionellen Sortiments im Inland erforderlich. Bei beiden Zielsetzungen hat für Ritter Sport die Zukunft schon begonnen.

Das *internationale Geschäft* zeigt schon jetzt eine erfreuliche Tendenz. Allerdings sind die Potentiale noch nicht ausgeschöpft. Die weltweit einzigartige Position, die Ritter Sport aufgrund seiner unverwechselbaren Marke hat, soll stärker genutzt und kontinuierlich ausgebaut werden. Hierzu gilt es, die Struktur der Vertriebswege zu optimieren. Interessant für die Erhöhung des Exportanteils werden zunehmend auch Spezialmärkte, zu denen bei Schokolade beispielsweise die USA zählen. Dort ist Ritter Sport im Begriff sich zu einer teuren Kultmarke zu entwickeln. Unterstützt werden der Imageaufbau und die Erhöhung des Bekanntheitsgrades auch durch amerikanische Soldaten, die früher in Deutschland stationiert waren. Sie machen für ihre quadratische Lieblingsschokolade Mund-zu-Mund-Propaganda in ihrer Heimat. Das hat zuletzt zu einer Absatzsteigerung um 62 Prozent geführt.

Ein Schritt zur *Optimierung des traditionellen Sortiments* war 1998 die Einführung der bereits erwähnten Ritter Sport „Knusperkeks" – auf Anhieb ein Verkaufserfolg. Das Produkt entsprach den veränderten Verbraucherwünschen und Bedürfnissen optimal und entwickelte sich zu einer der stärksten Geschmacksrichtungen.

So gehört es beispielsweise zu den Lebensgewohnheiten moderner Menschen, Nahrungsmittel außer Haus zu verzehren. Vor allem jüngere Menschen gehen nach der Arbeit nicht nach Hause. Sie treffen sich mit Freunden zum Kino, zum Sport und essen dort eine Kleinigkeit zwischendurch. Unsere Aufgabe ist es, – selbstverständlich quadratische – Produkte zu präsentieren, die zu diesen Lebensgewohnheiten passen, die also eher das Profil von Lebensmitteln als das von Süßigkeiten haben.

Durch die aktualisierte Kommunikation und die damit verbundene Medienstrategie sowie durch neue Produkte und beharrliche Aktions- und Plazierungsarbeit vor Ort sind in kurzer Zeit beachtliche Erfolge erzielt worden. 1998 wurde der Gesamtumsatz von Ritter Sport um 9 Prozent gesteigert und hat mit 507 Millionen DM erstmals die halbe Milliarde-Grenze überschritten. Das 100-Gramm-Kernsortiment konnte seinen Marktanteil im Lebensmittelhandel in einem um 2 Prozent rückläufigen Tafelschokolademarkt von 19 Prozent auf 22 Prozent erhöhen. Gleichzeitig wurde innerhalb weniger Monate der Abstand der Marktanteile zu Milka von 6,0 auf 2,8 Prozentpunkte verringert.

Ritter Sport will jedoch mehr. Die *Vision* ist, *der* kompetente, persönlichkeitsstarke Markenartikel im europäischen Süßwarenbereich zu werden, statt wie bisher ein hauptsächlich auf Deutschland konzentrierter Schokoladenhersteller. Das bedeutet eine kontinuierliche Erweiterung des Sortiments über die bisherigen Grenzen hinaus. Ziel ist: Egal welche Tageszeit, egal welche Situation, egal welcher Ort – Ritter Sport hat das passende Produkt.

Dieses Ziel wird mit Augenmaß verfolgt. Erneuerung und Erweiterung dürfen nicht Hals über Kopf und vor allem nicht unter Vernachlässigung des Markenkerns vorgenommen werden.

Es ist eines der Geheimnisse großer Marken, daß sie ihre Positionierung kontinuierlich und systematisch ausbauen, ohne dabei etwas zu überstürzen und so Fehler zu machen. Ein klassisches Positiv-Beispiel für diese Vorgehensweise bietet Nivea. Der Firma Beiersdorf ist es gelungen, ausgehend von der Creme-Dose über Jahrzehnte hinweg neue Produkte zu entwickeln und dabei den Markenkern langsam auszuweiten, aber nicht zu verlassen. Vor einigen Jahren wäre es noch undenkbar gewesen, daß in diesem Haus Maskara produziert wird. Heute paßt das in den erweiterten Rahmen des Angebots. Auch Maggi hat es verstanden, seine Kompetenz vom Fertiggewürz zum Fertiggericht zu erweitern. Es überrascht heute nicht mehr, wenn der einstige Brühwürfelhersteller fertige Gerichte anbietet.

Einen ähnlichen Weg wird Ritter Sport gehen. Das Potential des Quadrats ist bei weitem nicht erschöpft. All seine Möglichkeiten sind zu nutzen. Am *Markenkern* wird sich die gesamte zukünftige Produktpolitik orientieren. Das Angebot wird Stück für Stück erweitert, aber dabei immer die Form gewahrt. Um es auf den Punkt zu bringen: Auch wenn Ritter Sport Weihnachtsbaumkugeln produzieren würde, wären sie nicht rund, sondern quadratisch.

# En passant ...

*Was bedeutet für Sie, Frau Spingler, Erfolg?*

Eine Facette des Erfolges ist für mich, wenn das Unternehmensergebnis stimmt, sich positiv entwickelt und dies auf die nachhaltige Durchsetzungskraft der Marke im Wettbewerbsumfeld zurückzuführen ist.

Die andere, nicht weniger wichtige Facette: wenn die Mitarbeiter gerne für das Unternehmen arbeiten und sich mit dem Unternehmen identifizieren.

*Durch welche Eigenschaften muß sich ein Unternehmer auszeichnen, der sich in unserer Zeit behaupten will?*

Trotz aller Analysen, Marktforschungen und sonstigen Untersuchungen, die einem Unternehmen heute zur Verfügung stehen, darf es einem guten Unternehmen nicht am erforderlichen Quäntchen „Bauchgefühl“ fehlen. Dies – gepaart mit Kompetenz und Weitblick – ist für mich eine ideale Kombination für das rein geschäftliche.

Wenn dazu noch Optimismus und die in letzter Zeit viel diskutierte emotionale Intelligenz kommen, ergibt dies eine gute Persönlichkeit.

*Welche Philosophie bestimmt Ihr unternehmerisches Handeln?*

Mit der erforderlichen Distanz zum Tagesgeschäft die Zukunft „erfinden“. Dabei immer davon ausgehen, daß es nicht nur eine Lösung gibt, sondern immer noch eine Alternative. Dahinter steht auch der Anspruch, weg von der Eindimensionalität Stillstand zu vermeiden.

*Wie bereiten Sie wichtige Entscheidungen vor?*

Zusammenführen aller wichtigen Basisinformationen durch die Fachabteilungen (gegebenenfalls Abstimmung/Diskussion im Team), Zurückziehen und Abwägen der vorliegenden Argumente zur eigenen Meinungsfindung und entsprechende Aufbereitung der Argumentation.

*Welche Eigenschaften schätzen Sie an Mitarbeitern besonders?*

Eigeninitiative und das Suchen nach neuen Lösungswegen und Ideen. Selbständiges Arbeiten mit dem Ergebnis, daß Lösungen und nicht Probleme diskutiert werden.

*Wenn Sie einen Nachfolger einarbeiten müßten, was wäre Ihr wichtigster Rat?*

Nicht im Elfenbeinturm verschwinden, um dann nach kurzer Zeit mit einem Schlag die eigenen Ideen durchsetzen zu wollen. Eine Bestandsaufnahme der Ist-Situation, auch gerne Dinge in Frage stellen, dann aber mit Feingefühl verändern. Wichtig ist, daß die Mitarbeiter nicht vor den Kopf gestoßen werden und das Gefühl bekommen, daß alles, was sie in der Vergangenheit gemacht haben, nicht richtig war.

*Welches sind für Sie in den nächsten Jahren die zentralen Herausforderungen?*

Die Marke durch vernetzte Kommunikation und Innovation zu stärken, vom Wettbewerbsumfeld unabhängiger zu werden und damit das Unternehmen weiter gewinnbringend voranzutreiben.

*Haben Sie ein Lebensmotto?*

Wichtig für mich ist, daß das, was ich tue, Spaß macht, daß ich mich damit identifizieren kann und nicht meine eigene Persönlichkeit verleugnen muß.

# Erfolgsfaktor Mitarbeiterbeteiligung

„Mitarbeiterinnen und Mitarbeiter sind unser wichtigstes Kapital“, bestätigen nahezu alle Unternehmer. Denn Fachkräfte an den Betrieb zu binden, ihre Motivation nicht zu blockieren und ein gutes Betriebsklima zu schaffen heißt ökonomisch handeln. Dies wird seit Jahren auch durch zahlreiche Analysen belegt.

Als wirksame Instrumente haben sich in diesem Zusammenhang Beteiligungen am Produktivvermögen sowie Alterssicherungssysteme und andere geldwerte Leistungen erwiesen. Eine noch größere Bedeutung kommt nach Meinung von Motivationsforschern aber der ganzheitlichen Ausrichtung des Unternehmens auf ein partnerschaftliches Miteinander zu.

Mit geschätzten 2.500 Betrieben in Deutschland, die Arbeitnehmern Aktienoptionen, Genußscheine, stille Beteiligungen oder Mitarbeiterdarlehen bieten, gehört Deutschland noch zu den Entwicklungsländern. In den USA sind es immerhin etwa 15.000 und in Frankreich 19.000.

Dabei ist die Beteiligung der Mitarbeiter für alle Unternehmen – gleich welcher Größenordnung – von Vorteil. So hat beispielsweise eine Untersuchung der „Arbeitsgemeinschaft Partnerschaft in der Wirtschaft" ergeben, daß sich Produktivität und Krankenstand in entsprechend engagierten Unternehmen günstiger entwickeln. Eine Studie des Bundesforschungsministeriums prognostiziert bis zum Jahr 2010, daß die Mehrheit der Unternehmen ihre Belegschaft – zumindest teilweise – durch ergebnisorientierte Beteiligungen entlohnen wird, „weil es sich als motivations- und produktionserhöhend herausgestellt" habe.

Die Unternehmensberatung McKinsey räumt mittelständischen Unternehmen hierbei besondere Erfolgschancen ein. In einer Analyse kommt sie zu dem Ergebnis, daß in überschaubaren Unternehmensdimensionen die Effekte deutlich spürbarer seien und sich ein „Wir-Gefühl" leichter entwickeln ließe.

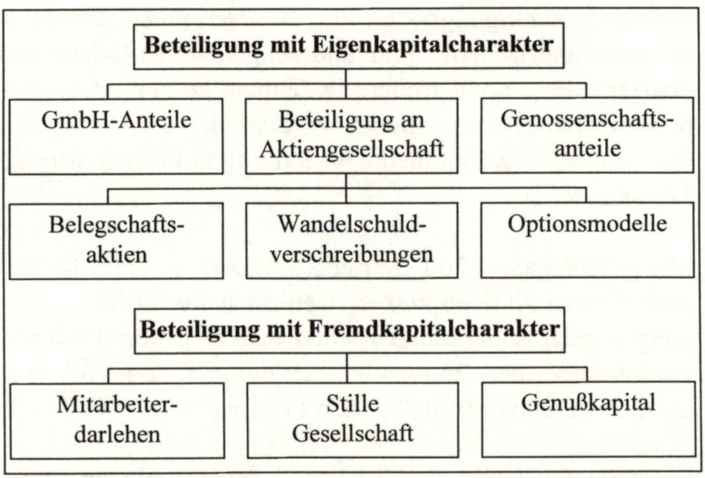


Quelle: McKinsey

*Abbildung 5: Mitarbeiterbeteiligungsmodelle*

Das liegt unter anderem daran, daß im Gegensatz zum Mittelstandsbetrieb beim Großunternehmen der Beitrag des einzelnen am Erfolg oft wenig transparent ist. Im Umkehrschluß ist davon auszugehen, daß mit wachsendem Ergebnisbezug der eigenen Arbeit die Motivationswirkung einer Beteiligung steigt.

Ein häufig genannter Vorbehalt gegen die Einführung von Beteiligungsmodellen resultiert – gerade bei der im Mittelstand häufigen Rechtsform der Gesellschaft mit beschränkter Haftung (GmbH) – aus den Befürchtungen, der Entscheidungsspielraum der Führungsebene werde eingeschränkt bzw. es entstehe erheblicher zusätzlicher Verwaltungsaufwand. Dem läßt sich aber durch Beteiligungskonstruktionen begegnen, die die Mitarbeiter nicht direkt am Eigenkapital teilhaben lassen. Rechtsformunabhängig erlauben die Stille Gesellschaft, Genußrechtsmodelle oder Mitarbeiterdarlehen die Einbindung der jeweiligen Belegschaft als Kapitalgeber, indem deren Einlagen, abhängig vom Unternehmenserfolg, verzinst werden. Dies hat den zusätzlichen Vorteil, daß der damit verbundene Aufwand in engen Grenzen bleibt.

Einen Königsweg für jeden Einzelfall gibt es allerdings nicht. Stets muß das Beteiligungsmodell sorgfältig ausgewählt und an die Besonderheiten des Unternehmens angepaßt werden.

Ähnlich positive Effekte wie die Mitarbeiterbeteiligung bewirkt die Einführung einer betrieblichen Altersversorgung. Arbeitnehmer mit einer Betriebsrente werden stärker an ihr Unternehmen gebunden, das Zugehörigkeitsgefühl wächst, die Personalfluktuation und der damit verbundene Aufwand sind wesentlich geringer.

Die Wettbewerbsfähigkeit verbessern aber mittel- und langfristig nur diejenigen Unternehmen, die finanzielle Anreizsysteme mit einer Mitarbeiterpartizipation an Verantwortung, Entscheidungen und Informationen – also an allen betrieblichen Prozessen – verbinden.

# Mitarbeiter motivieren durch Partnerschaften

*von Jochen Hahne*

Wilkhahn ist ein mittelständisches Unternehmen, im Südosten von Niedersachsen gelegen. 1907 gegründet, gehört es heute mit weltweit 600 Mitarbeiterinnen und Mitarbeitern, davon 520 in Deutschland, innerhalb der Büromöbelbranche schon zu den größeren Firmen. Zumindest, wenn man Einzelunternehmen betrachtet und Firmengruppen, die durch die Aufkäufe der letzten Jahre entstanden sind, außen vor läßt.

Unsere Kunden aus dem In- und Ausland – 50 Prozent des Gesamtumsatzes tätigen wir außerhalb der Bundesrepublik Deutschland – stellen bei einem Besuch unseres Hauptsitzes in Bad Münder immer wieder fest: „Die Atmosphäre ist anders als bei anderen Unternehmen.“ Sie scheinen zu spüren, daß sich über Jahrzehnte eine *spezifische Kultur* entwickelt hat, deren vielfältige Elemente es uns ermöglichen, trotz Globalisierung und Internationalisierung im Wettbewerb bestehen zu können.

Für sich selbst sprechen dabei die qualitativ hochwertigen Wilkhahn-Objekteinrichtungen, die Funktionalität und Ästhetik verbinden. Denn wir haben den Anspruch, langlebige Produkte zu schaffen, die nicht den jeweiligen Modetrend bedienen, sondern durch ihr gültiges Design dauerhaft Maßstäbe setzen.

Auffällig ist auch das architektonische Ensemble, an dem sich die Geschichte von Wilkhahn ablesen läßt und das ein Stück Zeitgeschichte dokumentiert. Ausgehend von einem 1910 errichteten Backsteingebäude, kamen Ende der 50er Jahre zwei Bauten der namhaften Architekten Georg Leowald und Herbert Hirche hinzu. Der dreiteilige Hallenkomplex, der 1972 entstand, war seiner Zeit voraus und hält auch heute noch jedem Vergleich mit den modernen Gewerbebauten stand. Die Idee notierte Fritz Hahne, der als Verwaltungsratsvorsitzender 1987 ein weiteres Produktionsgebäude initiierte: Bauen sei ein Stück Verantwortung vor der Zukunft und erfordere damit, Ökologie, Ästhetik, Humanität und Ökonomie auf einen Nenner zu bringen.

Die darin zum Ausdruck kommende Nachhaltigkeit ist nur ein Beispiel für die *ökologische Ausrichtung* des Unternehmens. Der Schutz der natürlichen Lebensräume hat im Zweifelsfall einen höheren Stellenwert als die Gewinnmaximierung. Durch alternative Werkstoffe, wirtschaftlichen Einsatz von Energien und die Optimierung von Herstellungsverfahren werden Produkte und Produktion kontinuierlich umweltverträglicher gestaltet.

Der gesellschaftliche Anspruch, die Vision hinter Produktion, Produkten und Wirtschaften, prägen Wilkhahn sichtbar wie unsichtbar.

Getragen werden diese Maximen von der Zustimmung der Mitarbeiter. Zwischen ihnen und der Leitung des Unternehmens besteht eine gewachsene *partnerschaftliche Beziehung*, die sich durch alle Bereiche der Zusammenarbeit zieht. Sie findet ihren äußeren Ausdruck in einer umfassenden Mitarbeiterbeteiligung, die materielle und immaterielle Aspekte berücksichtigt. So prägt ein Verständnis von gemeinsamer Verantwortung den Charakter des Unternehmens und trägt maßgeblich zu seinem Erfolg bei.

## Aufgeschlossen von Anfang an

Als mein Großvater Friedrich Hahne 1907 zusammen mit seinem Schwager Christian Wilkening die Firma Wilkhahn gründete, war sie einer von vielen holzverarbeitenden Betrieben: Es gab rund 100 vergleichbare Sitzmöbelfabriken im Umkreis von 20 Kilometern. Obgleich die Konkurrenz groß war, hatten alle ihr Auskommen: Die Nachfrage war noch größer. Die Stühle aus dieser Region hatten eine gute handwerkliche Qualität und wurden in ganz Deutschland verkauft.

Das Unternehmen hatte sehr bald einen hohen technischen Standard, auch wenn sich einzelne Produktions- und Vertriebsbedingungen aus heutiger Sicht beschaulich ausnehmen: Während man die Stühle für das bürgerliche Eßzimmer noch mit dem Planenwagen zu dem drei Kilometer entfernten Bahnhof karrte, wurde unter anderem in der Fertigung schon eine Dampfmaschine mit Transmissionsriemen eingesetzt. Adolf Wilkening, Produktionsspezialist und später Geschäftsführer in der zweiten Generation, hatte die Technologie bei seinen Amerika-Aufenthalt kennengelernt; in einem Land, das damals führend auf diesem Gebiet war.

Nicht zuletzt aufgrund dieser Aufgeschlossenheit entwikkelte sich die Firma Wilkhahn erfolgreich, unterschied sich jedoch darüber hinaus zunächst nicht grundsätzlich von den anderen Sitzmöbelherstellern der Umgebung.

## Aufbruch in den 50er Jahren

Das änderte sich erst, als nach dem Krieg mein Vater, Fritz Hahne, in den Betrieb eintrat und ihn zusammen mit seinem Vetter Adolf Wilkening leitete. Mit Mut, Ideen und Engagement formte er das Gesicht des Betriebes und machte ihn weit über die Branche hinaus bekannt. Nach der ländlichen Enge seiner Jugend, der geistigen Verarmung während der Zeit des Nationalsozialismus und schrecklichen Erfahrungen während des Krieges empfand Fritz Hahne seine Tätigkeit in den 50er Jahren als Befreiung, als Chance und Aufbruch. Gezielt suchte er nach Menschen, die ihn inspirierten, und nach Möglichkeiten, Akzente zu setzen. Seine Triebfeder war, etwas Neues, Anspruchsvolles zu schaffen und dadurch seiner Tätigkeit einen tieferen Sinn zu geben.

***Mit Neuem experimentieren ...***

Ein Schriftsteller hat einmal gesagt, daß alle großen Werke das Resultat der Befreiung von den Routinen des Denkens und Tuns sind. Fritz Hahne machte die Befreiung zum Programm. Er nahm Kontakt zu namhaften Gestaltern auf, die damals meist gleichzeitig Architekten waren, machte sich die Gestaltungsprinzipien des Bauhauses zu eigen und realisierte die Ideen der Deutschen Werkstätten, die aus Hellerau bei Dresden nach Westdeutschland übergesiedelt waren. Er experimentierte mit neuen Formen, neuen Funktionen, neuen Werkstoffen und hatte mit seinen Projekten außerordentlichen Erfolg.

„Das Ansehen dieser kleinen Stuhlfabrik wuchs ständig und sehr spürbar, und parallel stieg die Zahl der Beschäftigten", schreibt er in seinen Erinnerungen „Zwischen den Stühlen".

Durch wirtschaftlichen Erfolg, persönliche Integrität und visionären Schwung führte und motivierte Fritz Hahne die Mitarbeiter zu ungewöhnlichen Leistungen. Dabei war es für ihn eine Selbstverständlichkeit, an seinem Platz einen Beitrag dazu zu leisten, daß die Zukunftsängste der Menschen gemindert wurden. Sicherheitsgefühl setzt Kräfte frei. Kreativität, Improvisationstalent und Spontanität können sich dann leichter entfalten, was wiederum der effizienten Lösung von unternehmerischen Aufgaben dient, so seine Ansicht.

***Zukunftsängste mindern ...***

## Vom Patriarchat zur Kooperation

Die Grundlage für die enge Bindung der Mitarbeiter an das Unternehmen hatte Fritz Hahne schon in den 50er Jahren gelegt. Geleitet von Verantwortungsgefühl und einer Aufgeschlossenheit für Sozialutopien – er war schon sehr früh Sozialdemokrat – hatte er zunächst eine *betriebliche Altersversorgung* eingeführt, durch die die Defizite der Kriegsjahre aufgefangen werden konnten. Flankierend dazu unterstützte er seine Mitarbeiter zum Beispiel durch die Vergabe von sehr günstigen Firmenkrediten für den Hausbau.

Neben dieser finanziellen Unterstützung hatte er ein Arbeitsklima geschaffen, daß geprägt war durch den bis heute gültigen Leitsatz: „Keine Anweisung ohne Begründung."

So entstand eine Unternehmensphilosophie, die von Fritz Hahne geprägt wurde und die er gleichzeitig glaubwürdig repräsentierte. Er betrachtete jeden Menschen als gleichwertigen Partner und brachte ihm menschlichen Respekt entgegen. Zudem verzichtete er auf Attitüden und Statussymbole. Repräsentation war ihm kein Anliegen.

In den 60er Jahren wurde bei Wilkhahn der *kooperative Führungsstil* nach dem Harzburger Modell eingeführt, das Reinhard Höhn in den 50er Jahren entwickelt hatte. Damit nahm man auch offiziell Abschied von der autoritär-patriarchalischen Führungsweise und wandte sich einem Stil zu, der noch stärker die Initiative und das Mitdenken von Mitarbeitern in den Mittelpunkt stellte.

## Fairneß in der Zusammenarbeit

Es war nur folgerichtig, daß Fritz Hahne Anfang der 70er Jahre beschloß, die Mitarbeiter *am Gewinn* des Unternehmens zu *beteiligen*. Der Kapitalzuwachs für die Gesellschaft war in den 60er Jahren erheblich. Den aufgrund der prosperierenden Wirtschaftslage hohen Unternehmensgewinnen standen relativ niedrige Löhne gegenüber, ein Umstand, der sich nicht mit dem Gerechtigkeitssinn und dem sozialen Gewissen Fritz Hahnes vertrug, zumal erst der Enthusiasmus der Mitarbeiter den Erfolg des Unternehmens möglich gemacht hatte. Sie sollten deshalb in angemessener Form daran beteiligt werden.

Unter dem Leitmotiv „Fairneß in der Zusammenarbeit" wurde folgendes Modell entwickelt:

Alle volljährigen Mitarbeiter, die länger als ein Kalenderjahr dem Betrieb angehörten, wurden Stille Gesellschafter in der Wilkhahn-Beteiligungs-GmbH. Im Anschluß an die jährliche Feststellung des Unternehmensgewinns sowie des zu verteilenden Gewinns nach Steuern und Abzug der Verzinsung erfolgte die Zuführung zu den Gesellschafteranteilen zu je 50 Prozent auf die Konten der Stammgesellschafter und der Stillen Gesellschafter. Die Anteile der Mitarbeiter errechneten sich, wiederum je zur Hälfte, nach Kopfzahl und Lohn bzw. Gehalt. Dadurch sollte der individuelle Leistungsbeitrag zum Unternehmensergebnis honoriert werden. Heute halten die Stillen Gesellschafter 28 Prozent des Kapitals. Da der Erfolg der ausländischen Tochtergesellschaften und Lizenzpartner ohne Zutun der inländischen Mitarbeiter zustande kam, wurde nur das auf dem deutschen Markt und im klassischen Exportgeschäft erwirtschaftete Ergebnis der Berechnung zugrunde gelegt.

Um die Liquidität des Unternehmens nicht zu schwächen, liegen die Unternehmensanteile zunächst für sieben Jahre fest, bevor sie über einen gewählten Partnerschaftsausschuß innerbetrieblich gehandelt werden können. Erst wenn sich nach weiteren sechs Monaten kein interner Käufer findet, können die Anteile auch außerhalb des Unternehmens verkauft werden.

## Geld ist nicht alles

Mitarbeiter zu beteiligen, kann sich aber nicht auf finanzielle Transaktionen beschränken. Denn spätestens, wenn sich die wirtschaftliche Lage verschlechtert oder die jährliche

Überweisung zur Gewohnheit wird, erfüllt sie nicht mehr ihren Sinn. Partizipation an Entwicklungen, Entscheidungen und der Geschäftspolitik sind unerläßlich; eine geeignete Informations- und Kommunikationspolitik ist dafür Voraussetzung. Da bereits bei Unternehmen in der Größenordnung von mehreren hundert Mitarbeitern ein persönlicher Dialog der Geschäftsführung mit jedem einzelnen ausgeschlossen ist, spielen dafür Multiplikatoren eine zentrale Rolle.

Bei Wilkhahn ist der Vorsitzende des Betriebsrats Mitglied des Verwaltungsrates, dem obersten Aufsichts- und Entscheidungsgremium des Unternehmens, dessen Aufgaben im wesentlichen mit denen eines Aufsichtsrats einer Aktiengesellschaft vergleichbar sind. Der Verwaltungsrat – und nicht die Gesellschafter – bestellt und kontrolliert auch die Geschäftsführer. Diese Mitbestimmung ist ein verbrieftes Recht. So wird sichergestellt, daß die Mitarbeitervertretung nicht nur „aus erster Hand" an allen Prozessen beteiligt, sondern zusätzlich „echter" Verhandlungspartner ist.

Durch diese *vertrauensbildende Struktur* wird der Betriebsrat umfassend informiert und kann auf einer gesicherten Grundlage perspektivisch agieren. So ist es seit über 25 Jahren Usus, die Unternehmensbilanz zu diskutieren, Betriebsvereinbarungen verbindlich abzuschließen und erforderliche Entscheidungen einschließlich deren Rahmenbedingungen transparent zu machen.

Den damit verbundenen Aufwand, der manchen abschrekken mag, lediglich auf dem Konto „Sozialutopie" zu verbuchen, kann sich kein im härter werdenden Wettbewerb stehendes Unternehmen leisten. Wie die Entwicklung von Wilkhahn zeigt, lohnt er sich, da „handfeste" Vorteile sichtbar werden: Schnellere Kommunikation, aktive und kreative Mitarbeiter und ein grundsätzlicher Konsens – selbst bei äußerst strittigen Entscheidungen und schwierigen Anpassungsprozessen – führen dazu, daß wir bei notwendigen Veränderungsprozessen kurze Durchlaufzeiten haben. Der „inneren Kündigung" von Mitarbeitern, dem unmerklichen Blockieren von Innovationen oder mangelndem Teamgeist wird entgegengewirkt.

***Konsenspotentiale nutzen ...***

Vor allem in Krisenzeiten hat sich dieser vertrauensvolle Umgang miteinander bewährt. Die Sicherheit, Reibungsverluste zu minimieren und bei der Suche nach optimalen Lösungen viele Mitwirkende gewinnen zu können, ist für uns die wesentliche Grundlage, um die unternehmerische Zukunft zu gestalten.

Die konkrete Ausgestaltung der Beteiligung ist dabei nicht der Schlüssel zum Erfolg. Maßgeblich sind vielmehr „weiche" Faktoren, wie Kooperationsfähigkeit, Offenheit und Verantwortungsbewußtsein. All das muß sich in einem zeitgemäßen Modell widerspiegeln.

## Auf dem Prüfstand

Das, was die Menschen erarbeiten, nämlich innovative, qualitativ hochwertige Büroausstattungssysteme und -konzepte und wie sie es in partnerschaftlicher Zusammenarbeit tun, läßt sich bei Wilkhahn nicht voneinander trennen. Die Weiterentwicklung der Unternehmenskultur auf dem Weg zu einer prozeßorientierten und einsatzfreudigen „lernenden“ Organisation verbunden mit der Effizienzsteigerung zur Erhaltung der Wettbewerbsfähigkeit sind deshalb die wichtigsten Unternehmensziele.

Mitarbeiterbeteiligungsmodelle müssen sich an ihrem Beitrag zur Zielerreichung messen lassen. Wilkhahn hat – nach fast 30 Jahren – die ursprünglichen Vereinbarungen auf den Prüfstand gestellt. Die von Beginn an inhärenten Schwächen, wie zum Beispiel die mangelnde Fungibilität der Anteile, die Veränderungen im Steuersystem und nicht zuletzt der Wertewandel im Selbstverständnis der Mitarbeiter machen eine tiefgreifende Reform erforderlich.

Die *Zahl der Beschäftigten* ist mittlerweile stark gewachsen. Dadurch fehlt der permanente Austausch, und die Identifikation mit der Unternehmenskultur wird sehr erschwert. Zu beobachten ist dies bereits bei jenen Mitarbeitern, die ständig im Außendienst arbeiten. Sie sind nicht eingebunden in tägliche Abläufe, die – so banal sie im einzelnen auch erscheinen mögen – „Stallgeruch“ vermitteln. Neue Wege sind gefragt, diese Distanz wieder zu verringern.

Meine Generation bewertet ehemals wichtige Attitüden und Verhaltensmuster völlig anders. Ein Beispiel: Früher war es üblich, daß mein Vater fast jedem Mitarbeiter zum 25. Jubiläum das „Du“ anbot. Dies war ein Symbol für das Vertrauen, das sich in der langen Zusammenarbeit entwickelt hatte. Gleichzeitig wurden die gesellschaftlichen Spielregeln befolgt, denn der Höhergestellte ergriff die Initiative. Mir selbst ist eine solche Geste eher unangenehm, zumal dann, wenn der Mitarbeiter zehn Jahre älter ist als ich. Die Umgangsformen haben sich geändert: Heute erwartet der Jüngere, daß ihm der Ältere das „Du“ anbietet. Solche Änderungen der Verhaltensmuster finden in jeder Generation statt. Auch eine Mitarbeiterbeteiligung, die über Jahrzehnte hinweg statisch geblieben ist, muß unter dem Gesichtspunkt des *Wertewandels* betrachtet werden.

Das bestehende System hat *Geschenk-Charakter*. Es ist die institutionelle Anerkennung für Arbeit, die die Mitarbeiter bereits geleistet haben. Das hat sich in zweierlei Hinsicht als Nachteil herausgestellt:

- Der Wert eines Geschenks, das mit schöner Regelmäßigkeit überreicht wird, verliert an Bedeutung. Es hat seinen Überraschungscharakter verloren und wird nach einiger Zeit als Selbstverständlichkeit angesehen.

- Der Automatismus, mit dem die Mitarbeiterbeteiligung jedes Jahr ausgezahlt wird, ist nicht motivierend. Um das zu verstehen, muß man sich verdeutlichen, welche Auswirkungen Motivation eigentlich haben soll: Es geht nicht darum, Almosen zu verteilen oder die Mitarbeiter im Sinne der Gesellschafter zu einem möglichst hohen Arbeitseinsatz anzuspornen. Vielmehr soll Spaß an der Mitarbeit wachsen, das Gefühl entstehen, Mitglied in einer Gruppe zu sein und mit seinen Ansichten und Anregungen ernst genommen zu werden. Das geschieht jedoch nur, wenn ein Zusammenhang zwischen der Mitarbeiterbeteiligung und der eigenen Arbeit hergestellt werden kann.

Durch die Erhöhung der *Sozialabgaben und Steuern* in den vergangenen Jahrzehnten ist unser finanzielles Beteiligungssystem sowohl aus Sicht der Geschäftsführung als auch aus Sicht der Mitarbeiter in dieser Form nicht mehr so interessant. Die Differenz zwischen Brutto- und Nettobetrag ist in eine Größenordnung hineingewachsen, die aus Gründen der Unternehmenssteuerung und der vom Mitarbeiter wahrgenommenen Erfolgsbeteiligung inakzeptabel ist. Die Mitarbeiter merken deutlich, daß ihre Beteiligungsgewinne niedriger ausfallen. Auch das trägt zu einer verminderten Wertschätzung bei.

Zudem hat sich herausgestellt, daß die schwierige Veräußerbarkeit der Anteile deren Attraktiviät mindert. Im Sinne des Unternehmens ist diese *mangelnde Fungibilität* zwar sinnvoll und gewollt. Für die Mitarbeiter ist dies jedoch nachteilig, da sie erst nach langer Zeit über eine Veräußerungsoption verfügen. Als Reserve für Notfälle sind sie damit nicht geeignet. Auch die günstige Verzinsung – bis zu acht Prozent – aus dem angesammelten Vermögen gleicht dieses Manko nur teilweise aus. Es ist daher nötig, einen Weg zu finden, der allen Seiten gerecht wird.

Schließlich bewirkt die in dieser Form lange Jahre geltende Mitarbeiterbeteiligung keinen Kapitalzufluß, sondern einen permanenten Kapitalabfluß. Das ist in guten Jahren zu ertragen, in schlechten bereitet dies jedoch Schwierigkeiten. Als innovatives, international engagiertes Unternehmen sind wir erheblichen Risiken ausgesetzt und müssen – unabhängig von der jeweils aktuellen Geschäftslage – die Möglichkeit haben, fortlaufend in Innovationen zu investieren.

## Strukturelle Veränderungen

Im Laufe der Unternehmensentwicklung der letzten Jahre sind daher die Mängel der bisherigen Regelung zunehmend offensichtlich geworden: zu wenig Motivationswirkung, kein Anreiz für die Mitarbeiter, sich unternehmerischer zu verhalten, den Erfolg des Unternehmens zu steigern und dadurch selbst höhere Gewinne zu erzielen.

Dennoch war erst eine kritische geschäftliche Situation der Auslöser dafür, die notwendigen Veränderungen in die Wege zu leiten. Vermutlich liegt das daran, daß die Menschen in erster Linie Sicherheit wollen und Veränderungen erst dann angehen, wenn diese unumgänglich sind. Die Akzeptanz von Neuerungen – ohne die ein Erfolg dauerhaft nicht machbar ist – setzt eben stets ein gewisses Maß an Unsicherheit voraus.

Strukturelle Veränderungen waren der erste Schritt zur Umgestaltung: Die Anforderungen der Märkte und die stärkere Internationalisierung sorgten für eine Neugliederung der Arbeitsprozesse. Wenn Wilkhahn den Auftrag bekommt, die Passenger Terminals des neuen Großflughafens Chek Lap Kok in Hongkong mit 12.500 Sitzeinheiten des Banksystems Tubis auszustatten, dann ist diese Vorgabe nicht zu erfüllen, wenn Arbeitsprozesse auf ein Jahr im voraus geplant sind. So wurden flexible Arbeitszeiten, Gruppenarbeit statt des bisherigen Einzelakkords und ein Prämienlohnsystem eingeführt.

Die Verfügung über sehr dehnbare Zeitkonten – der Spielraum reicht von minus 50 Stunden bis plus 100 Stunden –

und die weitgehend selbstorganisierte Arbeit in Gruppen machen dagegen flexible Abläufe möglich und erzeugen ein stärkeres Bewußtsein für die Verbindung zwischen Unternehmensergebnis und persönlicher Leistung.

Dabei hat vor allem die Abschaffung des Einzelakkords zu heftigen Diskussionen geführt, da sie für einige Mitarbeiter mit Einkommenseinbußen verbunden war. Hier besteht noch immer Aufklärungsbedarf, die Notwendigkeit der Veränderungen transparent zu machen. Kommunikationsfähigkeit und Offenheit haben einen neuen Stellenwert bekommen, und die Souveränität im Umgang mit den Instrumenten trägt mehr zum Unternehmensergebnis bei als einzelne Höchstleistungen.

## Ein neues Modell entsteht

Um den Weg für ein zeitgemäßes und auch in der Zukunft tragfähiges Beteiligungssystem frei zu machen, wurde die bisherige Regelung zum 1. Januar 1998 aufgekündigt. Unangetastet bleiben natürlich die bisher erworbenen Anteile in Höhe von rund 6 Millionen DM und deren Verzinsung.

Zur Zeit wird ein neues Modell entwickelt. Es soll die Mitarbeiter in erster Linie dazu anregen, ziel- und ergebnisorientiert zu agieren und damit ein unternehmerisches Verständnis in bezug auf den Zusammenhang zwischen eigener Leistung und Gesamtergebnis zu entwickeln. Diesen Zusammenhang herzustellen, war bisher schon durch die Zeitversetzung zwischen Leistung und Zuweisung erschwert. Von der Feststellung der Ergebnisse über die Beratung im

Partnerschaftsausschuß bis zur Beteiligungsausschüttung an die Mitarbeiter verging ein ganzes Jahr.

Unternehmerisches Denken und Handeln kann sich nur dann entwickeln, wenn das Interesse an der Beteiligung gefördert wird. Hier betrachten wir die *Eigenbeteiligung* des Mitarbeiters als wichtigen Eckpunkt. Schon die Tatsache, daß die Anteile etwas kosten, wird dafür sorgen, daß sich die Mitarbeiter mit dem Thema auseinandersetzen. Sie hat darüber hinaus den Vorteil, daß dem Unternehmen Kapital zufließt. Denn – das muß klar gesagt werden – die Mitarbeiterbeteiligung muß ein Instrument sein, das für beide Seiten Vorteile mit sich bringt, sowohl für das Unternehmen durch den Kapitalzufluß und die gesteigerte Motivation der Menschen, als auch für den Mitarbeiter durch die Vermögensbildung.

***Partnerschaften sind keine Einbahnstraßen***

Weitere Zielvorgaben beziehen sich auf die verbesserte Fungibilität der Mitarbeiteranteile, ohne daß Kapital aus dem Unternehmen abfließt. Auch die Auslandsergebnisse, – und zwar in bezug auf Gewinn- und Verlustzuweisungen – sollen mit einbezogen werden.

Das neue Konzept wird, wie es den Grundsätzen des Unternehmens entspricht, in einer Arbeitsgruppe erarbeitet. Im Anschluß daran werden in einer zweiten Stufe seine Machbarkeit und seine Vor- und Nachteile mit allen interessierten Mitarbeitern diskutiert.

## Was gut war, bleibt

Unberührt von allen notwendigen Veränderungen bleiben die Bestandteile der Zusammenarbeit, die sich in der Vergangenheit als tragfähige Säulen herausgestellt haben. Dazu gehört vor allen Dingen die Offenheit im Umgang miteinander. Negative Auswirkungen von Veränderungen, die – zumindest vorübergehend – oft unvermeidlich sind, sollen nicht verschwiegen werden, auch Irrtümer müssen zugegeben werden, der Umgang mit ihnen muß als Lernprozeß begriffen werden.

Daß die Mitarbeiter ernst genommen werden, ist nach wie vor selbstverständlich, ebenso, daß Strukturen erhalten bleiben, die – wie der Wirtschaftsausschuß und der Partnerschaftsausschuß – eine gleichberechtigte Auseinandersetzung ermöglichen. Hier wird es für alle Beteiligten stets darum gehen, das Potential kreativ auszuschöpfen. Damit das gelingt, sind vor allem die menschlichen Voraussetzungen entscheidend: Vertrauen, Glaubwürdigkeit, Transparenz und Kommunikationsfähigkeit.

Diese werden in Zukunft eine noch wichtigere Rolle spielen als bisher. Grundsätze wie „Fairneß in der Zusammenarbeit!" setzen starke Persönlichkeiten voraus, die ein positives Menschenbild haben und auf Herrschaftswissen verzichten können. In diesem Sinne werden wir uns zukünftig verstärkt um die Personalentwicklung und Mitarbeiter bemühen, die zu Wilkhahn passen.

Wie in jedem Veränderungsprozeß kommt es jetzt darauf an, sich von der Vorstellung zu befreien, daß früher alles besser gewesen sei. Statt dessen müssen die früheren Bedingungen bewertet werden und entsprechend den neuen Gegebenheiten zu einer tragfähigen Umgestaltung führen.

## Gemeinsame Interessen sichern den Unternehmenserfolg

Wir sind Teil einer sich radikal verändernden wirtschaftlichen Situation und damit an einem ähnlichen Wendepunkt wie in den 50er Jahren. Immerhin bieten die Konzentrationen auf dem Markt für ein Einzelunternehmen in der Größe von Wilkhahn auch große Chancen. Dies zeigt sich seit einiger Zeit durch eine überdurchschnittlich gute Geschäftsentwicklung. Während wir weiterhin auf traditionell hohem Niveau produzieren, stoßen wir gleichzeitig in bisher unbekannte Bereiche vor, riskieren neue Entwicklungen, integrieren die Möglichkeiten neuer Medien.

Die damit verbundene Notwendigkeit zu mehr Wachstum, läßt sich am besten auf der Grundlage unserer *Unternehmensphilosophie* realisieren. Nicht zuletzt sie hat dazu geführt, daß die Menschen stolz darauf sind, bei Wilkhahn zu arbeiten. Unverzichtbarer Bestandteil ist dafür eine zeitgemäße Mitarbeiterbeteiligung – materiell wie immateriell –, die Menschen motiviert, ihr kreatives Potential für das Unternehmen einzusetzen, damit zur Innovation beizutragen und gleichzeitig vom gemeinsamen Erfolg zu profitieren.

Denn in jedem Menschen steckt beides: der Wunsch nach Kontinuität und Sicherheit ebenso wie die Sehnsucht nach Veränderung und Aufbruch.

Meinen persönlichen Beitrag sehe ich in dieser Situation darin, die Vergangenheit mit der Zukunft zu verknüpfen und dadurch in einer gewachsenen Struktur eigene Akzente zu setzen. Es gibt einen Satz, der mich dabei anspornt: Führungskräfte müssen Spuren hinterlassen. Tun sie das nicht, dann besteht die Gefahr, daß sie zu Opportunisten werden.

Als Ökonom habe ich zwar andere Ansprüche an die Mitarbeiterbeteiligung als mein Vater. Ich erkenne aber die Weisheit, die in seinem Konzept gesteckt hat, und habe das Ziel, diese Besonderheit, die das Unternehmen geprägt und zum Erfolg beigetragen hat, weiterzuentwickeln und in eine stabile Zukunft zu transferieren. Wilkhahn bietet den Menschen, die den Wunsch haben, selbst zu gestalten, Möglichkeiten, die sie in dieser Form sonst kaum vorfinden.

# En passant ...

*Was bedeutet für Sie, Herr Dr. Hahne, Erfolg?*

Erfolg bedeutet für mich das tiefe Gefühl der Befriedigung, wenn Anspruch und Wirklichkeit in der Unternehmensgestaltung in Übereinstimmung gebracht werden. Der wirtschaftliche Erfolg ist eher Ergebnis als Ziel. Er „erfolgt" dann fast automatisch.

*Durch welche Eigenschaften muß sich ein Unternehmer auszeichnen, der sich in unserer Zeit behaupten will?*

Die Unternehmen sind immer nur so gut, wie die Mitarbeiter sich engagieren. Menschenkenntnis, Begeisterungsfähigkeit und das Vermögen, Mitarbeiter an das Unternehmen zu binden, sind für mich daher die wichtigsten Unternehmereigenschaften.

*Welche Philosophie bestimmt Ihr unternehmerisches Handeln?*

Stillstand ist Rückschritt. Für mich gilt deshalb vor allem, das Unternehmen und die eigene Persönlichkeit kontinuierlich weiterzuentwickeln.

*Wie bereiten Sie wichtige Entscheidungen vor?*

Ich versuche, im Vorfeld möglichst viele relevante Meinungen einzuholen und zu bewerten und lege die Verantwortlichkeiten vor einer Entscheidung eindeutig fest.

*Welche Eigenschaften schätzen Sie an Mitarbeitern besonders?*

Verläßlichkeit, Initiative, Offenheit und ein gesundes Maß an Selbstkritik sind für mich die Schlüsselqualifikationen bei den Mitarbeitern.

*Wenn Sie einen Nachfolger einarbeiten müßten, was wäre Ihr wichtigster Rat?*

Sei offen für die Meinung anderer, höre Dir Ihren Rat an – und überprüfe dann, inwieweit sie sich an ihre eigenen Maximen halten.

*Welches sind für Sie in den nächsten Jahren die zentralen Herausforderungen?*

Ich halte die Verbesserung der alltäglichen Umgangsformen, das, was man als Unternehmenskultur bezeichnet, für eine der wichtigsten Aufgaben. Gleichzeitig müssen alle Leistungen des Unternehmens weiter optimiert werden. Das eine ist ohne das andere kaum dauerhaft möglich. Im Ergebnis sollten möglichst viele Mitarbeiter stolz darauf sein können, „dabei zu sein“. Ich selbst möchte für mich ausreichend persönliche Freiräume realisieren, um den Erfolg genießen zu können.

*Haben Sie ein Lebensmotto?*

„Der Weg ist das Ziel.“

# Erfolgsfaktor Nachfolgeregelung

Obwohl der Führungswechsel ein natürlicher Prozeß ist, läßt sich in den letzten Jahren beobachten, daß das Thema „Nachfolge" immer wichtiger geworden ist. Entscheidend dafür sind die steigende Zahl übergabebereiter Unternehmen, der zunehmende Mangel an Selbständigen und die Vielschichtigkeit des Problems.

In Westdeutschland sind 37 Prozent der Eigner kleiner und mittlerer Unternehmen älter als 50 Jahre. Grobe Schätzungen gehen für die nächsten zehn Jahre von über 700.000 Unternehmensübergaben inklusive 200.000 Handwerksbetrieben aus. Damit wird voraussichtlich die Zukunft von knapp einem Fünftel des Bestandes und zirka vier Millionen Beschäftigten davon abhängen, daß geeignete Nachfolger die Kontinuität wahren.

Gleichzeitig mit dem wachsenden Bedarf sinkt die Bereitschaft von Familienmitgliedern, in die Geschäftsführung des elterlichen Betriebes hineinzuwachsen. Bereits im Jahre 1989 hatten Studien gezeigt, daß nur 53 Prozent der Positionen familienintern blieben. Bei Unternehmen, die mehr als 100 Mitarbeiter beschäftigten, war die Nachfolge aus der Inhaberfamilie sogar nur in 38 Prozent der Fälle gesichert.

Die gesamtwirtschaftliche Dimension des Strukturwandels beschäftigt auch die Europäische Union: Sie geht davon aus, daß fast 10 Prozent aller Konkursanträge bei kleinen und mittleren Unternehmen auf eine schlecht vorbereitete Erbfolge zurückzuführen ist und mindestens 30.000 Unternehmen sowie 300.000 Arbeitsplätze jährlich auf diese Weise gefährdet sind.

Der potentiellen „Nachfolgelücke" frühzeitig zu begegnen, liegt deshalb ebenso im volkswirtschaftlichen Interesse wie im Interesse des Seniors und des Juniors. Daher empfehlen Experten, sich bereits 10 bis 15 Jahre vor dem geplanten Übergabetermin gedanklich mit den verschiedenen Optionen auseinanderzusetzen. Wichtige Weichen sollten zehn Jahre im voraus gestellt werden. Denn neben materiellen, institutionellen und rechtlichen Problemen spielen auch psychologische Faktoren, wie das Gefühl, „nicht mehr gebraucht zu werden", eine nicht zu unterschätzende Rolle.

Das Institut für Mittelstandsforschung (IfM), Bonn, hat in seiner jüngsten Studie aktuelle Zahlen über zu übertragende Mittelstandsunternehmen für den Zeitraum 1999 bis 2004 vorgelegt und dabei sowohl die auszumachenden Ursachen als auch die Anteile der wichtigsten Übertragungsvarianten untersucht. Als bedeutsamste Gründe für Übergaben im Jahre 1999 werden dabei mit 42,1 Prozent das Alter des Firmeneigners und mit 26,3 Prozent der Wechsel in eine andere Tätigkeit angegeben. Der Rest entfällt auf unerwartete Einflüsse, die voraussichtlich zu einer Übertragung führen werden. Abbildung 6 veranschaulicht, in welchen Größenordnungen sich die angekündigten und am häufigsten genannten Veränderungen bewegen werden.

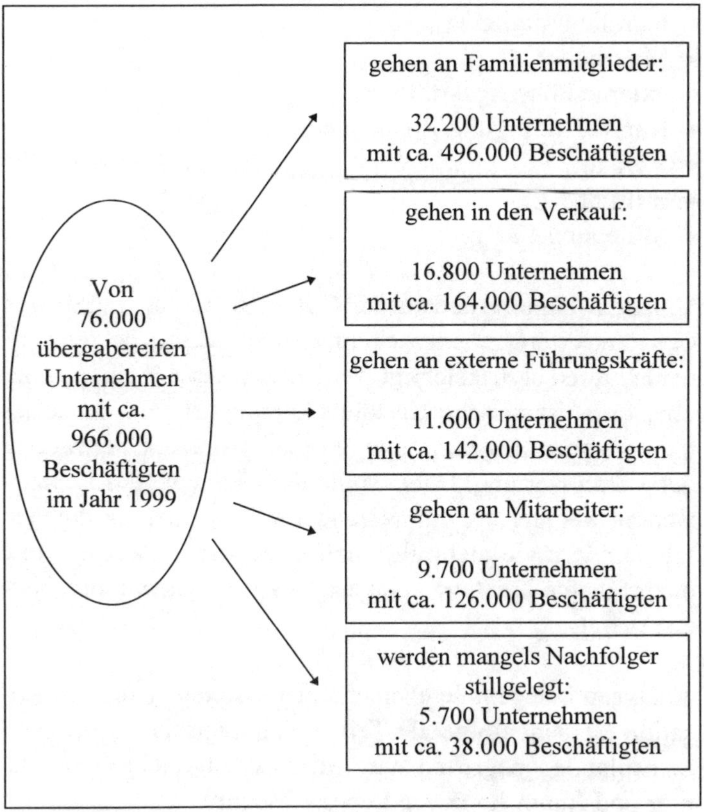


Quelle: IfM-Materialie Nr. 136

*Abbildung 6: Die Übertragungspläne deutscher mittelständischer Unternehmen im Jahr 1999*

Wenngleich es keine Patentrezepte gibt, wird die geeignete Übertragungsvariante bereits durch die individuellen Rahmenbedingungen bestimmt. Je nach familiärer und betrieblicher Situation sowie äußeren Einflüssen kommen als Lösungen in Betracht:

- Familienmitglieder,
- Mitarbeiter,
- externe Führungskräfte,
- Kapitalbeteiligung/Börsengang,
- Verkauf,
- Stiftung,
- Stillegung.

Vor dem Hintergrund dieser Optionen ist ein tragfähiges Gesamtkonzept zu entwickeln, in dem sämtliche relevanten Faktoren berücksichtigt werden: von der Erbschaftsteuer über organisatorische Gestaltungsfragen bis hin zur testamentarischen Regelung und der stufenweisen Übertragung der Verantwortung. Dabei sollte die Übergabe des Lebenswerkes weniger als schmerzender Wertverlust am eigenen Ich, sondern vielmehr als Chance verstanden werden, daß die erbrachte Leistung auch zukünftigen Generationen Nutzen stiftet.

Analysen belegen: Je eher und professioneller die Organisation der Nachfolge als Teil der strategischen Unternehmensplanung begriffen wird, desto erfolgreicher sind Senior und Junior im neuen Lebensabschnitt.

# Nachfolgeoptimierung – mehr als nur Paragraphen

*von Christoph Wellendorff*

In rund 300.000 kleinen und mittleren Unternehmen, so heißt es, steht in den nächsten fünf Jahren ein Generationswechsel an. Verständlich, daß ein enormer Beratungsbedarf besteht. Schließlich möchte jeder Eigentümer die Gewißheit haben, bei der Übergabe des Stabes an den Nachfolger keine Fehler zu machen, mit denen möglicherweise sogar die Existenz des Unternehmens gefährdet würde.

Da aber keines dieser Unternehmen dem anderen gleicht, kann es auch keine Patentlösung dafür geben, wie die Nachfolge in einem mittelständischen Familienunternehmen zu regeln ist. Jeder Generationswechsel ist individuell geprägt. Demzufolge muß jede Nachfolge isoliert betrachtet werden. Unterschiedliche Voraussetzungen erfordern differenzierte Lösungen. Leider geben die Leitfäden, die sich in den Regalen der Buchläden finden, meist nur mehr oder minder detaillierte Ratschläge für Standardproblemstellungen, wie etwa in Fragen der vertraglichen Fixierung oder der steuerrechtlichen Gestaltung.

Doch die erfolgreiche Nachfolgeregelung in einem Familienbetrieb setzt mehr voraus, als nur die Beachtung der gesetzlichen Rahmenbedingungen und die Gestaltung rechtlich wasserdichter Verträge. Gerade, wenn es um die dauerhafte Bestandssicherung eines Familienunternehmens geht, ist es von zentraler Bedeutung,

- ob das Unternehmen in der Familie gehalten werden kann, es demnach eine familieninterne Nachfolgeregelung geben wird,

- oder das Unternehmen verkauft, beziehungsweise die Leitung in familienfremde Hände gelegt wird.

Beide Wege haben ihre Berechtigung. Welcher beschritten wird, hängt vom Einzelfall ab. Den Königsweg gibt es nicht.

Als familieninterner Nachfolger bin zwar auch ich nicht in der Lage, den generell „richtigen“ Weg aufzuzeigen. Aber aus persönlichen Erfahrungen lassen sich Ansatzpunkte für mögliche Vorgehensweisen ableiten, von denen andere Unternehmen profitieren können. Daher möchte ich aus meiner Sicht darstellen, worauf es meinem Vater und mir besonders ankam und worauf er und ich besonders geachtet haben, um mir den Einstieg in das Unternehmen zu erleichtern und mich auf die künftige Leitung des Schmuckherstellers Wellendorff vorzubereiten.

Da – wie bereits erwähnt – die rechtlichen Grundlagen von Nachfolgeregelungen hinlänglich in anderen Quellen nachzulesen sind, geht es mir dabei vor allem um die Aspekte der zwischenmenschlichen Beziehungen, der sozialen Kompetenz, der Erziehung, der Wertevermittlung. Ich möchte damit zeigen, daß die familieninterne Nachfolgeregelung erst dann zum Erfolgsfaktor werden kann, wenn Voraussetzungen erfüllt sind, die man weder in Paragraphen niederschreiben noch aus Gesetzen ableiten kann. Wenn ich schon kein Patentrezept liefere, kann ich auf diese Weise vielleicht zumindest bei vielen Unternehmensinhabern ein gewisses Problembewußtsein wecken und sie für Faktoren sensibilisieren, die erfolgsrelevant sein können.

Vorweg sei zweierlei angemerkt. Zum einen, daß die Nachfolge bei uns zwar beschlossene Sache ist, wir aber noch in der Übergangsphase sind. Mein Bruder und ich sind inzwischen an der Firma beteiligt und gleichzeitig Geschäftsführer. Und zum anderen, daß mein Bruder und ich gemeinsam die Nachfolge meines Vaters an der Spitze des Unternehmens antreten werden. Bei meinem Erfahrungsbericht werde ich daher auch gelegentlich die Pluralform verwenden und zusammen für meinen Bruder und mich sprechen, sofern es um Dinge geht, die uns beide gleichermaßen betroffen haben oder betreffen und von denen ich weiß, daß mein Bruder meine Ansicht teilt.

Bevor ich mich der Frage widme, wie es überhaupt dazu kam, daß unser Unternehmen eine familieninterne Nachfolgeregelung realisieren wird und welche Faktoren für mich persönlich von Bedeutung sind, damit diese familieninterne Nachfolge auch erfolgreich über die Bühne gehen kann, kurz einige Worte zu unserem Unternehmen selbst.

## Wellendorff – Schmuckherstellung in der vierten Generation

Seit mehr als 100 Jahren, exakt seit 1893, beschäftigt sich unsere Familie mit der Schmuckherstellung. Unternehmensgründer war mein Urgroßvater. Zu einer Zeit, als in Pforzheim die Kommerzialisierung des Doublés, das heißt, die Möglichkeit, auf einem unedlen Metall eine edle Oberfläche aufzuwalzen, erfunden wurde, kehrte er dieser Massenschmuckfertigung den Rücken und verschrieb sich der Herstellung von edlem, feinem, klassischen Schmuck. Dabei ist es bis heute geblieben.

Der langjährigen Tradition folgend, steht der Wellendorff-Schmuck für Hochwertigkeit. Zum Einsatz kommt nur 18-karätiges Gold. Seit jeher werden alle Schmuckstücke, die unser Haus verlassen, zu 100 Prozent von unseren Mitarbeitern hergestellt. Einzig beim Einkauf von Gold und Edelsteinen setzen wir auf die Kompetenz externer Experten. Das Brillant-W (ein Vollschliffbrillant, gefaßt in ein kleines goldenes W), das heute als Markenzeichen jedes einzelne Schmuckstück – sei es Ring, Kollier oder Ohrring – aus dem Hause Wellendorff schmückt, geht zurück auf die von meinem Urgroßvater eingeführte und verwendete Punzierung der Schmuckstücke mit dem Buchstaben W.

Einer solch langen Tradition als Familienunternehmen fühlen wir uns natürlich verpflichtet. Doch kann Tradition auch zur Belastung werden. Gerade dann, wenn eine familienexterne Nachfolgeregelung oder gar ein Verkauf der Tradition wegen nicht in Betracht kommt, kann es leicht passieren, daß Tochter oder Sohn dem auf ihnen lastenden Erwartungs- und Erfolgsdruck nicht standhalten.

Diese Situation ist bei uns nie eingetreten. Obwohl eine familienexterne Lösung oder der Verkauf des Unternehmens nie zur Disposition standen, haben wir das Familienunternehmen und die sich in Zukunft stellende Nachfolgefrage nie als Belastung empfunden. Unsere Eltern haben es vielmehr verstanden, uns das Unternehmen in einer Art und Weise zu vermitteln und uns so zu erziehen, daß mein Bruder und ich uns auf die sich stellenden Aufgaben gefreut haben und weiterhin freuen.

## Nachfolgeregelung nicht erst im Erbfall

Eine solche familieninterne Nachfolge ist nun allerdings bestimmt nicht die Regel. Glaubt man den Berichten, dann stehen viele Inhaber vor der Entscheidung, ihr Unternehmen zu verkaufen oder einen externen Manager mit der künftigen Leitung zu beauftragen, weil sich innerhalb der Familie kein geeigneter Nachfolgekandidat findet. Besonders prekär und oftmals auch schmerzlich wird die Situation, wenn die zur Nachfolge eigentlich anstehende Generation keine Lust verspürt, in die Fußstapfen ihres Vaters und/oder ihrer Mutter zu treten oder – noch schlimmer – sie zum Unternehmer einfach nicht taugt.

Leider setzen sich viele mittelständische Unternehmen mit der Nachfolgeregelung erst auseinander, wenn diese unmittelbar bevorsteht. Meist sind dann mangelndes Interesse oder fehlende Befähigung schlicht nicht mehr abzustellen.

Eine familieninterne Lösung kann zwar nicht gezielt herbeigeführt werden. Sie kann aber doch begünstigt werden. Entscheidend ist nur, die Tochter oder den Sohn möglichst früh für den Betrieb zu begeistern. So beginnt eine erfolgreiche Nachfolgeregelung für mich auch nicht erst mit dem

Eintreten des „Ernstfalls“, sondern schon dann, wenn die Erben noch in den Kinderschuhen stecken.

## Frühzeitiges Heranführen oder „Das Bereiten des Feldes“

Es muß den Eltern gelingen, ihr Kind möglichst früh und zugleich möglichst behutsam an das Unternehmen heranzuführen. Dabei darf nicht der Eindruck entstehen, zu etwas gezwungen zu werden. Dies ist sicherlich eine Gratwanderung, aber wie ich an mir selbst erlebt habe, ist es möglich, so viel Interesse und Begeisterung für ein Unternehmen zu wecken, daß die Kinder in freier Entscheidung zu dem Schluß gelangen, die Nachfolge antreten zu wollen. Es gelingt am besten, wenn bei den Kindern möglichst früh eine positive Grundhaltung, eine positive Motivation gegenüber dem Familienbetrieb erzeugt wird.

***Eigeninteresse beim Nachfahren wecken ...***

Nun mag mancher Leser einwenden, daß eine solche Entscheidung nicht wirklich frei sein kann, weil doch der individuelle und verbliebene Entscheidungsraum durch die Erziehung vorgegeben oder eingeengt wurde. Dieser Einwand hat sicherlich seine Berechtigung. Das trifft aber auf den gesamten Erziehungsprozeß zu.

Für mich ist eine frühzeitige Begeisterung für das Familienunternehmen vergleichbar mit der Vermittlung sozialer, ethischer, kultureller oder auch materieller Werte und das Heranziehen eines verantwortungsbewußten Menschen durch die Eltern. Von zentraler Bedeutung ist allein die Frage, ob die Entscheidung für das Unternehmen in dem Bewußtsein gefällt wird, daß auch eine gegenteilige Entscheidung akzeptiert würde.

Und genau dieses Gefühl haben meine Eltern meinem Bruder und mir vermittelt. So war es bei uns beiden ein Entschluß völlig ohne Zwang. Nie wurde an seine oder meine Verantwortung appelliert, in das Unternehmen eintreten zu müssen, um es weiterhin in Familienbesitz zu halten und seine Tradition fortzuführen. Wir hatten ganz einfach Lust darauf, in die Fußstapfen unseres Vaters zu treten.

Eine Garantie dafür, daß auf diese Weise ein Kind oder sogar, wie bei uns, mehrere Kinder sich für die Nachfolge im eigenen Unternehmen interessiert und großgezogen werden können, gibt es natürlich nicht. Ein paar Imponderabilien bleiben immer. Ohne unzulässig zu verallgemeinern, kann ich aus eigener Erfahrung sagen, daß die Chancen für eine familieninterne Nachfolge zwei zu eins stehen: Bei meinem Bruder und mir ist es meinen Eltern gelungen, uns für die Schmuckwelt zu begeistern; bei meiner Schwester nicht. Dabei ist sie in demselben positiven Umfeld aufgewachsen. Die „Aussaat“ meiner Eltern hat bei ihr jedoch nicht gefruchtet. Sie entschied sich für die Naturwissenschaften und wurde Apothekerin.

## Das Familienunternehmen positiv vorleben

Wege, bei den Kindern eine positive Motivation für das Unternehmen zu erzeugen, mag es viele geben. In allen Fällen wird es aber darauf ankommen, daß die Eltern deutlich werden lassen, mit wieviel Spaß sie selbst bei der Sache sind. So kann ich mich gut daran erinnern, daß unser Vater das Thema Geschäft immer mit einer gewissen Freude transportiert hat. Sicherlich gab es in der Wellendorff-Geschichte die eine oder andere Schattenseite. Ganz besonders die Entscheidung meines Vaters, Wellendorff als Schmuckmarke zu etablieren, war zur Mitte der 70er Jahren mit einem drastischen Umsatzeinbruch von rund 50 Prozent verbunden. Aber selbst bei solchen Rückschlägen hat unser Vater nie seine positive Grundeinstellung dem Unternehmen gegenüber verloren und die Situation stets so dargestellt, daß noch mindestens ein Silberstreif am Horizont sichtbar blieb. Nie entstand bei uns das Gefühl, ein Unternehmen zu leiten sei etwas enorm Belastendes. Vielmehr hatten wir schon sehr früh den Eindruck, daß es eine Herausforderung ist, die Spaß macht. Indem unser Vater den Beruf positiv und als etwas Angenehmes vorlebte, vermied er Ressentiments und weckte natürlich bei meinem Bruder und mir Interesse, erzeugte bei uns die Lust, es ihm gleichzutun.

## „Soft landing“ in der Schmuckwelt

Nachdem sich diese Grundeinstellung entwickelt hatte, erfolgte mein eigentliches Heranführen an das Schmuckgeschäft. Es fand recht behutsam statt. So vertrauten meine Eltern mich in den Schulferien einem ihrer Außendienstmitarbeiter an, der mich dann auf „Überlandfahrt“ mitnahm. Auf diese Weise bekam ich nicht nur viel von Deutschland zu sehen, sondern auch zum ersten Mal die Juweliere, die Wellendorff-Kunden, zu Gesicht. Ich begriff, was es hieß, den vom meinem Vater mit großer Freude in seinem Unternehmen hergestellten Schmuck „an die Frau" zu bringen. Ich lernte gewissermaßen die andere – nicht minder positive – Seite der Schmuckwelt kennen. Als es dann mit 16 Jahren in die Sprachferien nach England ging, war es eigentlich selbstverständlich, daß ich sie bei einem Juwelier verbrachte und, soweit es meine Fähigkeiten zuließen, in seinem Geschäft mitarbeitete.

Rückblickend kann ich sagen, daß mein erster, früher Einstieg in die Schmuckwelt nur mit positiven Erlebnissen verbunden war. Die Erwartungen, die unser Vater bei uns schon sehr früh geweckt hatte, wurden also durch und durch erfüllt.

Und auch dies erscheint mir von größter Wichtigkeit: Das, was der Vater uns vorlebte, entsprach tatsächlich der Wirklichkeit. Hätte er uns nur etwas vorgemacht und hätte ich herausfinden müssen, daß die Schmuckwelt gar nicht so glänzend ist und das Unternehmen mehr Sorgen als Freude bereitet, dann wäre bei mir nicht nur die Enttäuschung groß gewesen, sondern auch das Vertrauensverhältnis zu meinen Eltern empfindlich gestört worden.

Eigentlich kann es nicht verwundern, daß all die angenehmen Assoziationen, all die guten Erfahrungen, den Entschluß in mir reifen ließ, den Weg, an dessen Anfang mein Vater mich gestellt hatte, auch zu gehen.

Natürlich unterstützen meine Eltern diese Entscheidung. In all den Jahren gaben sie mir zudem nie das Gefühl, mich bewähren zu müssen. Ihre Position war also nicht „Mal sehen, ob er sich bewährt", sondern „Was müssen wir tun, damit er sich bewährt?". Meine Rolle als Nachfolger wurde nie in Frage gestellt, dafür aber um so mehr die Methode, mit der ich zum Nachfolger erzogen und ausgebildet wurde.

Soweit die mir sehr wichtigen Präliminarien, die darin mündeten, daß das Schmuckhaus Wellendorff auch in der vierten Generation ein Familienunternehmen bleiben wird. Sicherlich ist es eine äußerst persönliche und nicht dekkungsgleich auf andere Nachfolgefälle zu übertragene Vorgehensweise. Aber ich kann mir durchaus vorstellen, bei meinen eigenen Kindern ähnlich zu verfahren.

Nachdem ich der glücklichen Fügung, im Hause Wellendorff eine familieninterne Nachfolge realisieren zu können, ein wenig ihrer vermeintlichen Schicksalhaftigkeit beraubt habe, geht es nun um Schritte der Vorbereitung, insbesondere die Fachausbildung.

## Lerne zuzuhören, um später reden zu können

Zunächst hieß es, das Goldschmiedehandwerk *von der Pike auf* zu lernen. Nicht nur, um von den eigenen Mitarbeitern und den Kunden ernst genommen zu werden und um mitreden zu können, sondern auch, um einen Goldschmiedetraum träumen und verwirklichen zu können. Oder, etwas banaler ausgedrückt, um die Schmuckmarke Wellendorff weiterhin mit familieneigenen Kreationen zu prägen und sich auf diese Weise mit dem Unternehmen und seinen Schmuckstücken zu identifizieren.

Die Ausbildung absolvierte ich – erstmals fern der Heimat – in Überlingen am Bodensee. Obwohl aus einem Schmuckhause kommend, genoß ich bei meinem Goldschmiedemeister keinerlei Privilegien. Ein Umstand, den ich nicht vermißte, sondern eher begrüßte. Das anschließende BWL-Studium in Bamberg, Stuttgart und Paris habe ich in nur sieben Semestern abgeschlossen. Daß es mir in dieser relativ kurzen Zeit gelang, lag einfach daran, daß ich sehr gezielt auf das Brillant-W hin studiert, meine Studieninhalte also auf die spätere Verwendbarkeit im Familienunternehmen hin konsequent ausgedünnt hatte. Ich war beseelt von der Idee, alles oder sehr viel von dem, was ich während meines Studiums lernte, später „in Schmuck" umsetzen zu können. Alles, was mich nicht interessierte oder was für mich nicht von Belang war, hatte ich rigoros aus meinem Lehrplan gestrichen.

***An der Basis beginnen ...***

Als das Studium erfolgreich abgeschlossen war und der Zeitpunkt des Eintritts in das Familienunternehmen anstand, waren meinem Vater und auch mir klar, daß die Zeit des Lernens damit noch lange nicht beendet sein würde. Zudem bestand Einigkeit darüber, daß ich als Wellendorff Junior im Haus Wellendorff keine Sonderbehandlung erfahren, sondern mich langsam nach oben arbeiten sollte und weiter meine Erfahrungen sammeln mußte. Wie schon bei meiner Lehre war es mir wichtig, meine Lernjahre möglichst ungefiltert und mit allergrößter Realität zu bewältigen. So wurde auch keine spezielle Stelle für mich geschaffen, sondern ich besetzte eine zur damaligen Zeit bestehende Vakanz im Vertrieb. Bei meinem Bruder verhielt es sich ähnlich. Als er sein Studium beendet hatte, kämpften wir gerade mit einem EDV-

Problem in unserem Hause. Er nahm sich der Sache an, lernte während der sechs Monate, in denen er an der Lösung arbeitete, die Organisation bis ins kleinste Detail kennen und baute auf diesem Erfahrungsschatz seine Tätigkeit als jetziger „Innenminister" für unser Unternehmen auf.

Zurück zu meinem eigenen Einstieg: In manchen Familienunternehmen entbrennt spätestens an dieser Stelle, wenn nämlich der Junior gerüstet ist, um sich im Familienunternehmen die ersten Sporen zu verdienen, auch der erste Streit, gilt es doch zu vereinbaren, zu welchem Gehalt der spätere Unternehmensnachfolger eingestellt wird. Mein Vater und ich lösten diese Frage recht pragmatisch: Zur Ermittlung meines „Marktwertes" bewarb ich mich bei einer Computerfirma, und wir verständigten uns einfach auf das Gehalt, das mir von dieser Firma geboten wurde.

Für die nächsten zwei Jahre war ich ein ganz normaler Wellendorff-Außendienstmitarbeiter mit einem eigenen, kleinen Kundenstamm. In dieser Zeit hatte ich Gelegenheit, das Leben und den Alltag eines Vertriebsmitarbeiters kennenzulernen, seine Schwächen und seine Stärken, Dinge, die er gerne macht und Dinge, die ihm weniger leichtfallen. Da ich keinerlei Privilegien beanspruchte und auch keine genoß, habe ich das Geschäft von Grund auf kennengelernt. Es ist diese Erfahrung, die es mir heute enorm erleichtert, unsere Außendienstmitarbeiter nicht nur zu verstehen, sondern auch offen für ihre Sorgen und Nöte zu sein.

Nach zwei Jahren hatte ich ausreichende Praxiseindrücke gesammelt und genau genug zugehört, um mir selbst eine Meinung zu bilden, eigene Ideen zu entwickeln und diese auch konsequent umzusetzen, kurz: um mitreden zu können. Die erste Möglichkeit dazu bot sich mit der Entwicklung eines Konzeptes, mit dem die Stellung des Brillant-W am Markt nochmals gestärkt und die Kollektion im Kollierbereich auf eine einzige Aussage reduziert wurde.

Die zweite – eher unkonventionelle Möglichkeit – ergab sich, als ich auf der Suche nach einem passenden Verlobungsgeschenk für meine jetzige Frau war. Da es etwas aus der Wellendorff-Kollektion sein sollte, mir aber das meiner Vorstellung entsprechende jugendlichere, frischere Design in der Kollektion fehlte, machte ich mich mit einem Designer unseres Hauses daran, einen farbigen Ring zu entwerfen. Das Ergebnis markiert nicht nur den Beginn meiner Ehe, sondern auch den Beginn der Intarsia-Kollektion von Wellendorff.

***Die Übergabe schrittweise vollziehen ...***

Der Prozeß des „Soft landing“ ist damit aber noch lange nicht zum Abschluß gekommen. Die Nachfolgeregelung im Hause Wellendorff stellt sich vielmehr als eine asymptotische Annäherung dar. Zur Zeit sind mein Bruder und ich gemeinsam mit unseren Eltern im Unternehmen tätig. Und es gibt für uns derzeit keinen Grund, an diesem Zustand etwas zu ändern. Momentan verfügen wir über eine Traumkombination in der Unternehmensleitung: die Erfahrung der Eltern gepaart mit der Dynamik der Söhne. Deshalb sind wir alle bestrebt, diese Konstellation solange wie möglich beizubehalten. Es dürfte daher auch nicht verwundern, daß die nötigen Schritte für eine funktionale Unternehmensübergabe zur Zeit zwar eingeleitet werden, die letzte Übergabe aber noch nicht vollzogen ist.

Dem langsamen Hineinwachsen in das Unternehmen auf seiten der Nachfolger steht somit das langsame Ausscheiden auf seiten des Vorgängers gegenüber. Aus meiner Sicht ist ein solch *weicher Übergang* frei von Friktionen und abrupten Veränderungen, der für Kunden und Mitarbeiter nur Nachteile mit sich bringt, stets vorzuziehen – sofern einige grundlegende Umgangsregeln beachtet werden. Dabei geht es um eine gesunde Streitkultur, eine klare Kompetenzverteilung und ein sauberes Zeitmanagement.

## Streitkultur nach innen, Harmonie nach außen

Die Gefahr ist groß, daß Vorurteile und Spannungen von außen die Beziehung der Söhne zum Vater, aber auch die Beziehung der Söhne untereinander, belasten. Die Nachfolgeregelung in einem Unternehmen wird wohl nie ohne Kritik – sei sie berechtigt oder unberechtigt – über die Bühne gehen. Allein schon die Entscheidung des Inhabers, seinen Sohn oder seine Tochter zum Nachfolger zu bestimmen, provoziert Widerspruch. Mal sind es die Mitarbeiter, denen die Nase des auserkorenen Nachfolgers nicht paßt. Mal sind es die Kunden, die am Junior etwas auszusetzen haben. Niemand sollte allerdings erwarten, daß diese Kritik offen vorgetragen wird. Meist werden die Dinge, an denen Anstoß genommen wird, nicht dem Betroffenen selbst mitgeteilt, sondern an den Leiter des Unternehmens herangetragen. Gerade bei unberechtigter Kritik darf den Urhebern unterstellt werden, einen Keil zwischen Vater und Sohn beziehungsweise Tochter treiben zu wollen, weil sie sich für ihre eigene Person mögliche Vorteile aus einer Entzweiung versprechen. In solchen Fällen gilt, was für den Umgang mit jedem kritisierten Mitarbeiter gelten sollte: Die äußere Schale muß intakt bleiben. Soll heißen: Nach außen, gegenüber dem kritisierenden Dritten, ist der Nachfolger gegen jegliche Kritik in Schutz zu nehmen, egal, wie berechtigt sie auch sein mag. Niemals sollte man sich dazu hinreißen lassen, Kritik in der Öffentlichkeit auszutragen. Die Solidarität muß auf jeden Fall gewahrt bleiben. Sind die Kritikpunkte an den Inhaber herangetragen worden, so dürfen sie nur hinter verschlossenen Türen und nur mit dem Kritisierten selbst diskutiert werden. Im Innenverhältnis, das heißt zwischen Inhaber und Nachfolger oder zwischen den Nachfolgern, bleibt natürlich eine gewisse *Kritikfähigkeit* unverzichtbar. Allein, als Nachfolger bereit zu stehen, heißt noch nicht, über jede Kritik erhaben zu sein. Die notwendige Streitkultur, die nötig ist, mit der Kritik konstruktiv umzugehen, gilt es wiederum bereits bei der Erziehung der Kinder zu entwickeln.

Noch eines ist mir wichtig, an dieser Stelle zu erwähnen: Mein Bruder ist mein bester Freund. Ohne gleich die Bibel heranzuziehen, kann wohl angenommen werden, daß das nicht immer die Regel ist. Wie schon bei unserer frühen Einstimmung auf das Unternehmen haben unsere Eltern auch hier einen entscheidenden Beitrag geleistet. Wenn wir als Kinder etwas angestellt hatten, dann wurden wir alle drei gemeinsam dafür bestraft. Natürlich habe ich meinen Bruder dafür manches Mal gehaßt. Über die Jahre hat sich das aber gewandelt hin zu einer ungemeinen Solidarität. Die Freundschaft, die uns verbindet, wird uns niemals dazu veranlassen, unsere Energien im Kampf gegeneinander zu verschwenden, sondern sie für unser gemeinsames Ziel, den Erfolg der Schmuckmarke Wellendorff einzusetzen.

So wird es den Leser auch nicht verwundern, daß mein Bruder und ich das Unternehmen einmal gemeinsam, absolut *paritätisch* leiten werden. Es wird keinen Vorgesetzten und keinen Untergebenen geben, keiner von uns wird der Chef des anderen sein. Wir sind uns darüber einig, daß wir gemeinsam mehr erreichen werden als jeder einzelne für sich. So müssen wir dann auch Wege finden, wie wir – im Interesse der Firma – zu von uns beiden getragenenen Kompromissen gelangen. Wie schon heute werden wir die Aufteilung beibehalten, daß mein Bruder für das Innenverhältnis und ich für die Außenbeziehungen zuständig sein werden. Wichtig ist nur, daß die Kompetenzen und Aufgabengebiete klar geregelt und voneinander abgegrenzt sind.

Ich kann nur Verantwortung übernehmen, wenn ich weiß, wofür ich verantwortlich bin. Und dann möchte ich auch nicht, daß jemand anders sich in diese Bereiche einmischt. Es wäre auch für die Mitarbeiter und die Kunden nicht zumutbar, wenn es keine eindeutige Abgrenzung gäbe. Es muß klar sein, wer für was zuständig ist. Dazu gehört natürlich auch die Fähigkeit, einmal mit ansehen zu können, wie etwas nicht so funktioniert, wie man es selbst gerne gemacht hätte. Aber: Der beste Freund darf auch mal einen Fehler machen. Es ist nur der schlechte Freund, dem man etwas übelnimmt, weil es an der erforderlichen Toleranz und dem nötigen Respekt fehlt.

Gemeinsam ein Unternehmen zu führen verlangt schließlich nach einem klaren *Zeitmanagement*. Es muß sich immer die Zeit finden, miteinander zu sprechen. Wir haben es so geregelt, daß man jederzeit für den anderen ansprechbar sein muß.

## Kein Patentrezept, aber ein Ideal für Wellendorff

Zu Beginn habe ich darauf hingewiesen, mit diesem Beitrag kein Patentrezept für eine optimale Nachfolgeregelung bieten zu können. Dies muß ich nun relativieren. Für mich ist die Art und Weise, wie meine Eltern, mein Bruder und ich gemeinsam die Nachfolge in unserem Familienunternehmen regeln, schon eine Ideallösung.

Heute sind meine Mutter und meine Schwägerin für das Marketing bei Wellendorf zuständig und somit ist auch die „Frauenseite" unserer Familie in der Firma integriert.

Ich weiß nicht, welchen gesellschaftlichen Einflüssen meine Kinder in den Jahren, in denen sie nun heranwachsen, ausgesetzt sein werden, welche Werte und Ideale sie beeinflussen mögen. Aber ich kann heute schon sagen, daß ich zusammen mit meiner Frau bemüht sein werde, sie ebenfalls für die Schmuckwelt zu begeistern und eine weiche Landung für sie vorzubereiten. Ganz so, wie meine Eltern es bei mir gemacht haben.

# En passant ...

*Was bedeutet für Sie, Herr Wellendorff, Erfolg?*

Neben dem privaten Ziel einer glücklichen, harmonischen Familie ist beruflicher Erfolg für mich das schrittweise Annähern an meinen Lebenstraum: der Positionierung von Wellendorff als „der" feinen deutschen Marke im internationalen Schmuckschaffen.

*Durch welche Eigenschaften muß sich ein Unternehmer auszeichnen, der sich in unserer Zeit behaupten will?*

Ein Unternehmer muß sich durch strategisches Denken, Risikobereitschaft und Durchhaltevermögen auszeichnen. Er muß in der Lage sein, auch längere Zeit gegen den Strom zu schwimmen.

*Welche Philosophie bestimmt Ihr unternehmerisches Handeln?*

Der kategorische Imperativ von Kant sollte unser unternehmerisches Handeln bestimmen: „Handle nur nach derjenigen Maxime, durch die du zugleich wollen kannst, daß sie ein allgemeines Gesetz werde."

*Wie bereiten Sie wichtige Entscheidungen vor?*

Wichtige Entscheidungen bereite ich durch intensive Diskussion im Familienkreis vor.

*Welche Eigenschaften schätzen Sie an Mitarbeitern besonders?*

Bei Mitarbeitern schätze ich neben Loyalität vor allem persönliches Engagement.

*Wenn Sie einen Nachfolger einarbeiten müßten, was wäre Ihr wichtigster Rat?*

Ein Rat für einen Nachfolger wäre: Formuliere für Dich ein Ziel, eine Vision und lebe konsequent danach!

*Welches sind für Sie in den nächsten Jahren die zentralen Herausforderungen?*

Die zentralen Herausforderungen sind der Ausbau des Markenmythos Brillant-W als edles Zeichen für „Meisterwerke in Gold" und die Internationalisierung der Marke.

*Haben Sie ein Lebensmotto?*

Mein Lebensmotto: Glaube versetzt Berge!

# Erfolgsfaktor Ökologie

Verengtes ökonomisches Denken trägt – verbunden mit einer rasanten industriellen und technischen Entwicklung – seit vielen Jahrzehnten dazu bei, daß die Wissenschaft von den Wechselwirkungen zwischen Lebewesen und natürlicher Umwelt, kurz Ökologie genannt, dramatisch an Bedeutung gewinnt.

Schon 1983 stellt der Datenreport des Statistischen Bundesamtes fest, daß Natur- und Umweltschutz seit Anfang der 70er Jahre im Vergleich zu anderen Politikbereichen mehr und mehr das Interesse der Öffentlichkeit findet. Luft- und Wasserverschmutzung, Lärmbelästigung, Waldsterben, Folgen atmosphärisch ungehinderter Sonneneinstrahlung, Hochwasserkatastrophen und andere Umweltschädigungen sind inzwischen persönlich erfahrbar. Aber auch Medien und Umweltschutzverbände ebnen den Weg zu einem geschärften Bewußtsein für die Gefahren, die unsere natürlichen Lebensgrundlagen bedrohen.

Aus diesen Gründen steht die ökologische Verträglichkeit von Produkten und Produktionsverfahren heute zunehmend im Mittelpunkt der umweltpolitischen, aber auch der wirtschaftspolitischen Diskussion, was sich zum Beispiel in den Umweltberichten der Bundesregierung manifestiert.

So zeigt sich, daß mit Ausnahme einer Zunahme im Jahre 1996 – trotz wachsenden Verkehrsaufkommens – der Ausstoß des wichtigsten Treibhausgases Kohlendioxid seit 1990 in Deutschland zwar langsam, aber kontinuierlich abnimmt. Damit ist zwar das Ziel der Bundesregierung, die Emissionen bis zum Jahr 2005 auf 760 Millionen Tonnen zu reduzieren, noch nicht erreicht, aber die Tendenz zeigt, daß sich ein Bewußtseinswandel andeutet. Eine ähnliche, zum Teil sogar wesentlich deutlichere Entwicklung weisen die Angaben des Statistischen Bundesamtes im Hinblick auf die Emissionen von Stickstoffoxiden, Schwefeldioxid, Kohlenmonoxid und anderen umweltbelastenden chemischen Verbindungen aus.

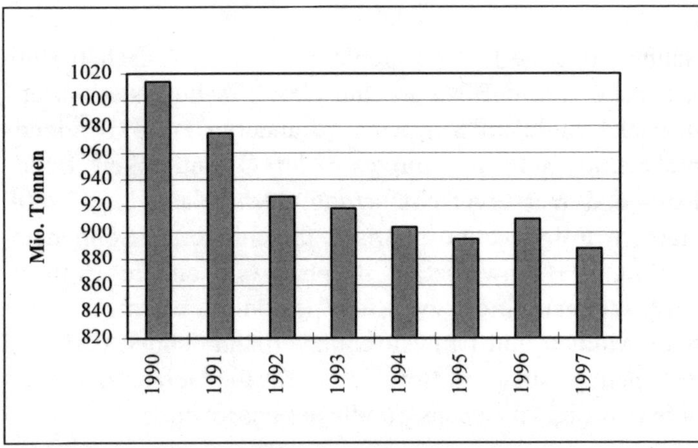


Quelle: Umweltbundesamt 1998

*Abbildung 7: Kohlendioxid-Emissionen in Deutschland*

In diesem Zusammenhang wird deutlich, daß Wirtschaft und Ökologie keine unüberwindbaren Gegensätze darstellen müssen. Untersuchungen haben sogar ergeben, daß insbesondere diejenigen Unternehmen in den letzten Jahren überdurchschnittliche Erfolge erzielen konnten, die umweltrelevante Aspekte bewußt in ihrer Unternehmensstrategie berücksichtigt haben. Ökologische Produktqualität hat sich demnach bereits zu einem wichtigen Verkaufsfaktor entwickelt.

Die internationale Normungsorganisation (ISO) hat diesen Sachverhalt genutzt und entsprechende Leitlinien für das Management entwickelt. Ökologische Grundsätze sind in der Norm ISO 14001 enthalten. Unternehmen, die eine sinnvolle Umsetzung der dort genannten Vorgaben nachweisen, können über ein entsprechendes, international anerkanntes Zertifikat der Öffentlichkeit demonstrieren, daß Umweltschutz ein fester Bestandteil ihrer Unternehmenspolitik ist. Das führt zu höherem Ansehen bei Kunden, Geldgebern, Versicherern und Behörden. Groß ist die Wirkung auch auf die eigenen Mitarbeiter, die mit Stolz ihr persönliches Umfeld auf das Zertifikat verweisen und damit zur Öffentlichkeitsarbeit beitragen.

Zwar ziehen Fachleute die tatsächliche Umweltverträglichkeit eines entsprechend ausgezeichneten Betriebes in Zweifel, da die Sinnhaftigkeit von Produkten und deren Verwendung nicht geprüft werde. Aber immerhin räumen selbst die Kritiker ein, daß die definierten Maßstäbe Unternehmen einen Anreiz liefern, den betrieblichen Umweltschutz voranzutreiben.

Vornehmlich in den EU-Staaten ist darüber hinaus ein EU-Öko-Audit-Zertifikat anerkannt, das noch höhere Anforderungen als ISO 14001 an das Umweltmanagement des Unternehmens stellt. Es basiert auf der 1993 erlassenen EU-Audit-Verordnung, die bis Ende 1999 novelliert werden soll, um das Profil des Audits weiter anzuheben.

In Deutschland haben bereits 1.900 Unternehmen ein Zertifikat erhalten und laut einer Umfrage des Umweltbundesamtes damit überwiegend positive Erfahrungen gemacht. Studien haben gezeigt, daß sich die Anforderungen für ein Öko-Audit bei der Hälfte der beteiligten Unternehmen bereits nach zirka 14 Monaten amortisieren.

Diese positiven Ansätze zeigen, daß Umweltmanagement nicht nur einen wichtigen Beitrag zur Sicherung unserer Lebensgrundlage leistet, sondern sich auch betriebswirtschaftlich lohnt.

# Umweltgerecht in Produkt und Produktion

*von H. Werner Utz*

Die Uzin Utz AG ist einer der führenden Spezialisten für Bauchemie. Die Schwerpunkte des Unternehmens sind die Herstellung und der Vertrieb von umweltfreundlichen Klebstoffen für Boden, Parkett sowie Fliesen im Neu- und Renovierungsbau. Auf dem Gebiet der Bodenbelagsklebstoffe gehört die Uzin Utz AG zu den führenden Herstellern in Europa. Ihre Produkte sorgen dafür, daß Bodenbeläge – egal welcher Art – den Menschen zuverlässig und sicher zu Füßen liegen.

Ökologisches Denken und Handeln ist seit Jahren fester Bestandteil der Unternehmensphilosophie von Uzin Utz. Konsequent wurden seit 1985 die Lösungsmittel aus den Uzin-Bodenbelagsklebstoffen eliminiert. Die hohe Umweltsensibilität, die gestiegenen Anforderungen an die Raumluftqualität und nicht zuletzt die Erfolge in der Vergangenheit gaben den Anlaß, in der neusten Produktgeneration schließlich Klebstoffe zu entwickeln, die möglichst frei von allen ausdünstenden Stoffen sind. Nach intensiver Forschung entstanden daraus die *sehr emissionsarmen* und *geruchsneutralen Klebstoffe* der Uzin-ÖkoLine. Damit liegt Uzin Utz voll im Trend der wohnfreundlichen Bodenbeläge, die nur in Verbindung mit wohnfreundlichen Klebstoffen voll zur Geltung kommen.

Uzin gilt heute als führender Hersteller von ökologisch und gesundheitlich unbedenklichen Bodenbelagsklebstoffen. Der Weg dorthin war allerdings nicht leicht. Wie er dennoch erfolgreich beschritten werden konnte, soll im folgenden erläutert werden. Dabei wird vor allem deutlich, daß eine Ausrichtung der Produkte und der Produktion an *ökologischen Maßstäben* zwar eine notwendige, keinesfalls aber die ausreichende Voraussetzung für den unternehmerischen Erfolg ist. Die Produkte sind allein aufgrund ihrer Umweltverträglichkeit noch lange keine Selbstläufer. Es bedurfte vielmehr umfangreicher Marketingstrategien, um die Produkte erfolgreich im Markt zu plazieren.

***Umweltverträglichkeit allein genügt nicht***

Zuvor muß allerdings noch eines vorausgeschickt werden: Wenn im folgenden von den Produktgenerationen der Bodenbelagsklebstoffe die Rede sein wird, dann verbirgt sich dahinter nicht nur jeweils ein einziges Produkt. Vielmehr verlangt die Praxis eine hohe Differenzierung. So will ein getufteter Teppichboden anders behandelt sein als ein gewebter, PVC anders als Gummi, Linoleum oder Kork. Hinzu kommt die Vielfalt der Untergründe und Einsatzbereiche. Zement-Estrich verlangt andere Verlegewerkstoffe als Anhydrit-Fließestrich oder Gußasphalt. Und es gilt zu klären: Handelt es sich um den industriellen Schwerlastbereich, einen Wohnbereich, ein Schwimmbad oder ein Bürogebäude – um einen Neubau oder ein Renovierungsobjekt mit zumeist nicht normgerechten Rahmenbedingungen?

Was zunächst also nach einem Ein-Produkt-Angebot aussieht, ist in Wirklichkeit ein erstaunlich breites unternehmerisches Spektrum.

## Von Schuhcreme zu Teppichklebern

1911 wurde Georg Utz selbständiger Unternehmer in Wien. Ab 1922 beschäftigte sich der Familienbetrieb mit der Herstellung und dem Vertrieb von Schuhpflegemitteln. Das Jahr 1950 markierte den Beginn der Klebstoffära im Hause Uzin. Das erste Produkt wurde für das damals noch dominierende Linoleum entwickelt. Mitte der 60er Jahre setzte dann, dem seinerzeitigen Modetrend folgend, der Boom der textilen Bodenbeläge ein. Uzin reagierte darauf mit der Entwicklung lösungsmittelhaltiger Kunstharzklebstoffe, die zur damaligen Zeit zum Standard für das Verkleben von Teppichböden wurden. Als PVC-Beläge zunehmend das Linoleum ablösten, brachte das Ulmer Familienunternehmen Dispersionsklebstoffe auf Kunstharzbasis auf den Markt.

## Umweltgerechte Klebstoffe als Vorgriff auf steigendes ökologisches Bewußtsein

Einen ersten wichtigen Schritt auf dem Weg zu ökologisch verträglichen Produkten unternahm das Unternehmen zu Beginn der 80er Jahre. Beginnendes ökologisches Bewußtsein der Bevölkerung, einhergehend mit einer erhöhten Sensibilität gegenüber der gesundheitlichen Verträglichkeit von Produkten im allgemeinen veranlaßte Uzin, sich kritisch mit den eigenen Produkten auseinanderzusetzen.

Bis zu dieser Zeit war es üblich, die Natur- und Kunstharze zur Entfaltung ihrer Klebkraft in den Klebstoffen unter Verwendung von Lösungsmitteln zu lösen. Die von Uzin hergestellten Klebstoffe für Bodenbeläge bildeten davon keine Ausnahme. Knapp 80 Prozent des Produktsortiments bestand aus lösungsmittelhaltigen Klebstoffen.

Als Lösungsmittel wurden vor allem Methanol, Methylacetat und Aceton eingesetzt. Ihr Anteil im Klebstoff lag bei rund 20 Prozent. Bei der Verarbeitung, das heißt beim Auftragen der Klebemittel auf den Boden, konnten diese Lösungsmittel dann verdunsten und die eigentlich klebenden Bestandteile des Klebstoffes – im wesentlichen Naturharze – ihre Wirkung entfalten.

Die in den Klebstoffen enthaltenen Lösungsmittel führten zu Emissionen in die Atmosphäre und setzten die bodenlegenden Handwerker während ihrer Arbeit Lösungsmitteldämpfen aus, auch wenn diese sich relativ schnell verflüchtigten. Auf den Baustellen bestand darüber hinaus während der Verdunstungsphase eine erhöhte Explosionsgefahr.

## Die erste „Öko-Generation“: lösungsmittelarme Klebstoffe

Aufgrund der negativen Begleiterscheinungen setzte Uzin Utz alles daran, den Lösungsmittelanteil in den Bodenbelagsklebstoffen drastisch zu reduzieren. Als Ersatz für die Lösungsmittel kam vor allem Wasser in Betracht. 1984 konnte schließlich ein Dispersionsklebstoff für textile Beläge präsentiert werden, dessen Lösungsmittelanteil bei unter fünf Prozent lag – eine Reduzierung auf ein Viertel gegenüber den bislang üblichen Bodenbelagsklebstoffen.

Obwohl sich die Fachwelt darüber einig war, daß Uzin mit dem neuen Klebstoff Maßstäbe setzte, blieb der erhoffte Erfolg allerdings zunächst aus. Die Akzeptanz bei den Handwerkern war gering. Der Grund: Der neue Kleber hatte zwar die gleichen Klebeigenschaften, verlangte jedoch eine Anpassung der Verarbeitungsweise, da das Wasser langsamer aus dem aufgetragenen Kleber verdunstete als die leichtflüchtigen Lösungsmittel. Dieser vordergründige Nachteil in der zu ändernden Arbeitsmethodik wog bei den Handwerkern so schwer, daß die offensichtlichen ökologischen und insbesondere gesundheitshygienischen Vorteile des lösungsmittelarmen Klebers zunächst nachrangig waren.

## Dem Handwerk verpflichtet, dem Handel verbunden

Diese Diskrepanz in der Sensibilität für den Umwelt- und Gesundheitsschutz zwischen dem Durchschnitt der deutschen Bevölkerung und dem Handwerk galt es zu überwinden.

Eine Möglichkeit hätte darin bestanden, den Engpaßfaktor Handwerk zu umgehen und sich direkt an den sogenannten „Durchschnittsbürger“, in diesem Fall also an den Endkunden und auch an den Heimwerker, zu wenden. Eine damit notwendige Belieferung von Einzelhändlern, Baumärkten und Einkaufszentren war und ist jedoch mit der Unternehmensphilosophie von Uzin Utz nicht vereinbar: Nur mit dem Fachhandel und dem Handwerk soll zusammengearbeitet werden.

Auch heute noch liefert Uzin ausschließlich an den Fachhandel und große Handwerksbetriebe. Über diesen Fachhandel, der für rund 70 Prozent der Umsätze von Uzin verantwortlich ist, werden etwa 70.000 Handwerksbetriebe in Deutschland beliefert. Auf die großen Direktbezieher entfallen die übrigen 30 Prozent der Umsätze. Uzin-Kleber sind daher auch nicht in den Regalen der Baumärkte zu finden. Diese Vertriebspolitik liegt nicht in einer Aversion gegen Heimwerker begründet, sondern ist darauf zurückzuführen, daß allein das *handwerkliche Können* und die berufliche Erfahrung des Bodenleger-Fachmanns die Vorteile der Uzin-Klebstoffe in vollem Umfang zum Tragen bringen.

Eine andere Möglichkeit, die Vorbehalte des Handwerks zu überwinden, hätte darin bestehen können, die Endkunden über die Vorteile des neuen, lösungsmittelarmen Bodenbelagsklebstoffs von Uzin direkt zu informieren und sie auf diese Weise zu veranlassen, entsprechenden Druck auf das Handwerk auszuüben. Eine solche Marketingaktivität zur Einbeziehung der Endkunden kam zur damaligen Zeit – noch – nicht in Betracht, da sie aufgrund des geringen Interesses wenig effektiv gewesen wäre. Damals standen die Bodenbeläge im Vordergrund, Klebstoffe hatten noch kein eigenständiges Image und waren lediglich Zubehör – wenn auch ein wichtiges. Die Auswahl eines geeigneten Klebers überließ der Endkunde dem Fachhändler oder dem Handwerker, der den Teppichboden verlegte. Eine Einstellung, die sich erst in den letzten Jahren – nicht zuletzt aufgrund des Uzin-Engagements für umweltgerechte Bodenbelagsklebstoffe – doch grundlegend verändert hat.

Deshalb wurden ergänzende und verstärkte Marketingaktivitäten eingesetzt, um den neuen Klebstoff am Markt zu etablieren, ohne die traditionelle Verbindung zum Handwerk zu gefährden. Oberstes Ziel war es, die Handwerker für die ökologischen und gesundheitlichen Aspekte der von ihnen eingesetzten Bodenbelagsklebstoffe stärker zu sensibilisieren und auf diese Weise von den Vorteilen des neuen Klebstoffes zu überzeugen.

Zu diesem Zweck wurde zunächst die *anwendungstechnische Fachberatung* erweitert. Um mögliche Berührungsängste auf ein Minimum zu reduzieren und die Akzeptanz bei den Handwerkern vor Ort zu vergrößern, wurde die Fachberatung mit Handwerkern besetzt. Ihre Aufgabe bestand und besteht auch heute noch darin, über Objektberatungen vor Ort oder speziellen Schulungsmaßnahmen die Vorteile der Uzin-Kleber zu erläutern und ihre Handhabung zu demonstrieren.

***Fachberatung erhöht Akzeptanz***

Allein aufgrund dieser Konstellation war es aber aus organisatorischen Gründen nicht möglich, alle rund 7.000 Handwerksbetriebe, die zur Mitte der 80er Jahre die Bodenbelagsklebstoffe direkt von Uzin bezogen, in diese Schulungsmaßnahmen einzubeziehen und fundiert zu beraten. Deshalb wurde die Vertriebspolitik stärker auf den Fachhandel ausgerichtet, der fortan als *Wissensmultiplikator* fungierte.

Zusätzlich wurde die unternehmenseigene Vertriebsorganisation umgestellt. Freie Handelsvertreter, die bislang die Bodenbelagsklebstoffe von Uzin neben den Produkten anderer Hersteller parallel vertrieben, wurden durch *festan-*

*gestellte Mitarbeiter* ersetzt. Denn nur so war es möglich, nicht nur das Produkt Klebstoff, sondern mit ihm auch das ökologische Engagement von Uzin zu transportieren und zu kommunizieren.

Es dauerte rund zwei Jahre, bis die Hindernisse im Markt überwunden waren, der Absatz des lösungsmittelarmen Teppichklebers von Uzin stetig anstieg und der Absatz der konventionellen, lösungsmittelhaltigen Kleber schließlich sukzessive zurückging. Maßgeblichen Anteil daran hatte die Tatsache, daß der Uzin-Kleber der einzige am Markt war, der den vom Handwerk geforderten *anwendungstechnischen Eigenschaften* am nächsten kam. Die Produkte der Wettbewerber, die mit einiger Verzögerung auf den Markt kamen, hatten anfangs so lange Verarbeitungszeiten, daß sie die Geduld der Handwerker über Gebühr strapazierten.

## Die zweite „Öko-Generation“: lösungsmittelfreie Klebstoffe

Der eigentliche Durchbruch auf dem Gebiet umweltgerechter Produkte gelang dann fünf Jahre später, Ende 1988.

Das *Know-how*, das die Forschungsabteilung von Uzin bei der Entwicklung des lösungsmittelarmen Bodenbelagsklebstoffes erworben hatte, wurde gezielt eingesetzt, um einen funktionstüchtigen lösungsmittelfreien Dispersionsklebstoff für PVC und wenig später auch für Textilbeläge herzustellen. Auf den bei den lösungsmittelarmen Klebstoffen noch vorhandenen geringen Lösungsmittelanteil konnte völlig verzichtet werden. An dessen Stelle wurden dem Kleber spezielle, ökologisch unbedenkliche Weichmacher beigemischt.

Anders als bei der ersten umweltgerechten Klebstoffgeneration konnte der lösungsmittelfreie Bodenbelagsklebstoff in kurzer Zeit am Markt durchgesetzt werden. Aufgrund der guten Erfahrungen, die die Handwerker zuvor mit den lösungsmittelarmen Klebstoffen von Uzin gemacht hatten, war das *Vertrauen* in die *Innovationsführerschaft* des Unternehmens ungleich höher. So bedurfte es auch weitaus geringerer Anstrengungen, die lösungsmittelfreien Dispersionsklebstoffe am Markt zu etablieren. 1992 war nämlich die Marktdurchdringung so hoch, daß die erste umweltgerechte Generation der lösungsmittelarmen Klebstoffe komplett aus dem Lieferprogramm gestrichen werden konnte.

Somit waren lösungsmittelhaltige Klebstoffe aus dem Angebot von Uzin fast völlig eliminiert. Die Klebstoffpalette von Uzin besteht heute zu rund 95 Prozent aus lösungsmittelfreien Bodenbelagsklebstoffen. Die noch verbliebenen fünf Prozent entfallen auf Klebstoffe, bei denen aufgrund ihres Verwendungszweckes auf einen geringen Lösungsmittelanteil nicht verzichtet werden kann. Im wesentlichen handelt es sich dabei um Produkte, die für das Kontaktklebeverfahren benötigt werden, wo also beide Seiten – das heißt zu klebendes Material und zu beklebende Fläche – mit Klebstoff bestrichen werden müssen.

Diese zweite Klebstoffgeneration sollte jedoch nur ein Zwischenschritt auf dem Weg zur Entwicklung der umweltgerechten Klebstoffe sein. Mit den lösungsmittelfreien Bodenbelagsklebstoffen wurde dem Handwerker auf der einen Seite zwar das Problem der Lösungsmittelemissionen genommen. Dieser Vorteil mußte auf der anderen Seite allerdings mit einem – zwar nicht schädlichen, für empfindliche Nasen jedoch unangenehmen – Nebeneffekt erkauft werden: Die letzten, noch geringen Mengen an Lösungsmitteln konnten nicht komplett durch Wasser ersetzt werden. An deren Stelle mußten dem Klebstoff organische Weichmacher beigemischt werden, die sich noch einige Tage nach der Verarbeitung des Klebers als unangenehmer, typischer „Neugeruch“ in den Räumen breit machen konnte. Besonders intensiv wahrzunehmen ist dieser Geruch, wenn die Feuchtigkeit in einem Gebäude oder Raum – etwa aufgrund noch feuchten Wandputzes oder gerade aufgebrachter Wand- oder Deckenfarbe – besonders hoch ist. Von der Sorge um seine eigene Gesundheit befreit, hatte der Handwerker nun teilweise Probleme mit unzufriedenen, weil geruchsbelästigten, in ihrem Wohlbefinden gestörten Kunden.

## Die dritte „Öko-Generation“: sehr emissionsarme Klebstoffe

Deshalb setzte Uzin seine Forschungsarbeit fort und entwickelte Bodenbelagsklebstoffe, die keine flüchtigen Hochsieder und Weichmacher mehr enthalten und als chemisch abgeschlossenes System in Innenräumen jegliche Emission ausschalten. Im Frühjahr 1996 erreichten diese Klebstoffe die Marktreife. Die „Uzin-ÖkoLine“ ist eine *neue Generation* nicht nur völlig lösungsmittelfreier, sondern auch äußerst emissionsarmer und vollkommen geruchsneutraler Verlegewerkstoffe. Selbst im langfristigen Gebrauch sind die von diesen Klebern abgegebenen organischen Stoffe zu vernachlässigen.

Mit der *ÖkoLine* löst Uzin die bisherigen Dispersionskleber ab. Alle Dispersionsklebstoffe dieses innovativen Konzeptes erfüllen die strengen Prüfkriterien einer anerkannten Prüfkammermessung, mit der die Abgabe flüchtiger organischer Bestandteile unter die Lupe genommen wird. Die ÖkoLine-Kleber tragen das GEV-Zertifikat EMICODE 1. Diese Kennzeichnung steht für höchste Arbeitssicherheit bei gleichzeitig geringstmöglicher Belastung der Raumluft. Trotz dieses hohen ökologischen Zusatznutzens ist die technische Funktionalität garantiert. Somit trägt die neue Produktlinie nicht nur den Wünschen der Endverbraucher, sondern auch dem Anliegen der verarbeitenden Fachleute Rechnung.

## Neue Marketingstrategie

Ein angenehmer Nebeneffekt der bis dahin eher unangenehmen Geruchsbildung war allerdings, daß der Klebstoff dem Endkunden zum ersten Mal bewußt wurde. Einmal für das Thema sensibilisiert, richtet sich das Interesse der Endkunden nun auf den jeweils vom Handwerker zu wählenden umweltgerechten Klebstoff.

Dieser *Bewußtseinswandel* erleichtert wiederum den Absatz des ÖkoLine-Programms. Uzin kann nun auch die Endkunden in das Produktmarketing einbeziehen und ist nicht mehr allein darauf angewiesen, das Handwerk von der Vorteilhaftigkeit des ÖkoLine-Klebers zu überzeugen.

Um das innovative Konzept stärker im Bewußtsein der Endverbraucher zu verankern, hat Uzin daher zum ersten Mal in der Firmengeschichte eine breite Werbekampagne unter dem Motto „Uzin-ÖkoLine-Bodenkleber für Wohnkomfort“ gestartet. Sie soll das Markenprodukt Uzin vor dem Hintergrund einer veränderten Wohnkultur und der Werterhaltung des Wohnbestandes stärken.

Setzt sich die bislang zu beobachtende Entwicklung fort, so kann davon ausgegangen werden, daß in absehbarer Zeit die Klebstoffe der zweiten „Öko-Generation“, also die lösungsmittelfreien Klebstoffe, von den sehr emissionsarmen Klebstoffen der ÖkoLine verdrängt werden. Uzin Utz kann dann mit Fug und Recht behaupten, nur noch Klebstoffe herzustellen, die nicht nur frei von umwelt- und gesundheitsbeeinträchtigenden Effekten sind, sondern auch völlig frei von zwar unbedenklichen aber unangenehmen Emissionen.

## Der ganzheitliche Ansatz: Öko-Zertifizierung der Uzin Utz AG

Ökologisches Denken und Handeln beschränkt sich bei Uzin aber nicht nur auf die Produktseite. Um nicht auf halbem Wege stehenzubleiben, ist die gesamte Produktion der Uzin Utz AG an ökologischen Kriterien ausgerichtet.

Der Zertifizierung nach ISO 9001 im Jahr 1994, mit der Uzin die Qualität der Organisation bescheinigt wurde, folgte daher 1998 die Validierung nach der EU-Audit-Verordnung und die Zertifizierung nach ISO 14001.

Mit diesem sogenannten Öko-Audit – es wird im Bürokratendeutsch „Verordnung über die freiwillige Beteiligung gewerblicher Unternehmen an einem Gemeinschaftssystem für das Umweltmanagement und die Umweltbetriebsprüfung“ genannt – wurden alle ein- und ausgehenden Stoffströme bei Uzin erfaßt und unter Umweltgesichtspunkten bewertet. Hauptziel ist die kontinuierliche Verbesserung des Umweltschutzes im Unternehmen.

Im Verlauf der Zertifizierung wurde die Uzin Utz AG hinsichtlich ihrer ökologischen Ausrichtung auf Herz und Nieren geprüft. Ausgangspunkt war der bereits erreichte Stand des Umweltschutzes bei Uzin. Auf dieser Grundlage wurden die Umweltauswirkungen des Unternehmens anhand der folgenden Kriterien erfaßt:

- Emission in Luft und Wasser,
- feste und andere Abfälle, insbesondere gefährliche Abfälle,
- Kontaminierung des Erdreichs,
- Nutzung von Boden, Wasser, Brennstoffen, Energie und anderen natürlichen Ressourcen,
- Freisetzung von Wärme, Lärm, Geruch, Staub, Erschütterungen und optische Einwirkungen.

Diese Kriterien bilden das Gerüst für die Ökobilanzen von Uzin. Sie werden nicht nur pauschal für den gesamten Betrieb, sondern auch detailliert und spezifisch für einzelne Produktionsprozesse und Produkte erstellt. In die Bewertung der Produkte gehen beispielsweise der Rohstoffeinsatz, die Verpackungen und auch die spätere Entsorgung mit ein.

Nach der solchermaßen erfolgten Erfassung und Festlegung des status quo hat die Uzin Utz AG freiwillig ein eigenes Umweltprogramm gestartet, um die Situation noch weiter zu verbessern. Über den Fortschritt und die Einhaltung der vorgegebenen Ziele wachen regelmäßige Betriebsprüfungen, die integraler Bestandteil des gesamten Umweltmanagements von Uzin sind.

***Den Bewußtseinswandel nutzen ...***

Die Vorteile des Öko-Audits für Uzin liegen auf der Hand. Dabei steht der fast unvermeidliche *Imagegewinn*, den die Öko-Zertifizierung für ein chemisches Unternehmen mit sich bringt, nicht unbedingt an erster Stelle. Vielmehr versprechen die Erstellung von Produktbilanzen und das umweltgerechte Produktdesign künftig *positive Effekte auf die Produktentwicklung* zu haben. Schließlich bewirkte die Öko-Zertifizierung auch ein erhöhtes Bewußtsein der Mitarbeiter für die Entwicklung umweltgerechter Produkte. Heute werden von Uzin nur noch Produkte mit solchen Rohstoffen entwickelt, von denen bekannt ist, daß sie ökologisch unbedenklich sind.

## Umweltgerecht – und was dann?

Aus der strikten Ausrichtung der Produkte und der Produktion an ökologischen Kriterien hat die Uzin Utz AG entscheidende Wettbewerbsvorteile generieren können. Mit der Einführung der Uzin-ÖkoLine und der erfolgten Öko-Zertifizierung ist diese Strategie an einem möglichen Endpunkt angelangt. Es wird sicher nicht mehr lange dauern, bis das von Uzin vorgelebte ökologische Denken und Handeln zum guten Ton in der Branche gehören wird. Die

Möglichkeit, sich mit dieser Strategie zu profilieren und von den Wettbewerbern positiv abzuheben, wird folglich immer geringer.

Deshalb haben wir bereits vor einigen Jahren einen neuen Erfolgsfaktor identifiziert, dessen konsequente Umsetzung den Wettbewerbsvorsprung über die nächsten Jahre hinweg aufrechterhalten soll. Der Ansatzpunkt findet sich in der traditionell engen Verbindung zum Handwerk, dem sich Uzin verpflichtet fühlt.

Nur wenn das Handwerk in Deutschland eine Zukunft hat, hat auch die Uzin Utz AG eine Zukunft. Konsequenterweise versteht sich Uzin nicht nur als Hersteller, sondern darüber hinaus auch als Systemanbieter und Dienstleister. Der letzte Aspekt steht im Vordergrund, wenn es um die Vorbereitung des Handwerks auf die sich wandelnde Gesellschaftsstruktur hin zur *Dienstleistungsgesellschaft* geht.

***Den Servicegedanken fördern ...***

Bislang ist das Handwerk denkbar schlecht auf diesen Wandel vorbereitet. Der Servicegedanke und die vom Handwerk erbrachte Dienstleistungsqualität bedürfen in vielen Fällen der Verbesserung. Ansätze dazu bietet dabei weniger die originäre handwerkliche Leistung an sich, die meist über jeden Zweifel erhaben ist. Es geht vielmehr um die mit dieser Kernkompetenz verbundenen Zusatzleistungen und um das Standes-Image, bei denen das Handwerk Boden gut machen muß.

Erklärtes Ziel von Uzin ist es, dem verarbeitenden Handwerk mehr Profil zu geben, dem bodenlegenden Handwerk den Charakter eines Markenartikels zu verleihen. Zu diesem Zweck hat die Uzin Utz AG eine Dienstleistungsgesellschaft gegründet. Sie bietet dem Handwerk nicht nur Unterstützung bei der täglichen Verwaltungs- und Organisationsarbeit. Sie führt auch Schulungen und Beratungen durch, die sich mit Themen wie

- Angebotsgestaltung,
- Kommunikationsverhalten,
- After-sales-Service,
- Einsatz moderner Informations- und Kommunikationstechnologien

befassen. All dies soll dem Handwerk helfen, sich noch besser auf die Bedürfnisse der Kunden einzustellen, sich ein Markenimage zu geben und sich künftig im schärfer werdenden Wettbewerb behaupten zu können.

## Verantwortung für die Umwelt und den Kunden

Wie schon bei der Öko-Strategie ist Uzin hier erneut der Vorreiter. Und wie auch bei der Öko-Strategie wird deutlich, daß es für Uzin um mehr geht, als um den bloßen Verkauf der hergestellten Produkte und die Befriedigung des Shareholders. Es geht vielmehr darum, als Unternehmen Verantwortung zu übernehmen. Verantwortung für die Umwelt und Verantwortung für die Branche, die auf die Produkte von Uzin vertraut.

# En passant ...

*Was bedeutet für Sie, Herr Dr. Utz, Erfolg?*

Erfolg bedeutet für mich, im sozio-kulturellen Umfeld akzeptierte, selbstgesteckte Ziele mit innerer Ausgeglichenheit zu erreichen.

*Durch welche Eigenschaften muß sich ein Unternehmer auszeichnen, der sich in unserer Zeit behaupten will?*

Agieren, nicht reagieren, Entscheidungen langfristig ausrichten, jedoch ständig zielorientiert hinterfragen und auch gegen Widerstände und den allgemeinen Trend durchsetzen.

*Welche Philosophie bestimmt Ihr unternehmerisches Handeln?*

Verantwortung soweit wie möglich an Mitarbeiter delegieren und diese in Entscheidungen und Planungen rechtzeitig einbeziehen.

Wichtig ist mir auch, eine klare Wertschätzung im Unternehmen zu etablieren.

*Wie bereiten Sie wichtige Entscheidungen vor?*

Durch Ausarbeitung der Entscheidungsalternativen und Bewertung derselben, möglichst unter verschiedenen Prämissen.

*Welche Eigenschaften schätzen Sie an Mitarbeitern besonders?*

Schnelle Auffassungsgabe, gutes Gedächtnis, Toleranz und Weitblick sowie Entscheidungsfreudigkeit.

*Wenn Sie einen Nachfolger einarbeiten müßten, was wäre Ihr wichtigster Rat?*

Die Zeit so knapp wie mögliche bemessen, nur wenige Ratschläge geben und viel Freiraum einräumen.

*Welches sind für Sie in den nächsten Jahren die zentralen Herausforderungen?*

Entwicklung des Unternehmens zu einer global handelnden Organisation mit international aufgeschlossenen Mitarbeitern

*Haben Sie ein Lebensmotto?*

Nein.

# Erfolgsfaktor Organisation

Traditionelle Stärken des Mittelstandes sind hohe Flexibilität, flache Hierarchien mit kurzen Entscheidungswegen und eine enge Verbindung zwischen Eigentümer und Mitarbeitern. Dabei spielt die Unternehmerpersönlichkeit häufig die entscheidende Rolle. Sie ist gleichzeitig Vorbild, Stratege, Planer, Motivator, Controller und oberster Repräsentant nach innen und nach außen. Organisatorischen Fragen kommt deshalb bestenfalls eine nachrangige Bedeutung zu. Das gilt auch für Existenzgründer und Jungunternehmer, für die laut einer Studie des Bundesverbandes der Deutschen Volksbanken und Raiffeisenbanken (BVR) die Unternehmenssteuerung bzw. Betriebsorganisation die geringste Herausforderung darstellt.

Doch spätestens wenn das Unternehmen wächst und die Zahl der Beschäftigten steigt, muß die interne Struktur den geänderten Verhältnissen angepaßt werden. Die rein patriarchalische Aufbauorganisation überfordert ab einer gewissen Größenordnung zwangsläufig den Einzelunternehmer und gefährdet damit die Zukunft seines Unternehmens. Die Lösung kann aber nicht darin bestehen, die Zahl der Hierarchieebenen beliebig zu vergrößern, umfangreiche Controlling- und Berichtssysteme einzuführen oder Individualität und Kreativität durch immer mehr Standards zu ersetzen.

Die Folgen daraus wären die in vielen Großunternehmen beklagte Schwerfälligkeit durch Bürokratisierung, ein Motivationsdefizit durch starre Abläufe sowie der Verlust an gemeinsamen Werten, Normen und Vorstellungen. Außerdem besteht die Gefahr, daß die Anonymisierung von Entscheidungen Machtkämpfe jenseits der eigentlichen Unternehmensziele auslöst und soziale Kälte zu Ineffizienz führt.

Der expandierende Mittelständler kennt aus eigener Erfahrung – zumindest theoretisch – den richtigen Weg: verschiedene selbständige Einheiten schaffen, die für das Ergebnis ihres jeweiligen Aufgabenbereichs zuständig sind und so quasi ihrerseits wieder zu eigenverantwortlich handelnden Unternehmen werden.

Eine Möglichkeit, betriebliche Teilbereiche zu schaffen, für die ein eigener Produktions- oder Dienstleistungserfolg ermittelt und zur gewinnorientierten Beurteilung herangezogen wird, ist die Profit-Center-Organisation. Sie eignet sich vor allem dann, wenn die Kompetenzen auf der Basis sachzielgesteuerter Segmentierung nach Produkten und Dienstleistungen zugeordnet werden können. Dazu gehört, daß sich die innerbetrieblichen Leistungsverflechtungen weitgehend auf Zentralbereiche beschränken, deren Input über fiktive Verrechnungspreise beim einzelnen Profit Center als Aufwand berücksichtigt wird.

Das ist allerdings nur dann erfolgverprechend, wenn der eigene Einfluß weitgehend auf die Vereinbarung von Zielen sowie die Koordination der Einzelverantwortlichen beschränkt bleibt. Es muß die Bereitschaft bestehen, Verantwortung umfassend zu delegieren, zu akzeptieren, daß das

Know-how an verschiedenen Stellen der Organisation gebündelt wird und sich die Rolle des Mittelständlers vom Macher in Richtung eines Moderators verändert.

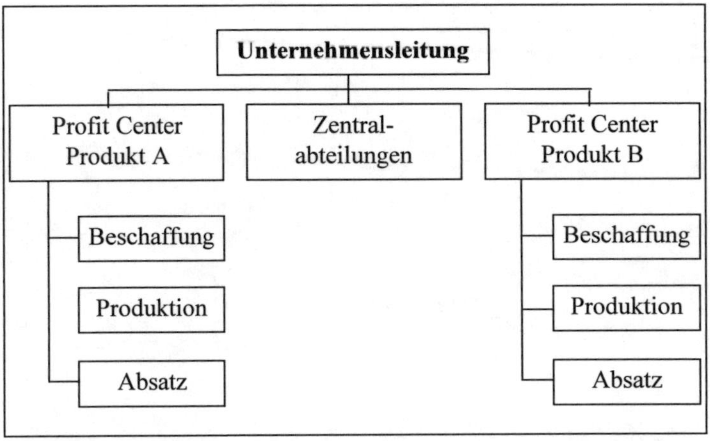


Quelle: BVR, Unternehmen führen, Unternehmen sichern

*Abbildung 8: Beispiel einer Profit-Center-Organisation*

Nicht selten muß der Unternehmensgründer dabei über seinen eigenen Schatten springen und Toleranz gegenüber dem neuen „Kollegen" üben; insbesondere dann, wenn dieser andere und zuweilen auch ungewöhnliche Wege geht, um die vereinbarten Ziele zu erreichen. Kurz: Es muß eine tragfähige Vertrauensbasis bestehen.

Ob Profit Center, rechtliche Selbständigkeit der Einheiten oder andere organisatorische Gestaltungsformen, stets liegt der Schlüssel des Erfolges bei der Auswahl und Motivation geeigneter Führungskräfte. Da diese gerade dann, wenn sie über herausragende Fähigkeiten verfügen, einen ausreichenden Spielraum zur Entfaltung benötigen, darf der organisatorische Rahmen nicht behindern, sondern muß als verläßliche Operationsbasis die Management-Aktivitäten koordinierend unterstützen.

# Flexibilität durch Zellteilung

*von Thomas Strüngmann*

Märkte unterliegen einem ständigen Wandel. Er geht sowohl von der Nachfrage- als auch von der Angebotsseite aus, teils ist er actio, teils ist er reactio. Treibende Kraft ist der Wettbewerb, der die Unternehmen unablässig antreibt, sich mit Produkt- oder Verfahrensinnovationen zu befassen, aber auch immer wieder effiziente Organisationsstrukturen zu entwickeln. Es gilt, einen Vorsprung vor den Konkurrenten herauszuarbeiten und ergebnisorientierte Preise zu kalkulieren. Der Pharmamarkt bildet hier keine Ausnahme.

Am Beispiel unseres Unternehmens, der Hexal AG, läßt sich darstellen, daß auch eine Generika-Firma – also ein Nachahmer von Produkten, die andere bereits erfunden haben – Wandlungsfähigkeit aus eigener Kraft entfalten muß, um sich im täglichen Wettbewerb zu behaupten. Der Erfolg von heute ist morgen bereits Vergangenheit. Neue Anforderungen verlangen flexible und zielstrebige Reaktionen auf sich verändernde Rahmenbedingungen.

Verständlich wird dies vor allem durch einen Blick auf den Pharmamarkt im allgemeinen, den Generika-Markt im besonderen und die Positionierung von Hexal im Konkurrenzumfeld.

## Vom Binnenmarkt zur globalen Orientierung

Hexal ist ein Familienunternehmen. Wir haben es vor zwölf Jahren aus der Taufe gehoben. Ursprünglicher Unternehmensgegenstand war die Herstellung von Generika. Heute betrachten wir Hexal weniger als eine Generika-Firma im ursprünglichen Sinne, denn wir beschäftigen uns nicht mehr ausschließlich mit der reinen Imitation von Arzneimitteln.

Hexal ist vielmehr eine „Branded Generika-Firma". Das bedeutet: Wir entwickeln selbst und betreiben sukzessive auch eigene Forschung. Natürlich sind wir nicht in der Lage, Grundlagenforschung in Größenordnungen zu betreiben, wie sie Großfirmen vorbehalten ist. Aber zwischen der reinen Imitation und dem vollkommen neuen Molekül gibt es erheblichen Spielraum, der auch viele Chancen eröffnet. Aufgrund der zunehmenden Konzentration des Pharmamarktes auf der Anbieterseite, hervorgerufen durch die Zusammenschlüsse der Großfirmen, entstehen reichlich Nischen, die es auszufüllen gilt.

1997 hatte die Hexal-Gruppe mit Biocur und Salutas einen Umsatz von ca. 620 Millionen DM (ohne Auslandsgesellschaften). In Deutschland beschäftigen wir heute ungefähr 1.400 Mitarbeiter. Noch werden hier mehr als 80 Prozent des Umsatzes erzielt. Allerdings ist für den weiteren Erfolg die globale Orientierung des Unternehmens unerläßlich.

Sie erfolgt über Kooperationen, Beteiligungen und Tochterfirmen in rund 40 Ländern, mit Geschäftsbeteiligungen – zum Beispiel in Kanada und USA – und auch mit Jointventures – zum Beispiel in China. So ist Hexal schon heute auf dem Weltmarkt erfolgreich. Im Jahr 1999 wird der Umsatz der Hexal-Gruppe weltweit 1 Milliarde DM überschreiten.

## Generika im Pharmamarkt

Der Pharmamarkt läßt sich in fünf Produkt-Klassen gliedern. Die erste Klasse ist eine neu patentierte Substanz in einer neuen Substanzgruppe. Die zweite beinhaltet eine neu patentierte Substanz innerhalb einer bekannten Substanzgruppe (z. B. Molekülvariation). Wenn im folgenden von *Originatoren* die Rede ist, dann sind damit Unternehmen gemeint, die Produkte dieser beiden Klassen anbieten. Die dritte Klasse besteht aus den bekannten Substanzen in neuer galenischer (patentierter oder auch nicht patentierter) Form, das heißt, in einer neuen Darreichungsform (statt einer Tablette zum Beispiel Tropfen oder Brausepulver). Die vierte Klasse nehmen die Generika, also die reinen Imitationen der Originale ein. Die letzte Klasse stellen die sogenannten „Over-the-Counter-Präparate", also die zwar apotheken-, aber nicht verschreibungspflichtigen Produkte dar, kurz „OTC" genannt. Die Grenzen von Klasse zu Klasse können sich überschneiden (z. B. wenn ein verschreibungspflichtiges Produkt zum „OTC"-Produkt wird). Zukünftig wird nur noch bedeutsam sein, ob die neu patentierte Substanz in einer Substanzgruppe einen therapeutischen Mehrwert aufweisen kann und von den Krankenkassen ersetzt wird oder nicht.

Aufgrund der unterschiedlichen Ausrichtung der Generika-Firmen ergibt sich innerhalb der vierten Klasse, den Generika, eine weitere Marktunterteilung. Neben den Vollsortimentern, die das gesamte Pharmaspekturm abdecken, treten Firmen mit indikationsorientiertem Sortiment auf. Deren Angebot ist also krankheitsspezifisch. So konzentrieren sich diese Hersteller beispielsweise auf Arzneien für Herz-Kreislauf-Erkrankungen oder Nervenleiden. Weiterhin treten Firmen mit sogenannten „Line-extensions“ am Markt auf. Diese bieten zusätzliche Arzneien und Generika innerhalb einer Produkt- oder Indikationsgruppe an. Die letzte Gruppe bilden jene Firmen, die rein vertriebs- oder preisorientiert am Markt arbeiten.

## Stetiger Preisverfall auf dem Generika-Markt

Der Generika-Markt unterliegt tiefgreifenden Veränderungen. Besonders nachhaltig wirkt sich der allgemeine Preisverfall aus. Dieser hat verschiedene Ursachen. In Deutschland sind dafür zum einen die von den Krankenkassen bestimmten Festbeträge, das heißt Erstattungsbeträge für Arzneimittel ursächlich, die die Preisspirale stetig nach unten drehen. Allein regulatorische Eingriffe für den Preisverfall verantwortlich zu machen, wäre jedoch nur die halbe Wahrheit. Zusätzlicher Preisdruck entsteht zum anderen durch die neu am Markt auftretenden ausländischen Firmen. Hier sind insbesondere indische Firmen zu nennen, die aufgrund einer besonderen Exportpolitik der indischen Regierung erhebliche Preisvorteile auf ausländischen Märkten generieren können.

Ursachen für den Preisverfall finden sich aber auch in der Entwicklung des Generika-Marktes selbst, der in den letzten Jahren stark gewachsen ist. Dies läßt sich am leichtesten anhand eines Beispiels erläutern: Unter den im Jahre 1992 vom Bundesgesundheitsamt zugelassenen 1.465 Fertigarzneimittel befanden sich 30 neue Wirkstoffe. Von diesen wurden unter therapeutischer Bewertung lediglich acht als wirklich neuartige Wirkstoffe klassifiziert. Von diesen acht wiederum konnten sich im Jahr nach der Markteinführung nur drei Wirkstoffe unter den 2.000 meistverkauften Präparate etablieren. In den Umsätzen schlägt sich dieser Umstand deutlich nieder: Wirkliche Innovationen erzielen nur einen Anteil von 30 Prozent am Umsatz neuer Präparate, die restlichen 70 Prozent entfallen auf neue Darreichungsformen, Packungsgrößen und Modifikationen.

## Verkürzte Lebenszyklen der Generika

Der Generika-Markt ist aber nicht nur stark gewachsen, sondern auch schnellebiger geworden. Früher stieg – nach Ablauf des Patentschutzes, den der Originator genießt – der Generika-Umsatz zunächst langsam. Der Generika-Preis lag letztlich etwa um 20 bis 25 Prozent unter dem Originator-Preis. Heute steigt der Generika-Umsatz bereits nach drei bis sechs Monaten rapide an, und der Preis fällt auf bis zu ein Fünftel des Originator-Preises.

Um möglichst lange von einer Innovation zu profitieren und den Vermarktungszeitraum zu verlängern, gehen die multinationalen Arzneimittelhersteller daher immer mehr dazu über, eigene Generika-Firmen zu gründen, oder eine frühzeitige Lizenz zu vergeben. Damit hat sich die Exklusivität der Originatoren drastisch verkürzt.

Parallel gilt dies aber auch für die Generika-Firmen. Betrug der Lebenszyklus eines Nifedipins noch rund zehn Jahre, war der Höhepunkt bei Cimetidin, einem Folgeprodukt, schon nach vier Jahren erreicht. Die Generika-Firmen müssen sich deshalb fragen, ob es überhaupt noch lohnt, die Substanz einer Nachfolge-Substanz-Gruppe zu entwickeln oder bei Patentablauf zu vermarkten.

So reicht es heute auch nicht mehr aus, sich als Generika-Hersteller mit einer gezielten Marketingstrategie gegenüber dem Originator eines Medikamentes zu profilieren. Die gewachsene Konkurrenz erfordert inzwischen zusätzliche Maßnahmen. Galt es früher, vor allem dem Originator Marktanteile abzujagen, so geht es heute zusätzlich darum, sich gegen andere Generika-Hersteller, die zur selben Zeit mit einem Generikum auf den Markt kommen, durchzusetzen.

Nicht nur der Lebenszyklus der generischen Produkte wird immer kürzer. Die generische Industrie sieht sich zudem neuen wissenschaftlichen Herausforderungen gegenüber, da sich ein großer Teil der pharmazeutischen Industrie weg von der Chemie hin zur Biotechnologie entwickelt. Auf diesen Wandel ist die Generika-Industrie kaum vorbereitet.

Hinzu kommt, daß die Anforderungen an die Serviceleistungen höher und damit auch kostenintensiver werden und die Apotheken und Großhandlungen zunehmend einen Rationalisierungsdruck auf die Firmen ausüben. Daneben haben wir uns den politischen Herausforderungen in Europa zu stellen, die sich im amerikanischen Management-Care-Gedanken ausdrücken. In der Schweiz werden schon erste entsprechende Gehversuche mit Versorgungsmodellen unternommen, die die Gesamtkosten der Krankheitstherapie beachten.

Die Konsequenz aus diesen tiefgreifenden Veränderungen wird unserer Meinung nach sein, daß künftig nur sehr wenige Generika-Firmen profitabel agieren werden, wenn sie sich ausschließlich auf das Imitieren von Medikamenten verlassen. Aus den geschilderten Prämissen muß jedes Management seine eigenen Visionen entwickeln, es muß prüfen, welche Szenarien für seine Märkte möglich und wahrscheinlich sind. Jede Strategie, mag sie noch so brillant erscheinen, muß individuell ausgerichtet sein. Sie muß nicht zu jeder, sondern zur eigenen Firma passen.

***Die Strategie muß zur eigenen Firma passen***

Generika-Firmen müssen es wagen, ihre Fähigkeiten auf neuen Gebieten einzusetzen und sich dabei insbesondere fragen, wo ihr Wettbewerbsvorteil liegt – und das kann mittel- und langfristig nicht mehr nur der günstigere Preis gegenüber den Originatoren sein.

## Strategische Ausrichtung auf Kernkompetenzen und Innovationen

Die Zeiten des Umbruchs, die aus der zuvor geschilderten Entwicklung des Generika-Marktes deutlich werden, bedeuten vielleicht das Ende der generischen Industrie, wie wir sie heute kennen, aber nicht zwangsläufig das Ende der Branche. Für Hexal haben wir daher entschieden: Zum einen bleibt die Konzentration auf die *Kernkompetenzen* unverzichtbar, zum anderen müssen *innovative Initiativen* vorangetrieben werden.

Aus der Kombination dieser beiden Ziele wird bereits deutlich, daß die Fokussierung auf unsere Stärken nicht heißen kann, bei den Kernkompetenzen vergangener Tage stehen zu bleiben. Zugleich mag das zweite Ziel gewisse Vorbehalte hervorrufen: Wie soll ein Generika-Unternehmen Innovationsstrategien verfolgen, wenn es doch selbst lediglich Nachahmer ist?

Unsere Antwort: Innovationspotential besteht nicht nur auf der Produktseite, also in bezug auf die Einführung neuer Produkte oder neuer Produktionsprozesse, sondern auch auf der Vermarktungseite und bei den organisatorischen Rahmenbedingungen. Werden ausgetretene Wege verlassen, so hat auch der offensichtliche Nachahmer genügend Möglichkeiten zur Innovation.

## Innovation durch galenische Variation

Die von uns verfolgten Strategien sind mehrgleisig. Zunächst zur *Produktseite*: Hier betätigen wir uns innovativ, indem wir neue Produkte in Form von galenischen Variationen – das sind neue Darreichungsformen einer patentierten Originalsubstanz – entwickeln.

An dieser Stelle ist allerdings eine kurze Anmerkung in eigener Sache angebracht: Auf dem Pharmamarkt werden die Molekülvariationen zunehmend als Generika betrachtet, wenn sie keinen therapeutischen Mehrwert aufweisen.

Dies hat zur Folge, daß auch galenische Weiterentwicklungen nicht mehr als Innovation angesehen werden. Vielmehr werden sie lediglich als Marketingmaßnahme zur Besetzung einer „Unique Selling Proposition“, also zur Etablierung eines Alleinstellungsmerkmales betrachtet. Dieser Sichtweise mag man folgen oder nicht.

Wir sehen in der Entwicklung von galenischen Variationen durchaus eine innovative Tätigkeit, ist es doch mitunter erst die neue Darreichungsform, aufgrund derer alte Substanzen große Fortschritte in der Behandlung bewirken können. Hierzu gehören beispielsweise moderne Arzneiformen, bei denen die Substanz direkt vor Ort verabreicht wird, wie orale Impfstoffe, oder Systeme, die Nebenwirkungen vermeiden bzw. bessere Verabreichungen garantieren. Diese neuen und/oder verbesserten Darreichungsformen, die sogar zur Senkung der Therapiekosten beitragen können, sind unsere produktspezifische Chance als mittelständisches Unternehmen.

Konzentrieren sich multinationale Unternehmen traditionsgemäß mehr auf die Entwicklung und Erforschung neuer Moleküle, so haben Firmen wie Hexal die Chance, ihren eigenen Markt auf dem Gebiet der Weiterentwicklung zu finden. Hexal wird sich zunehmend auf Differenzierungen konzentrieren.

Daher beabsichtigen wir für nahezu jedes bereits auf den Markt gebrachte oder noch zu bringende Generikum, zusätzliche galenische Variationen oder Neuheiten anzubieten. So lassen sich der Lebenszyklus und unser Portfolio des entsprechenden Produkts verlängern bzw. erweitern.

Hexal hat sich inzwischen auf drei galenische Variationen spezialisiert:

- Retard-Produkte für 24 Stunden Therapie,
- transdermale Systeme für die Therapie bis zu einem Zeitraum von 7 Tagen (z. B. Östrogenpflaster),
- Implantate für eine 3- bis 6-Monatstherapie vor allem bei Krebspatienten.

Für alle diese Therapieformen haben wir zum Teil eigene Maschinen entwickelt, die eine kostengünstige Produktion ermöglichen.

***Von Branchenfremden lernen ...***

Bei der Entwicklung galenischer Variationen ist es nämlich mitunter hilfreich, ein wenig die pharmazeutische Arroganz abzustreifen und über den eigenen Tellerrand hinauszuschauen. In der Entwicklung unserer pharmazeutischen Patentechnologie haben wir uns beispielsweise an der Herstellung von Audiobändern orientiert, mit dem Ergebnis, daß wir mit weniger als der Hälfte des Personals der heutigen Pflasterproduktion auskommen und mit einer dreimal so hohen Genauigkeit produzieren können.

## Kooperationspotential durch Wandlungsfähigkeit

Diese strategischen Ausrichtung eröffnet neue Potentiale, denn es ist nicht einzusehen, daß Hexal seine Kernkompetenz auf dem Gebiet der Galenik nur zur Herstellung und Vermarktung eigener Produkte nutzt. Denn unsere Stärke ist ohne Zweifel auch für Kooperationspartner interessant. Chancen zur Zusammenarbeit ergeben sich darüber hinaus aus dem Wandel, dem der Pharmamarkt derzeit unterliegt. Denn das Bild des vollintegrierten Arzneimittelherstellers verliert an Bedeutung, die Forschungs- und Entwicklungsausgaben der Branche fließen zunehmend an externe Zulieferindustrien. Zu diesem Ergebnis ist auch der Unternehmensberater Andersen Consulting gekommen: In einer Studie heißt es, daß die richtige Auswahl von Allianz-Partnern und das *Management von Allianzen* eine wichtige Kernkompetenz für die forschende Pharmaindustrie werden wird.

So sehen wir große Möglichkeiten, uns in strategische Partnerschaften mit der Co-Entwicklung und Zulassung von Arzneimitteln einzubringen, vor allem wenn die multinationalen Pharmakonzerne begrenzte eigene Ressourcen haben.

Wenn wir uns heute die Wertschöpfungskette in der Pharmaindustrie anschauen, dann gibt es eine Reihe weiterer Ansatzpunkten, bei denen sich für Firmen wie Hexal durch Kooperation neue Chancen und Möglichkeiten ergeben. So fragen sich die großen Pharmakonzerne zunehmend, ob sie denn wirklich jedes einzelne Glied in der Wertschöpfungskette selbst produzieren müssen. Gerade unter Kostengesichtspunkten gibt es optimalere Alternativen.

Als Partner können wir unser Galenik-Know-how bzw. unsere therapeutischen Systeme mit den großen Pharmakonzernen teilen, indem wir als Zulieferer fungieren und unsere galenischen Variationen unter dem Label der Abnehmer vertreiben. So profitieren auch unsere Partner von der Verlängerung bzw. Erweiterung des jeweiligen Produktlebenszyklus. Die Kooperationen müssen sich aber nicht auf die Entwicklung und Herstellung von galenischen Variationen beschränken.

Auf der *Vertriebsseite* steht Hexal beispielsweise auch als Co-Marketing-Partner zur Verfügung. Wir haben nicht nur eine gewisse Vermarktungskraft, sondern sprechen aufgrund unserer Bekanntheit als Generika-Hersteller Arztgruppen an, die multinationale Pharmakonzerne nicht erreichen.

Trotz steigender Forschungsausgaben besteht das eigentliche Asset der international agierenden Pharmaunternehmen in der Fähigkeit, Produkte global zu vermarkten. Als Kooperationspartner können wir die Produktpalette der Multis erweitern, während wir gleichzeitig von deren Vertriebsorganisation und internationaler Infrastruktur profitieren.

## Kleine Einheiten garantieren Flexibilität

Hexal konnte sich nicht zuletzt deshalb zu einem solch erfolgreichen Unternehmen entwickeln, weil es stets relativ klein geblieben und nie so groß und unbeweglich geworden ist, wie die meisten der international tätigen Pharmakonzerne.

Für uns ist schiere Größe keine unverzichtbare Determinante des Überlebens. Natürlich haben die multinationalen

Arzneimittelhersteller schon rein quantitativ einen Vorteil, denn in absoluten Zahlen haben sie bedeutend mehr Projekte in ihrer Pipeline und verfügen über einen wesentlich größeren finanziellen Spielraum – aber Big Spending garantiert noch lange keinen Erfolg. Wie heißt es doch: Wenn Größe immer besser wäre, wäre Aeroflot die beste Airline der Welt.

Darüber hinaus scheint es, daß die großen Budgets den Pharmakonzernen den Blick auf ertragreiche Geschäftsfelder verstellen. Wie wir schon einige Male hören konnten, haben Großkonzerne der Pharmaindustrie Produkte oder Projekte abgelehnt, weil sie keine ausreichenden Umsatzpotentiale bargen – wobei die Schwelle zum „ausreichend" sich in einer Größenordnung von 500 Millionen DM pro Jahr bewegt.

Die Effizienzprobleme, die in manchen Großkonzernen anzutreffen sind, lassen sich durch Größe bestimmt nicht bereinigen. Andererseits besteht die Lösung auch nicht darin, durch Intensivierung von Rationalisierungsmaßnahmen Abläufe zu mechanisieren.

Nach unserer Auffassung ist es Aufgabe eines Unternehmers, sich Gedanken darüber zu machen, wie er die Mitarbeiter rentabel einsetzen kann und nicht, wie er das Unternehmen rentabel machen kann, indem die Personaldecke verkleinert wird.

Deshalb sind wir bestrebt, *dynamische Firmeneinheiten* auszugründen oder neue zu gründen, sobald unser Unternehmen oder ein Zweig davon bedroht ist, zu groß zu werden.

Den entsprechenden Bereich, die große Zelle, splitten wir konsequent wieder in kleine Zellen, in dezentrale Systeme – genauso, wie von der Natur vorgemacht. Auf diese Weise können die abgesplitteten Zellen ihre Dynamik entfalten und haben als kleinere Firma die Möglichkeit, sich innerhalb der Wertschöpfungskette zu spezialisieren und zu entwickeln.

***Natur als Vorbild begreifen ...***

Ansatzpunkte für die von uns praktizierte Zellteilung finden sich bei der Produktion spezieller Produkte, in der Entwicklung bis hin zur Logistik oder der Spezialisierung auf eine einzelne Indikation. Die einmal getroffenen Entscheidungen zur Ausgliederung sind jedoch nicht sakrosankt. Sollten wir feststellen, daß Teile unseres System aus unabhängigen Zellen im globalen Konzept nicht überlebensfähig sind, zögern wir auch nicht, uns von diesen zu trennen.

In einigen therapeutischen Feldern verbirgt sich hinter Hexal bereits heute eine Art Konglomerat von Nischenfirmen. Die jüngst gegründete Firma Biocur konzentriert sich ausschließlich auf Phytos (Pflanzenextrakte). Für die neurologischen Präparate haben wir die Firma Neurohexal ausgegliedert, und letztes Jahr den Bereich der onkologischen, das heißt der Krebsmedikamente, ebenfalls abgesplittet. Das Unternehmen heißt Onco Hexal und verfügt über eigenes Know-how und ein eigenes Management.

Mit der Akquisition der Siemens & Co. (Emser Pastillen etc.), Anfang 1998, haben wir zusätzlich unsere Selbstmedikation verstärkt, um unabhängiger von ordnungspolitischen Maßnahmen und Mechanismen zu sein. Wir bewegen uns damit entgegen dem allgemeinen Markttrend, da sich bei anderen Firmen die Hoffnung, rückläufige Umsätze im Pharmageschäft durch Produkte der Selbstmedikation kompensieren zu können, bislang nicht erfüllt hat. Aufgrund der Entwicklungen, die in den angelsächsischen Ländern schon längere Zeit zu beobachten sind, sind wir jedoch der Meinung, daß der OTC-Markt (apotheken-, aber nicht verschreibungspflichtige Präparate) auch bei uns noch an Bedeutung gewinnen wird. Und die Strömungen, die sich zur Zeit aufgrund der von den großen Lebensmittelfilialisten und Drogeriemärkten aufgebauten Gesundheitsmärkte abzeichnen, werden diesen Trend noch weiter verstärken.

Somit wird sich unser Konzept von dem anderer Pharmahersteller, die als Vollsortimenter mit einer gemeinsamen Dachmarke antreten, mehr und mehr entfernen. Wir möchten betonen, daß diese Konzepte selbstverständlich ihre Berechtigung haben – in einer Hexal-Philosophie haben sie jedoch keine Zukunft.

Indem wir diesen Weg gehen, wird klar, daß sich Hexal mehr und mehr auf spezifische Indikationssegmente konzentrieren wird. Mit einer eindeutigen Positionierung realisieren wir leichter Kompetenzvorteile und höhere Synergiepotentiale. Damit entwickeln wir eine eigene Kultur, um Hexal im Wettbewerb zu differenzieren und unsere Stellung im Markt auszubauen.

Jedes Segment benötigt natürlich sein eigenes kleines, unabhängiges Management in dezentralisierten Profit-Centern mit wenigen hierarchischen Stufen und mehr unternehmerischen Freiheitsräumen, um effizient zu arbeiten. Sogar die Sekretärinnen haben bei uns gewisse Produktmanagement-

Aufgaben zu übernehmen. Selbst die Serviceabteilungen, wie Produktion, Zulassung etc. sind in gewissem Sinne eigene operierende Einheiten mit eigenen Verantwortlichkeiten. Für uns kann es deshalb nur ein *zukunftsweisendes Organisationssystem* geben: Eine Führung, die aus weitgehend unabhängigen, schlagkräftigen und flexiblen Einheiten besteht, die aber durch eine gemeinsame Kultur verbunden sind und ein gemeinsames Ziel verfolgen, nämlich den Erfolg des Gesamtunternehmens zu sichern. Deshalb gehen wir momentan auch dazu über, die Verantwortlichen direkt am Unternehmenserfolg zu beteiligen.

***Unabhängige Orga-Einheiten bevorzugen ...***

## Die Zukunft bewältigen

Die derzeitige Ausrichtung der Firma Hexal und ihrer selbständigen Zellen stellt nicht den Endpunkt unserer Evolution dar. Wir sehen unsere Zukunft darin, daß wir die Strategie danach ausrichten, uns von einem reinen Generika-Unternehmen zu wandeln zu einem Unternehmen, das daneben auch Innovationen und Service anbietet. Mehr noch: Unsere Strategie beruht darauf, nicht mehr nur ein Teil der Pharmaindustrie zu sein, sondern ein Teil des Gesundheitsmarktes. Vom Arzneimittel hin zu einem Therapiekonzept, da das Arzneimittel in Zukunft nicht mehr isoliert gefragt sein wird.

Mit unserer Strategie hin zu nachfrageorientierten Therapiesystemen setzen wir uns differenzierter mit den Bedürfnissen der Ärzte und Patienten auseinander. Statt des bloßen Arzneimittels verkaufen wir Lebensqualität. Das bedeutet, daß wir immer öfter Kooperationen eingehen werden mit Versicherungen, Softwarehäusern, der Freizeitindustrie oder Computerfirmen, um nur einige zu nennen.

Wir müssen es wagen, unsere Fähigkeiten auf neuen Gebieten zur Anwendung zu bringen. Es gibt keinen Zweifel daran, daß sich Hexal eine eigene Grundlagenforschung für neue chemische Substanzen nicht leisten kann. Mit der University of South Carolina haben wir aus diesem Grund zum Beispiel gerade eine Zusammenarbeit auf dem Gebiet der Gentherapeutika beschlossen. Weitere Allianzen sind in Vorbereitung.

Für so manchen Marktteilnehmer scheint das spektakulär zu sein, weil sich Hexal damit der Entwicklung gentherapeutisch einsetzbarer Konzepte zuwendet. Wir haben damit lediglich die Frage beantwortet, ob moderne Arzneimittelformen für uns strategische Bedeutung entfalten können. Zugleich geben wir so eine Antwort auf die Frage, ob eine Firma unserer Größenordnung eine Zukunft hat und wenn ja, welche. Jemand hat einmal die Chancen für mittelständische Unternehmen, sich gegen die multinationalen Konzerne zu behaupten, mit den Aussichten eines Tennisspielers aus dem Amateurlager verglichen, ein Match gegen Boris Becker zu gewinnen. Anstatt uns auf ein Tennismatch einzulassen, haben wir die großen Pharmakonzerne zu einer Schachpartie eingeladen – weil wir das besser können.

Das heißt aber, daß wir uns der Geschwindigkeit des Wandels anderer Industriezweige anpassen müssen. Für uns bedeutet das mehr Flexibilität und die Fähigkeit, uns schnell auf die neuen Gegebenheiten des jeweiligen Marktes einzustellen. Die Zeit ist unsere wichtigste Ressource. Deshalb verteidigen wir nicht unsere Besitzstände, sondern suchen ständig nach neuen Chancen und Nischen im Gesundheitsmarkt. Solange wir mit der Geschwindigkeit mithalten können, pro-aktiv agieren statt zu reagieren, glauben wir, uns der Zukunft als Chance und als Herausforderung erfolgreich stellen zu können.

# En passant ...

*Was bedeutet für Sie, Herr Dr. Strüngmann, Erfolg?*

Auf meine Weise leben zu können und mich dabei positiv auszudrücken.

*Durch welche Eigenschaften muß sich ein Unternehmer auszeichnen, der sich in unserer Zeit behaupten will?*

Er muß eine differenzierte Sicht der Zukunft haben.

*Welche Philosophie bestimmt Ihr unternehmerisches Handeln?*

Mensch bleib´ Mensch.

*Wie bereiten Sie wichtige Entscheidungen vor?*

Im Team und mit einer Portion Intuition.

*Welche Eigenschaften schätzen Sie an Mitarbeitern besonders?*

Die Fähigkeit, seine eigene Meinung zu vertreten.

*Wenn Sie einen Nachfolger einarbeiten müßten, was wäre Ihr wichtigster Rat?*

Jeder suche seinen individuellen Weg, in kleinen Schritten mit positiver Einstellung – oder: mache ihn!

*Welches sind für Sie in den nächsten Jahren die zentralen Herausforderungen?*

Wer an die Grenzen gerät, sucht neue Herausforderungen (Ambrosetti).

*Haben Sie ein Lebensmotto?*

Lebe!

# Erfolgsfaktor Renaissance einer Marke

Der Begriff der Marke bezeichnet im Warenzeichenrecht das „flächenhafte Wort-, Bild- oder Kombinationszeichen, das zur Identifikation eines bestimmten Produkts dient". Marketingexperten zählen zu den „harten" Elementen, die zur Abgrenzung von Wettbewerbern gestaltet werden, auch Symbole, Design, Verpackung und Farbgebung.

Eine Markenidentität oder gar eine Kultmarke entsteht jedoch erst, wenn breite Käuferschichten der „Marke" besondere Eigenschaften zuordnen. Dies hat – solange diese positiv bewertet werden – den Vorteil, daß der Markteintritt von Produktvarianten und neuen Produkten, die mit dem bekannten Namen verbunden sind, wesentlich erleichtert wird: Der Kunde assoziiert automatisch Marke und Ware, ohne daß die mit der Marke verknüpften Spezifika noch einmal werblich transportiert werden müßten. Die Informationspolitik kann sich auf andere Merkmale konzentrieren und sich im Prinzip sogar darauf beschränken, die Existenz der Neuheit zu verbreiten. Je nach Markenprägnanz – dem Ausmaß, mit dem der Umworbene die Marke mit dem Produkt in Verbindung bringt – weckt das bei einer gut eingeführten Marke bereits erhebliches Interesse beim Verbraucher, was wiederum den Handel anregt, das Produkt zu führen.

Ziel der Marketing-Kommunikation ist es deshalb, eine erlebbare Markenpersönlichkeit aufzubauen. So manifestiert sich beim Betrachter ein „inneres Bild“, das Eigenschaften, Vorstellungen, Merkmale und Werte umfaßt und sich für das übrige Sortiment nutzen läßt.

Der Lebenslauf einer Marke beginnt meist beim einzelnen Produkt. Danach werden unter demselben Namen Neueinführungen gleicher Dienstleistungs- oder Warenkategorien vorgenommen. Schließlich läßt sich ein bestehendes Markenimage auch auf völlig andere Produkte übertragen. Eindrucksvoll hat dies das Beispiel „Swatch“ gezeigt, bei dem die Ausdehnung von Uhren, über Brillen bis hin zu Automobilen erfolgreich gelungen ist.

Werden sämtliche Produkte eines Unternehmens unter einem Markennamen geführt, so spricht man vom Konzept der Dachmarke. Wird diese gepflegt und entsprechen die Angebote den Erwartungen der Verbraucher, so kann sie über Generationen hinweg attraktiv bleiben. Wie Nivea oder Bahlsen belegen, ist das Gesetz vom Produktlebenszyklus mit seinem Phasenmodell in diesem Fällen nicht übertragbar, denn nach Wachstums- und Reifephase folgen nicht zwangsläufig Sättigung und Degeneration.

Welchen finanziellen Wert eine Marke hat, ist kaum quantifizierbar, auch wenn es hin und wieder versucht wird (vgl. Tabelle 3). Allerdings schätzen Werbeexperten, daß die Erhöhung des Bekanntheitsgrades eines neuen Namens pro Prozentpunkt Zuwachs etwa 10 Millionen DM kostet. Deshalb kann es aus Kosten-Nutzen-Erwägungen sinnvoll sein, alte Marken wiederzubeleben, da sich hier der Aufwand in vertretbareren Größenordnungen bewegt. Es muß jedoch ein Markenkern erhalten geblieben sein, der einer Modernisierung bzw. Reaktivierung zugänglich ist. Ansatzweise läßt sich dessen Potential durch Marktforschung feststellen.

*Tabelle 3: Rangliste der wichtigsten europäischen Marken*

| **Rang** | **Marke** | **Branche** | **Wert** (in Mrd. US-$) |
|---|---|---|---|
| 1 | Nokia | Telefone | 21 |
| 2 | Mercedes | Autos | 18 |
| 3 | Nescafé | Pulverkaffee | 18 |
| 4 | Ericsson | Telefone | 15 |
| 5 | BMW | Autos | 11 |
| 6 | Volkswagen | Autos | 7 |
| 7 | Louis Vuitton | Luxusartikel | 4 |
| 8 | Adidas | Sportkleidung | 4 |
| 9 | Ikea | Möbel | 3 |
| 10 | Chanel | Parfüm | 3 |

Quelle: Interbrand 1999; nur börsennotierte Unternehmen, die ihre Geschäftsergebnisse publizieren

Die Gründe für die Neuentdeckung alter Namen, wie zum Beispiel Afri-Cola, der VW-Käfer in Form des Beetle oder das Waschmittel Prodixan, sind vielfältig. Zum „Markenguthaben" zählen Vertrauen, Sympathie und Loyalität ebenso wie Seltenheitsstatus, Faszination und Kompetenz für Qualität oder Umwelt; alles Elemente, die sich im Rahmen einer Marketingkonzeption natürlich gut nutzen lassen.

Gleichgültig wie eine Marke wahrgenommen wird, Schlüsselfaktoren für den Absatzerfolg sind Glaubwürdigkeit, Authentizität, Kompetenz und Wiedererkennbarkeit. Produkt, Marke und Image bilden eine Einheit, der durch die Ausrichtung aller Unternehmensbereiche Rechnung getragen werden muß. Letztlich wird die Marke zu einer Philosophie.

Wissenschaftliche Untersuchungen zeigen, was bereits angedeutet wurde: Die Markenausdehnung bietet Kostenvorteile und kürzere Produkteinführungszeiten. Voraussetzung ist allerdings, daß ein solides Qualitätsmanagement betrieben wird und die schnelle Wiedererkennung und Zuordnung zur Marke durch den Kunden möglich ist.

Ein stimmiges Gesamtkonzept – nicht nur beim Marketing-Mix, sondern auch im Sinne der Festlegung einer generellen Corporate-Identity-Strategie – ist jedoch unerläßlich, um mittel- und langfristig markentreue Kunden anzusprechen und zu binden.

# Alter Name in neuem Glanz

*von Heiner Hellfritzsch*

Gute Betriebsanlagen, Köpfe voller Ideen und ein eingeführter Markenname: Das war das Kapital mit dem Mitarbeiter und Geschäftsführer der alten sächsischen Firma VEB Florena Waldheim am 1. Februar 1992 in die Marktwirtschaft starteten. Zusammen mit Günter Haferkorn und Dr. Reinhard Hübner leitete ich – damals wie heute – das Unternehmen als Geschäftsführer.

Von zweistelligen Zuwachsraten, internationalen Erfolgen, Ehrungen und Auszeichnungen hat an diesem Tag wohl kaum einer von uns geträumt. Nur davon, endlich eigene Vorstellungen verwirklichen, unternehmerisch eigenverantwortlich Handeln, oder einfach etwas bewegen zu können.

Eine unserer ersten Entscheidungen war es, den alten Namen Florena als Firmennamen und als Dachmarke beizubehalten.

Es waren keine strategischen Überlegungen, die zu dieser Entscheidung geführt haben. Wir haben sie vielmehr aus dem Bauch heraus getroffen, aus Sympathie und persönlicher Bindung. Sie war ein Bekenntnis zur traditionellen Qualität unserer Produkte. Und die Entscheidung war ein Glücksgriff, wie sich schon bald herausstellen sollte.

## Die Geschichte einer Marke

Die Marke Florena gibt es bereits seit 80 Jahren. Sie wurde am 22. April 1920 offiziell beim Patentamt in München registriert. Ein leichtes Parfum war das erste Produkt, das diesen Namen trug. Vermutlich stand dessen blumiger Duft Pate bei der Namensgebung: Florena ist von Flora abgeleitet. Nachprüfen läßt sich das allerdings nicht mehr. Auch in den Bereich der pflegenden Kosmetik, die heute in unserem Betrieb hergestellt wird, hielt die Bezeichnung Florena bald darauf Einzug; und zwar mit einem Talkum Puder. In den vergangenen 80 Jahren hat der Name eine wechselvolle Geschichte gehabt. Genauso wie das Unternehmen, für das er heute steht, die Florena Cosmetic GmbH.

1852 wurde in Waldheim/Sachsen die Waldheimer Parfümerie und Toilettenseifenfabrik gegründet. Als eine der ersten Kosmetik-Produktionsanlagen Europas nahm sie eine Vorreiterrolle ein. Innovationen waren schon damals selbstverständlich, wie das Beispiel der Entwicklung der Zahnseife, einer Vorläuferin der heutigen Zahncreme, belegt.

Noch vor der Gründung der DDR wurde die Waldheimer Parfümerie- und Feinseifenfabrik Bergmann – so hieß der Betrieb zu diesem Zeitpunkt – im Jahr 1946 verstaatlicht. Ebenso wie eine Reihe weiterer Unternehmen fiel er dem späteren Kosmetik-Kombinat Berlin zu. In der Folgezeit firmierte er zunächst als VEB Rosodont, benannt nach einer älteren Marke der Firma Bergmann und avancierte schließlich zum größten Kosmetikunternehmen der ehemaligen DDR. Florena entwickelte sich nach und nach zu einer Dachmarke. Der Begriff „Marke“ wurde allerdings im sozialistischen Wirtschaftssystem nicht verwendet. Florena war nach offizieller Lesart eine Produktbezeichnung. Der fehlende Wettbewerb machte einen Markennamen mit seiner potentiellen Wirkung als Marketingfaktor überflüssig. Es war nicht notwendig, sich von anderen Produkten abzuheben. Lediglich die Versorgung der Bevölkerung war das wirtschaftliche Ziel.

Dennoch führte bereits zu DDR-Zeiten der große Erfolg der Florena Hautcreme zur Umbenennung des Unternehmens von VEB Rosodont in VEB Florena. Später wurde die gesamte DDR-Produktion pflegender und dekorativer Kosmetik unter diesem Namen angeboten.

Zwischen 1946 und 1989 erweiterte sich das Produktionsspektrum ständig. Trotz der völlig anderen wirtschaftlichen Voraussetzungen wurden dabei einige Grundlagen für den heutigen Erfolg geschaffen:

- Eine „Florena Hautcreme" war bereits 1950 im Angebot. Es handelte sich um eine Vorläuferin der Florena Creme, die zehn Jahre später entwickelt wurde. Mit einer mehrfach veränderten Rezeptur ist diese Creme bis heute ein Erfolgsprodukt.

- Der Slogan „Florena ... und Sie fühlen sich wohl in Ihrer Haut" wurde 1966 für Florena Creme eingeführt. Eingängig, aussagekräftig und bildstark, so ist er nach wie vor aktuell.

- Die Farbgebung für die Florena Cremedosen war von Anfang an blau-weiß. Damit enthielt das Aussehen des

Sortiments bereits Grundzüge des modernen Designs, das die Produkte in den letzten Jahren erhalten haben.

## Zeiten des Umbruchs

Doch weder Slogan noch Design und nicht einmal der Markenname standen im Vordergrund, als wir uns im Januar 1990 auf den Weg in die Marktwirtschaft machten. Der erste Schritt war die Loslösung aus dem Kombinat. Noch ohne genaues Ziel waren sich die Mitarbeiter und die damalige Leitung des Unternehmens in einem Punkt einig: Wir wollten uns aus der Enge der bisherigen Verhältnisse lösen und die Chance erhalten, den Betrieb nach eigenen Vorstellungen zu lenken und zu leiten.

Innerhalb eines einzigen Tages wurden wir ein eigenständiges Unternehmen: ein VEB, also ein volkseigener Betrieb. In der unübersichtlichen Übergangszeit während der Modrow-Regierung waren solche Entscheidungen möglich. Als erste Amtshandlung benannten wir den Betrieb um: VEB Florena Waldheim/Döbeln, so hieß er vom 1. Februar 1990 an. Damit waren die Weichen gestellt: Der alte *Markenname* wurde als Zugpferd mit in die Zukunft genommen. Wie diese Zukunft genau aussehen sollte, darüber gab es zu jenem Zeitpunkt allerdings noch keine Überlegungen. Nicht einmal über die Eigentumsverhältnisse herrschte Klarheit. Ohne es zu planen, hatten wir mit unserem Alleingang das gesamte Kombinat aufgelöst. Mehr noch: Die Aktion zog zahlreiche Auflösungen in der gesamten chemischen Industrie nach sich. Das Bedürfnis nach Eigenständigkeit war

***Die Marke als Hoffnungsträger***

weit verbreitet. Viele Betriebe schienen nur auf ein funktionierendes Beispiel gewartet zu haben.

Die gesamtwirtschaftliche Entwicklung hatte uns jedoch in jenen Tagen kaum beschäftigt. Wir waren in Aufbruchstimmung. Im wahrsten Sinne des Wortes: Ausgiebig haben wir die Möglichkeit zu Reisen genutzt, um zahlreiche Kontakte zu Unternehmen in Westdeutschland herzustellen und zwar zu Betrieben jeder Größenordnung. Vor allem Beiersdorf war von Anfang an ein wichtiger Gesprächspartner. Schon während der DDR-Regierung war in Waldheim eine Zeitlang Nivea hergestellt worden, so daß bereits Geschäftsverbindungen bestanden. Andere Kontakte wurden neu geknüpft, zum Beispiel zu den Firmen Henkel, L'Oréal, Dralle. So setzte ein reger west-/östlicher Besuchsverkehr ein. Das Interesse war von beiden Seiten groß. Wir hatten den Wunsch, so schnell wie möglich die Marktwirtschaft kennenzulernen und Geschäftspartner zu suchen. Unsere Besucher dagegen wollten sich vor Ort über unsere Verhältnisse informieren.

Bereits zwei Monate später paßte das Unternehmen VEB Florena Waldheim/Döbeln seine Organisation den neuen Bedingungen an. Für die betriebliche Umstrukturierung waren die westdeutschen mittelständischen Unternehmen beispielgebend, so wie wir sie inzwischen kennengelernt hatten. Mit intensiver Hilfe der Firma Dralle wurde sofort ein Außendienst aufgebaut – ein Geschäft auf Gegenseitigkeit. Florena profitierte von der organisatorischen Unterstützung, Dralle fand auf diese Weise in Ostdeutschland einen Partner zur Verbreitung seiner Produkte. Diese wirtschaftlichen Zusammenhänge erschlossen sich uns jedoch erst später. Im Mittelpunkt stand zunächst die Hilfsbereitschaft des westdeutschen Partners, die sehr motivierend wirkte.

## Treuhand-Nummer 80

Als im Juni 1990 die Treuhand eingerichtet wurde, begann die schwierigste Zeit für unser Unternehmen. Ein weiterer Schritt in eine bessere Zukunft – so war unsere Sichtweise, aus der heraus wir uns umgehend der Treuhand unterstellt und uns zu einer GmbH mit DDR-Struktur umgebildet hatten. Nach diesem GmbH-Vertrag trug unser Betrieb die Treuhand-Nummer 80, war also das achtzigste Unternehmen der Treuhand von insgesamt 14.000. Nun galt es, einen neuen Eigentümer zu finden.

Wie glücklich wir über diese Entwicklung waren und wie falsch wir die Situation eingeschätzt hatten, sollte sich erst später herausstellen. Aber nur, wer selbst einmal in ein starres System eingebunden war, kann sich das unglaubliche Freiheitsgefühl vorstellen, das uns beflügelte. Kreativität, Ideenreichtum und Eigeninitiative konnten bisher nur im Rahmen der Systemorientierung verwirklicht werden. Jetzt konnten sie sich entwickeln, gab es die Chance, selbst etwas zu gestalten: Hier von gesprengten Ketten zu reden, ist nicht übertrieben.

## Die Währungsumstellung

Mit der Währungsumstellung Anfang Juli 1990 kamen wir zwangsläufig auf den Boden der Wirklichkeit zurück. Denn das Ende der DDR-Währung war ein Einschnitt mit gravierenden Folgen. Mit der Deutschen Mark kamen die Handelsketten nach Ostdeutschland und mit ihnen die Westprodukte. Das Verschwinden der ehemaligen DDR-Produkte ist offiziell fast ausschließlich auf das Desinteresse der Kunden in Ostdeutschland zurückgeführt worden und auf die – zumindest vorübergehend – viel größere Attraktivität der Westprodukte. Diese Schlußfolgerungen lassen jedoch wichtige Zusammenhänge außer acht. Die westdeutschen Handelsketten brachten ihr erprobtes Sortiment mit. Das unbekannte Warenangebot aus ostdeutscher Produktion war für sie zunächst völlig uninteressant. Spar zum Beispiel hatte die HO-Läden übernommen und bot in der Folgezeit nur noch die Produkte aus seiner eigenen Listung an. Im Zuge dieser Entwicklung verschwand der eingeführte Markenname aus den Regalen. Der Markt war anderweitig besetzt.

Uns blies der Wind ins Gesicht, denn gleichzeitig brachen die osteuropäischen Märkte und damit für uns bewährte Geschäftsbeziehungen zusammen. Die Schwierigkeiten, mit dem Handel in Kontakt zu kommen, erschienen nahezu unüberwindlich. Die Joint-venture-Verträge, die wir in der Zwischenzeit mit Beiersdorf und Dralle abgeschlossen hatten, entfielen: Der gemeinsame Markt machte Kooperationen mit ostdeutschen Partnern unnötig.

In dieser wirtschaftlich bedrohlichen Situation gestaltete es sich zu allem Überfluß als äußerst schwierig, geeignete Eigentümer für unser Unternehmen zu gewinnen. Die Zusammenarbeit mit der Treuhand war wenig erfreulich. Ständig wurden in- und ausländische Interessenten avisiert, die das Unternehmen bis in die letzte Ecke inspizierten. Als besonders bedrückend empfanden wir die Verpflichtung, jedem gegenüber alle Informationen über Kunden, Strukturen und Kosten aufzudecken. Zu nah und zu schmerzlich war die Erinnerung an Kontrolle und Bevormundung. Es sah so aus, als würden wir unsere gerade gewonnene Freiheit schnell wieder verlieren.

Glücksritter kamen bei dieser Handhabung voll auf ihre Kosten. Sie brauchten bei der Treuhand nur mit sozialer Kompetenz zu überzeugen: „Ich gebe dem Betrieb eigentlich kaum eine Überlebenschance, aber damit die Leute erst einmal Arbeit haben, bezahle ich symbolisch eine DM dafür." Und diese Wohltäterargumentation führte auch häufig zum Erfolg.

Selbst bei Florena hatten Unternehmen Akquirierungsuntersuchungen gemacht und dabei festgestellt, daß der Betrieb angeblich chancenlos war. Fast im gleichen Atemzug fragten sie jedoch, ob wir bereit seien, für sie zu arbeiten, da sie die Absicht hätten, Waldheim als Standort zu nutzen.

Uns stand das Wasser bis zum Hals. Der Umsatz ging gegen Null. Gleichzeitig mußten 700 Mitarbeiter bezahlt werden. Ohne daß wir wußten, wie es weitergehen sollte, war eines klar: Wir wollten auf keinen Fall von einer Abhängigkeit in die nächste geraten.

So unglaublich das vielleicht klingt: Wir haben auch in dieser schwierigen Zeit an uns geglaubt. Wir wollten uns nicht einreden lassen, daß wir am Ende wären, kaum daß wir angefangen hatten.

## Florena gehört uns

Als wir zum ersten Mal vom Management Buy Out (MBO) hörten, war das ein Silberstreif am Horizont. Selbst Gesellschafter zu werden mit allen Risiken und Chancen, damit deutete sich eine Möglichkeit an, viele Probleme zu lösen. Im November 1990 stellten wir einen MBO-Antrag. Wir fuhren persönlich nach Berlin, um den Antrag bei der Treuhand einzureichen. Oder es jedenfalls zu versuchen: Zu unserer maßlosen Enttäuschung wußte der zuständige Ansprechpartner nichts mit unserem Antrag anzufangen. Von Management Buy Out hatte er noch nie gehört.

Damit begannen langwierige Übernahmerverhandlungen mit der Treuhand, deren Ziel war, das Unternehmen selbst zu erwerben. Sie zogen sich über eineinhalb Jahre hin, obgleich es längst keinen sonstigen Interessenten mehr gab.

Die Treuhand ist uns keinen Zentimeter entgegengekommen. Nur ein Beispiel: Unser Unternehmen hatte einen geschätzten Investitionsbedarf von zirka 15 Millionen DM. Als Kaufpreis wurden mehrere Millionen DM festgelegt. Darüber hinaus wurde den potentiellen Gesellschaftern zur Auflage gemacht, mindestens 5 Millionen DM zu investieren. Unseren Vorschlag, im Hinblick auf die Zukunft des Unternehmens doppelt soviel zu investieren, wenn dafür der Kaufpreis entsprechend gesenkt würde, lehnte man ohne Begründung ab.

Nach langen und schwierigen Verhandlungen mit verschiedenen Banken und der Treuhand gelang es uns schließlich am 1. Februar 1992 doch, eine Management-Buy-Out-Vereinbarung abzuschließen und damit Eigentümer unseres Unternehmens zu werden.

Wie war das möglich? Unser persönliches Engagement, die frühzeitige Anpassung der Organisationsstruktur an die marktwirtschaftlichen Anforderungen und unsere Bereitschaft, immense finanzielle Risiken zu übernehmen, haben – verbunden mit der Qualität der Produkte, der modernen Produktionsanlagen und dem guten Namen – die Banken letztlich doch überzeugt.

Als wenig hilfreich erwies sich der Vorschlag der Treuhand für eine Management-Buy-In-Variante, wo ein erfahrener Manager mit eigenen exorbitanten Gehaltsvorstellungen Florena auf Kurs bringen sollte. Da für uns die Entwicklung des Unternehmens mehr im Vordergrund stand als die Wertevorstellungen dieses Managers, haben wir uns für einen Start ohne diese „Profis" entschieden.

## Der Neubeginn

Von den 15 Chefs aus der DDR-Zeit haben nur die drei heutigen Gesellschafter Günter Haferkorn, Dr. Reinhard Hübner und ich den Vertrag unterschrieben. Mut für diesen Neubeginn hat uns der Glaube an die Qualität unserer Produkte und unsere Ideen gegeben. Ganz wesentlich war jedoch auch die Beziehung, die wir zueinander hatten und haben.

Wir kennen uns seit Jahrzehnten. Ähnliche Interessen und ein vergleichbarer sozialer Hintergrund haben zu einem gewachsenen Vertrauensverhältnis geführt. Vor allem unsere Einstellung zum Geld ist identisch – eine unverzichtbare Voraussetzung, wenn man sich auf ein so großes finanzielles Wagnis einläßt. Unsere Aufgabenteilung hat von Anfang an optimal funktioniert: Günter Haferkorn ist für Produktion, Technik, Einkauf, Forschung und Entwicklung verantwortlich, Reinhard Hübner für Marketing und Vertrieb, ich selbst für Finanzen, Controlling und Personal. Einer unserer wichtigsten Grundsätze war es, alle Entscheidungen einstimmig zu treffen. Das ist bis heute so geblieben. Jeder hat während des ganzen Entscheidungsprozesses die Möglichkeit, die anderen von seiner Vorstellung zu überzeugen. Einstimmig und ohne zu zögern haben wir uns noch einmal für die Beibehaltung des Markennamens entschieden: Florena Cosmetic GmbH, so firmieren wir seit 1992. Wir sind von einem *Führungsmodell im Konsensverfahren* überzeugt und führen die positive Entwicklung des Unternehmens auch darauf zurück.

## Der Wert der Marke

In den ersten Jahren nach der Wiedervereinigung sind viele alte DDR-Produkte umbenannt worden. Die Waren hatten einen schlechten Ruf, neue Namen sollten für neue Chancen sorgen. Wir haben uns davon nicht beeindrucken lassen. Die *Identifikation mit dem Produkt* war so ausgeprägt, daß der Name als Erfolgsgarant erschien. Allerdings konnten wir darüber nicht mehr ohne weiteres verfügen. Zwar war der Name ursprünglich in Waldheim entwickelt worden, aber auch die anderen Mitglieder des Kombinats hatten ihn jahrzehntelang genutzt. Gewohnheitsrechtlich waren sie daher in der Lage, ihn auch weiterhin zu beanspruchen. So waren Verhandlungen mit jedem einzelnen dieser Unternehmen notwendig. Alle verzichteten schließlich auf ihre Rechte. Ausschlaggebend dafür war vermutlich die Einschätzung, er sei wertlos geworden. Wir haben dennoch auf die lange Tradition von Florena vertraut, obwohl Dachmarken-Konzepte nicht im Trend lagen.

Unsere unternehmerische Entscheidung entbehrte jeglicher markenpolitischer Kenntnisse. Erst später erfuhren wir, daß der Markenname ein Kapital ist, das sich in Bargeld berechnen läßt. Es gibt Untersuchungen darüber, daß Produkte durch eine Umbenennung einen großen Teil ihrer Attraktivität einbüßen, auch wenn sie vom selben Hersteller in derselben Qualität weiterproduziert werden. An solchen Beispielen wird klar, daß der Wert einer Ware mit dem Markenamen verknüpft ist. Vor allem, wenn ein Unternehmen verkauft wird, zeigt sich, daß eingeführte Markennamen eine Goldgrube sein können. Für sie werden Preise gezahlt, die das Nettovermögen der gekauften Unternehmen bei weitem übertreffen.

***Verbraucher vertrauen eingeführten Marken***

Von den verschiedenen Funktionen, die eine Marke hat – zum Beispiel zur Werbung oder zur Identifizierung beizutragen – war in unserer Situation die *Garantiefunktion* von entscheidender Bedeutung. Sie besagt, daß der Verbraucher von der Marke eines Produkts auf die Qualität schließen kann, daß also beim Gleichbleiben der Marke auch eine gleichbleibende Qualität garantiert ist. Gerade in einer Welt, die sich stark wandelt, schätzt der Verbraucher die Konstanz der Marke als verläßlichen Fixpunkt.

Das Vertrauen der Kunden zu gewinnen, war vor diesem Hintergrund das geringere Problem. Viel entscheidender war die Präsenz unserer Produkte in den Geschäften, die nur durch eine Verbesserung der Kontakte zum Handel zu erreichen war.

## Ein Partner für die erste Zeit

Zur Durchsetzung dieses Ziels war die Beziehung zu Beiersdorf ein Glücksfall für Florena. Man hat uns dort in vieler Hinsicht unterstützt und uns – um es salopp auszudrücken – das Einmaleins der Marktwirtschaft beigebracht. Gleich nach unserer Privatisierung habe ich die Firma wieder besucht und den Vorstandsvorsitzenden Hans-Otto Wöbcke nach möglichen Formen der Zusammenarbeit gefragt. Erfahrungen damit hatten sich schon während der DDR-Zeit ergeben, als Beiersdorf-Produkte in Waldheim hergestellt worden waren. Die Arbeitsweise und die Ausstattung der Firma waren daher bekannt.

Mir hat sich dieses Gespräch, von dem zumindest teilweise unsere Zukunft abhing, für immer eingeprägt: Mitten zwischen den Mitgliedern des Vorstands, die er zusammengerufen hatte, saß der Vorstandsvorsitzende und konzentrierte sich auf eine Arbeit. Unbeeindruckt von den Gesprächen um ihn herum schrieb er, notierte Zahlen, rechnete. Als er schließlich hoch schaute, waren alle still. „Punkt 1“, las er vor, „Florena muß eine Chance bekommen. Punkt 2 – Wir verlagern ab sofort die Produktion von Atrix und Nivea nach Waldheim“. So kam es, daß wir diese beiden Produkte von 1992 bis 1994 hergestellt haben.

Daß Florena einen starken, verläßlichen Partner hatte, wirkte sich sehr schnell positiv auf unser Image beim Handel aus. Als sich herumsprach, daß ein großes westdeutsches Unternehmen, das weiße Kosmetika herstellt, in Waldheim fertigen ließ, interessierte man sich endlich für uns und gab unseren Produkten die verdiente faire Chance. Wir konnten anfangen, die Kontakte zu knüpfen, um die wir uns bisher vergeblich bemüht hatten.

## Die Renaissance der Marke

Ständig kamen Mehrlistungen und Neulistungen dazu, und unsere Produkte waren in immer mehr Läden zu finden. Sie wurden in Ostdeutschland sofort wieder angenommen. Die Bürger der ehemaligen DDR waren jahrzehntelang daran gewöhnt, unter dem Namen Florena alles zu finden, was es an Kosmetikprodukten gab. Florena war für sie identisch mit Kosmetik.

Diese Renaissance bestätigte unsere Strategie, nicht auf allen Hochzeiten gleichzeitig zu tanzen, sprich auf allen Märkten gleichzeitig präsent zu sein. Dementsprechend wurde der Ausbau in drei Schritten geplant:

- 1. Schritt: Konzentration auf die Regionen, zu denen traditionell starke Bindungen bestehen. Leipzig oder Chemnitz liegen näher als Frankfurt am Main oder Hamburg.

- 2. Schritt: Darauf aufbauend Osteuropa zum zweiten Standbein machen. Florena ist auch dort eine bereits bekannte Marke und muß nicht erst eingeführt werden.

- 3. Schritt: Die Erlöse aus dem Export in den gesamtdeutschen Markt investieren. Wir wollen eine gesamtdeutsche Firma werden.

Nach diesem Schema sind wir mit Erfolg vorgegangen. Innerhalb kurzer Zeit konnte in Ostdeutschland verlorenes Terrain wiedergewonnen werden. Bereits 1992 zeichnete sich ab, daß das Konzept aufging. Der Umsatz lag bei 24 Millionen DM. 1993/94 war Florena bereits in allen Handelsketten präsent. Trotz der Konkurrenz von Westprodukten waren wir in Ostdeutschland wieder die Nummer Zwei.

Auf dieser Grundlage erfolgte die Orientierung nach Osteuropa. Vor allem in Rußland hatte Florena noch immer einen guten Namen, und die Produkte wurden gerne angenommen. 1997 hatten wir auf diesem Markt bereits den gleichen Umsatz erzielt wie Beiersdorf. Leider sind die Geschäfte mit Rußland wegen der dortigen Wirtschaftslage seit August 1998 zum Erliegen gekommen. Aber – wir bleiben Optimisten – irgendwann wird es weitergehen, und die ersten Anzeichen dafür sind seit Anfang 1999 vorhanden. Wir sind ja auch eine Marke in Rußland.

Unser Umsatz auf dem westdeutschen Markt verzeichnete parallel dazu überdurchschnittliche Zuwächse. Die Grundlage ist geschaffen, um sowohl in Deutschland als auch in Europa zu expandieren.

Die Erfahrungen, die wir während unserer Durststrecke gesammelt haben, münden heute in Empfehlungen: In einer scheinbar ausweglosen Situation muß man sich sehr genau und ohne Beschönigung die eigene Lage anschauen, sich fragen, was man eigentlich kann. Bei dieser kritischen Betrachtung wird sich stets *eine* besondere Stärke herauskristallisieren. Auch wenn diese zunächst nur unbedeutend erscheint, sollte man sie ernst nehmen. Denn eine Stärke kann man ausbauen. Die Schwächen zu besiegen, das ist in einer solchen Situation nur Kraftverschwendung. Als Sportler – ich spiele Fußball – drükke ich das so aus: Ich gewinne lieber ein Spiel 7:6 als 1:0. Das heißt, ich baue lieber meine Stärke aus, die heißt Angriff, als meine Schwäche zu beseitigen, die heißt Abwehr. Der Zeitfaktor darf natürlich nicht außer acht gelassen werden. Geduld und ein langer Atem sind notwendig; der Erfolg wird sich nicht sofort einstellen. Sich erst einmal drei Jahre Zeit zu geben – das ist ein realistischer Ansatz.

***Die eigene Stärke ausbauen ...***

## Keine Angst vor Kritik

Obwohl der Markenname einen wesentlichen Anteil an der erfolgreichen Entwicklung der Florena Cosmetic GmbH hatte, gab es weitere Faktoren, die nicht unterschätzt werden dürfen. Vor allem *Kontakte*, Gespräche, Austausch, die Arbeit mit Menschen außerhalb und im Betrieb waren unverzichtbar. Wie vieles andere kann man auch Marktwirtschaft durch gutes Zuhören lernen. Die Voraussetzungen dafür sind allerdings, daß man seinen gesunden Menschenverstand behält, nicht übermütig wird, wenn man Erfolg hat, und sich die Kritikfähigkeit bewahrt.

Durch jedes Gespräch, haben wir etwas Neues dazugelernt. Die Kontakte, der Zuspruch haben außerdem stark zu unserer Motivation beigetragen. Wir haben offen mit allen geredet und uns auch durch Kritik nicht entmutigen lassen. Ich erinnere mich an das Gespräch in einer Hotelbar mit dem Manager eines befreundeten Unternehmens. Während wir den ersten Campari Orange unseres Lebens tranken, wies er uns drastisch und schonungslos auf unsere naive Sichtweise der Marktwirtschaft hin. Ohne unsere positive Grundeinstellung wären wir vielleicht abgeschreckt worden, weiter offen mit Menschen zu reden. So empfanden wir diese Unterhaltung als Anregung für neue Überlegungen und riskierten auch weiterhin, naiv zu wirken, um möglichst schnell das neue Umfeld und seine Bedingungen zu begreifen.

Der Erfolg hat uns schließlich recht gegeben. Wir sind fest davon überzeugt, die deutsch-deutsche Vereinigung wäre positiver verlaufen, wenn die Menschen offener miteinander geredet hätten.

Florena hatte das Glück, in Gesprächen mit mittelständischen Unternehmern Partner und sogar Freunde zu finden. Das ermutigte, uns über bilaterale Beziehungen hinaus zu engagieren. So hat *Verbandsarbeit* zwischenzeitlich einen hohen Stellenwert. Im Industrieverband Körperpflege und Waschmittel stellt Florena ein Vorstandsmitglied, ebenso arbeiten wir im Vorstand des Verbandes Chemische Industrie – Landesverband Nord-Ost aktiv mit. Als eines der ersten ostdeutschen Unternehmen ist Florena dem Markenverband beigetreten und in Arbeitskreisen präsent. Auf regionaler Ebene sind wir in der Industrie- und Handelskammer und im RKW Sachsen, wo wir seit mehreren Jahren den Vorstandsvorsitzenden stellen, engagiert.

Alle drei Geschäftsführer nehmen diese wichtigen Aufgaben wahr. Im Rahmen der Verbandsarbeit können nicht nur innerhalb der Branche Kontakte geknüpft werden, sondern es besteht auch die Möglichkeit, andere Branchen kennenzulernen. Wir beobachten immer wieder, daß mittelständische Unternehmen sich scheuen, auf die großen Betriebe zuzugehen. Nach unseren Erfahrungen besteht dazu überhaupt kein Anlaß. Das Interesse an Kontakten besteht auf beiden Seiten, so daß ein fruchtbarer Austausch möglich ist.

Wichtig für den Erfolg von Florena sind nicht zuletzt die *Mitarbeiter* des Unternehmens. Beim Aufbau viele Mitarbeiter entlassen zu müssen, war unsere schwerste Entscheidung. Wir wußten, daß wir viele in eine lebenslange Arbeitslosigkeit geschickt haben. Um so mehr freuen wir uns, daß wir inzwischen wieder Neueinstellungen vornehmen können und die Mitarbeiterzahl auf über 250 gestiegen ist. Vor allem für die Zukunft junger Menschen wollen wir Verantwortung übernehmen. So beträgt unser Anteil an Auszubildenden mehr als zehn Prozent.

Anfang 1997 haben wir unser Unternehmensleitbild veröffentlicht und darin dem Mitarbeiter im Betrieb eine zentrale Rolle zugewiesen. „Die Bewältigung unternehmerischer Herausforderungen“, heißt es, „gelingt nur in einer kooperativen Atmosphäre“.

Motivation und Teamgeist werden bei uns großgeschrieben. Wir sind stolz darauf, wenn sich unsere Mitarbeiter selbst „Floreaner“ nennen und dem Betrieb auch noch im Ruhestand verbunden bleiben.

## Der Erfolg

Zusammen mit den Menschen innerhalb und außerhalb des Betriebes ist es in den vergangenen Jahren gelungen, Florena nach über 80 Jahren erneut als Marke zu etablieren. Hinter der *Dachmarke* verbergen sich heute weiterentwickelte und völlig neue Produkte.

Über 170 Einzelartikel gehören zum Programm von Florena, verschiedene Hautcremes, Produkte für Dusche und Bad, Gesichts- und Haarpflege, Seifen, Serien für Männer und Kinder und als jüngster Zuwachs ein Sonnenschutzmittel. Jeder einzelne Artikel wird in Top-Qualität angeboten. 1994 hat unser Unternehmen als erster Kosmetikhersteller Deutschlands das Zertifikat DIN EN ISO 9001 für den Nachweis besonders qualitätskontrollierter Produktion erhalten.

***Den Anspruch einer Marke einlösen ...***

Damit die Marke Florena auch zukünftig den Anspruch der Hochwertigkeit einlösen kann, gilt es Verantwortung ernst zu nehmen – und zwar nicht nur für Menschen, sondern auch für die *Umwelt*. So konnte unser Unternehmen 1989 als eines der ersten in Europa auf Konservierungsmittel bei der Florena Creme verzichten. Nicht nur bei Rezepturen, die in der hauseigenen Forschungs- und Entwicklungsabteilung entwickelt und getestet werden, sondern auch bei der Auswahl von Rohstoffen und Verpackungsmaterial bezieht Florena ökologische Kriterien ein. Unsere Produkte werden nicht an Tieren getestet. Sieben Millionen DM haben wir seit 1992 in umweltschonende Technik und Technologie investiert.

Unser Markenverständnis geht damit weit über die übliche Marketingorientierung hinaus. Deshalb führen wir die Anerkennungen, die wir 1998 als erstes ostdeutsches Unternehmen mit dem „Goldenen Zuckerhut" der Lebensmittelzeitung und 1999 mit dem Marketing-Preis-Ost des Marketing-Verband Düsseldorf erhalten haben, nicht nur auf unser modernisiertes Erscheinungsbild zurück.

Schon jetzt arbeiten wir daran, den Erfolg des Markennamens auch für die Zukunft sicherzustellen. Dazu gehören beispielsweise die Planung für einen rechtzeitigen Generationswechsel in geeigneter Form und der Blick über die Grenzen, etwa nach Lateinamerika, wo 1998 erstmals Geschäftsbeziehungen geknüpft wurden. Was wir erreicht haben, können wir mit Stolz weitergeben: Der alte Markenname Florena ist in den vergangenen Jahren glanzvoll aufpoliert worden. Er ist die Basis für einen guten Start in das nächste Jahrtausend.

# En passant ...

*Was bedeutet für Sie, Herr Hellfritzsch, Erfolg?*

Erfolgreiche Unternehmensführung mit einem breiten Konsens.

*Durch welche Eigenschaften muß sich ein Unternehmer auszeichnen, der sich in unserer Zeit behaupten will?*

Ein Unternehmer sollte unter anderem Visionen, strategische Fähigkeiten und Risikobereitschaft haben, seine Mitarbeiter motivieren können und sich durch eine hohe gesellschaftspolitische Verantwortung auszeichnen.

*Welche Philosophie bestimmt Ihr unternehmerisches Handeln?*

Ein Unternehmen ist nicht nur dem Shareholder Value verpflichtet, sondern auch der Gesellschaft.

*Wie bereiten Sie wichtige Entscheidungen vor?*

Durch umfassende Erschließung von Informationsquellen, breitgefächerte Diskussion im Team und Konsensfindung.

*Welche Eigenschaften schätzen Sie an Mitarbeitern besonders?*

Offenheit, Loyalität zum Unternehmen, Diskussionsfreude, Einsatzbereitschaft und Ideenreichtum.

*Wenn Sie einen Nachfolger einarbeiten müßten, was wäre Ihr wichtigster Rat?*

Der Nachfolger sollte die richtige Mischung aus Risiko und Visionen ständig parat haben und die Mitarbeiter als den wichtigsten Innovations-Faktor begreifen können.

*Welches sind für Sie in den nächsten Jahren die zentralen Herausforderungen?*

Meisterung der globalen (europäischen) Herausforderungen und damit die richtige Einordnung des Unternehmens je nach seiner Entwicklungsphase.

*Haben Sie ein Lebensmotto?*

Nach Regentagen kommt auch wieder die Sonne und am schönsten ist der Regenbogen.

# Literaturverzeichnis

Becker, Lisa: Unternehmen tun etwas für die Umwelt – und berichten darüber, in: FAZ vom 7. Juli 1998, S. B3

Bergmann, Gustav: Umweltgerechtes Produkt-Design, Neuwied 1994

BMA (Hrsg.): Mitarbeiterbeteiligung am Produktivvermögen – ein Wegweiser für Arbeitnehmer und Arbeitgeber, Bonn 1998

Bruhn, Manfred: Handbuch Markenartikel – Anforderungen an die Markenpolitik aus Sicht von Wissenschaft und Praxis, Stuttgart 1994

Bruhn, Manfred: Marketing, Wiesbaden 1997

Buchholz, Andreas / Wördemann, Wolfram: Was Siegermarken anders machen, Düsseldorf 1998

Bundesverband der Deutschen Volksbanken und Raiffeisenbanken u. a. (Hrsg.): Aussenhandel und Binnenmarkt 6/1999

Bundesverband der Deutschen Volksbanken und Raiffeisenbanken (Hrsg.): Probleme von Jungunternehmern vor, während und nach der Existenzgründungsphase in Deutschland, Bonn 1998

Bundesverband der Deutschen Volksbanken und Raiffeisenbanken (Hrsg.): Unternehmen führen – Unternehmen sichern, Bonn 1998

DG BANK (Hrsg.): China – Marktchance für den deutschen Mittelstand, Frankfurt am Main 1999

DG BANK (Hrsg.): Deutscher Lebensmitteleinzelhandel, Frankfurt am Main 1999

DG BANK (Hrsg.): Generationswechsel in der Firma, Mittelstands-Brief 2/1999

DG BANK (Hrsg.): Internationalisierung – Chance für den Mittelstand, Frankfurt am Main 1998

Eggert, Ulrich: Der Handel im 21. Jahrhundert, Düsseldorf 1998

Erhard, Ludwig: Mittelstandspolitik, in: Rüstow, A. u. a.: Der mittelständische Unternehmer in der Sozialen Marktwirtschaft, Ludwigsburg 1956

Fiedler, Winfried: Hindernisse auf dem Weg zur fraktalen Fabrik, in: BddW vom 15. September 1997, S. 3

Fischer, Oliver: Die Masche mit der Nostalgie, in: MM 6/1999, S. 176 - 183

Floyd, Chris: Nicht jede Zusammenarbeit mit Wettbewerbern bei der Technologie-Entwicklung hat auch Erfolg, in: BddW vom 18. Mai 1998, S. 3

Frese, Erich (Hrsg.): Handwörterbuch der Organisation – Enzyklopädie der Betriebswirtschaftslehre, Band 2, Stuttgart 1992

Freund, Werner / Kayser, Gunter / Schröer, Evelyn: Generationswechsel im Mittelstand, IfM-Materialie Nr. 109, Bonn 1995

Gazdar, Kaeven: High-Tech Handbuch – Praxis, Märkte und Zukunft neuer Technologien, Bonn 1992

Gruhler, Wolfram: Unternehmensnachfolge im Mittelstand, Reihe Beiträge zur Wirtschafts- und Sozialpolitik des Instituts der deutschen Wirtschaft, Band 244, Köln 1998

Hennerkes, Brun-Hagen: Familienunternehmen sichern und optimieren, Frankfurt am Main-New York 1998

Höger, Hans (Hrsg.): Design is a journey, Berlin-Heidelberg-New York 1997

IKB Deutsche Industriebank: Geschäftsbericht 1997/1998

IKB Deutsche Industriebank: Integrierter Umweltschutz, Kurz-Dokumentation einer Veranstaltung anläßlich der ENTSORGA am 13. Mai 1998, Düsseldorf 1998

IKB Deutsche Industriebank: UnternehmerThemen 1/1999

Ingelfinger, Thomas: Wettbewerbsvorteile durch Ausschöpfen von Markenpotential, in: M&M 2/1994, S. 54 - 56

Kleinfeld, Klaus: Benchmarking für Prozesse, Produkte und Kaufteile, in: M&M 1/1994, S. 19 - 24

Lang, Cornelia: Was unternehmen! – Neue Selbständige in Ostdeutschland, in: ZfK 1/1999

Leitschuh-Fecht, Heike: Das Öko-Audit der EU soll zur „ökologischen Star-Performance" führen, in: BddW vom 24. Juni 1998, S. 5

Lorz, Rainer: Deutsche Familienunternehmen – Bedeutung und signifikante Entwicklungen, Vortrag vom 5. Juni 1999

Lubritz, Stefan: Internationale strategische Allianzen mittelständischer Unternehmen – Eine theoretische und empirische Analyse, Frankfurt am Main 1998

Lütge, Gunhild: Die starken Softies, in: Die Zeit vom 18. März 1999, S. 25

McKinsey (im Auftrag des Sächsischen Staatsministeriums für Wirtschaft und Arbeit): Mitarbeiterbeteiligung – ein Konzept mit Zukunft, Düsseldorf 1998

Meffert, Heribert: Marketing – Grundlagen marktorientierter Unternehmensführung, Wiesbaden 1998

Nielsen, A. C. (Hrsg.): Der Discounter im Urteil der Verbraucher 1997, Frankfurt am Main 1997

Nussbaumer, Christoph: Benchmarking – mittelständische Unternehmen auf dem Prüfstand, in: IKB-Information, Düsseldorf 1996

ohne Verfasser: Alte Kultmarken erobern die Gunst der Verbraucher zurück, in: FAZ vom 5. Mai 1999, S. 29

ohne Verfasser: Alternative Nachfolgeregelungen für Familienunternehmen, in: FAZ vom 9. November 1998, S. 34

ohne Verfasser: Beteiligte Mitarbeiter sind motivierte Mitarbeiter, in: FAZ vom 4. Januar 1999, S. 29

ohne Verfasser: Chancen und Risiken von Kooperationen, in: BddW vom 27. Mai 1998, S. 3

ohne Verfasser: Coca-Cola bleibt die wertvollste Marke der Welt, in: FAZ vom 30. Juni 1999, S. 25

ohne Verfasser: Erfolgreiche Unternehmen sind zuverlässig und innovativ, in: FAZ vom 30. November 1998, S. 30

ohne Verfasser: Handfeste Vorteile durch die Teilnahme am Öko-Audit, in: FAZ vom 10. Mai 1999, S. 34

ohne Verfasser: Starkes Wachstum bei industrienahen Dienstleistungen erwartet, in: HB vom 7. Juni 1999, S. 7

Pfohl, Hans-Christian / Maier-Rothe, Christoph: Die Globalisierung der Produktion, in: BddW vom 17. April 1998, S. 3

Preißler, Stefan: Moderne Technik revolutioniert den Kundenservice, in: Office Management 1/1998

Riedel, Hannspeter: Unternehmensnachfolge regeln – Strategien und Checklisten für den erfolgreichen Generationswechsel, Wiesbaden 1996

Scheuch, Fritz: Marketing, München 1996

Schmelzer, Geert: Spielwaren Vabanquespiel, in: Der Handel Nr. 1 vom 1. Januar 1997, S. 18

Schramm, Monika: Dunkel muß es sein, in: FAZ vom 12. November 1996, S. 15

Schröer, Evelyn / Freund, Werner: Neue Entwicklungen auf dem Markt für die Übertragung mittelständischer Unternehmen, IfM-Materialie Nr. 136, Bonn 1999

Schumpeter, Joseph Alois: Kapitalismus, Sozialismus und Demokratie, Bern 1950

Seeger, Hartmut: Industrie-Designs – Basiswissen über das Entwickeln und Gestalten von Industrie-Produkten, Grafenau 1983

Segil, Larraine: Strategische Allianzen – Ein Leitfaden für die systematische Planung und Durchführung von Unternehmensallianzen, Zürich 1998

Simon, Dieta: Leistung und Erfolg im Marketing, in: M&M 2/1995, S. 55 - 60

Simon, Hermann: Zukunftsbestimmende Trends und Kräfte im Marketing, in: FAZ vom 9. November 1998, S. 37

Statistisches Bundesamt (Hrsg.): Datenreport – Zahlen und Fakten über die Bundesrepublik Deutschland, Stuttgart 1983

Statistisches Bundesamt (Hrsg.): Statistisches Jahrbuch 1998 für die Bundesrepublik Deutschland, Stuttgart 1998

Staudt, Erich / Kriegesmann, Bernd / Thielemann, Frank: Kooperationsverhalten in der Druckindustrie – zwischen Bestandssicherung und Offensive, in: DBW 58 (1998) 6, S. 803 - 815

von Baratta, Mario (Hrsg.): Fischer Weltalmanach 1999, Frankfurt am Main 1998

von Tucher, Friedrich W. Frhr.: Benchmarking – Ein Praxisbeispiel, in: FAZ vom 2. September 1998, S. B8

von Tucher, Friedrich W. Frhr.: Benchmarking ist der erste Schritt zum lernenden Unternehmen, in: BddW vom 15. Januar 1998, S. 4

Wolff, Sebastian: Vergütung – Gewinnchancen für alle, in: Wirtschaftswoche 15/1999

Zec, Peter: Mit Design auf Erfolgskurs, Köln 1998

Zentes, Joachim / Swoboda, Bernhard: Motive und Erfolgsgrößen internationaler Kooperationen mittelständischer Unternehmen, in: DBW 59 (1999) 1, S. 44 - 59

# Die Herausgeber

BRUN-HAGEN HENNERKES, geboren 1939 in Siebenlehn. 1960 bis 1964 Studium der alten Sprachen und der Rechtswissenschaften in Saarbrücken, Freiburg und Hamburg; 1966 Promotion zum Dr. jur.; im Anschluß an den juristischen Vorbereitungsdienst Managerlehrgang bei der Wirtschaftsvereinigung Eisen & Stahl in Düsseldorf; 1969 bis 1971 jüngstes Mitglied der Direktionsabteilung der Mannesmann AG, Düsseldorf; 1971 Eintritt in die Wirtschaftskanzlei Dr. Conrad Böttcher und Professor Dr. Beinert, Stuttgart; seit 1981 Seniorpartner der Kanzlei, heute: „Hennerkes, Jeschke, Kirchdörfer & Lorz"; tätig in der konzeptionellen Beratung von Familienunternehmen; spezialisiert auf Gesellschaftsrecht, Steuerrecht, Nachfolgeregelungen, M&A und Going Public; seit 1987 Professur an der Universität Stuttgart im Bereich Unternehmenssteuerrecht; außerdem Vorsitzender bzw. Mitglied einer Vielzahl von Kontrollgremien deutscher Familienunternehmen und börsennotierter Familienaktiengesellschaften. Adresse: Jahnstraße 43, 70597 Stuttgart.

CHRISTOPHER PLEISTER, geboren 1948 in Hamburg. Studium der Volkswirtschaftslehre von 1967 bis 1973 an der Universität München; danach 1978 Promotion zum Dr. rer. pol.; 1977 Eintritt in die Landesgenossenschaftsbank AG in Hannover als Leiter Unternehmensplanung und Marketing; von 1982 bis 1990 leitende Tätigkeiten in der Landesgenossenschaftsbank AG, Hannover, bzw. dessen Nachfolgeinstitut Norddeutsche Genossenschaftsbank AG, zuletzt als Mitglied des Vorstands; seit 1990 Mitglied des Vorstands der DG BANK Deutsche Genossenschaftsbank AG, verantwortlich für die Bereiche Firmenkunden und Volkswirtschaft; 1999 Wahl zum Präsidenten des Bundesverbandes der Deutschen Volksbanken und Raiffeisenbanken (BVR) mit Amtsübernahme zum 1. Januar 2000. Adresse: DG BANK AG, Am Platz der Republik, 60325 Frankfurt

# Die Autoren

JÜRGEN W. BRAUN, geboren 1938 in Berlin. Abschluß der Ausbildungsphase mit dem Studium der Rechtswissenschaften in Bonn und Paris und den beiden Staatsexamen in Düsseldorf; dann kompletter Szenenwechsel: fünf Jahre Business Management rund um ein schwäbisches Auto und fünf Jahre Vertriebsbemühungen mit technischen Lagerprodukten aus Fernost; zur Erholung danach in die Provinz: seit Mitte 1981 erster familienfremder Geschäftsführer des im Weserbergland beheimateten Türklinkenherstellers FSB; von dort aus ehrenamtliche Engagements: IHK, Bielefeld (1978-1986); Arbeitgeberverband, Paderborn (seit 1982); Arbeitsamt, Paderborn (seit 1980); Landgericht, Paderborn (seit 1989); Rat für Formgebung, Frankfurt (seit 1988); Internationales Design Zentrum, Berlin (seit 1995). Adresse: Franz Schneider Brakel GmbH + Co (FSB), Nieheimer Straße 38, 33034 Brakel.

WILFRIED FRANZ, geboren 1951 in Berlin. 1970, nach dem Abitur, Ausbildung zum Verlagskaufmann; 1972 bis 1976 Tätigkeiten in mittelständischen Möbelhandelsbetrieben; 1976 Gründung der WIFRA-Vertrieb Wilfried Franz KG mit Schwerpunkt Herstellung und Großhandel von Spielwaren; 1982 Gründung der Spiele Max Wilfried Franz KG und Eröffnung des ersten Spielwarengeschäfts mit Selbstbedienung in Deutschland; 1992 Beginn der eigentlichen Expansion von Spiele Max; 1997 Umwandlung der Firma in die Spiele Max AG; heute Vorstandsvorsitzender und geschäftsführender Gesellschafter der Unternehmensgruppe; darüber hinaus ehrenamtliche Mit-Leitung mehrerer gemeinnütziger Werke. Adresse: Haynauer Straße 72A, 12249 Berlin.

JOCHEN HAHNE, geboren 1958 in Hannover. 1977 Studium der Wirtschaftswissenschaften in Hannover mit verschiedenen Betriebspraktika bei Wilkhahn; 1983 Abschluß zum Diplom-Ökonom; im Anschluß Auslandsaufenthalt mit Untersuchung von Kooperationsmöglichkeiten beim brasilianischen Büromöbelhersteller Escriba, Sao Paolo; 1984 bis 1985 Unternehmensberater bei Management Partner, Stuttgart; bis 1987 kaufmännische Leitung der Firma Intelsig Mikroelektronik, Bad Münder; 1988 Weiterbildung Wirtschaftsenglisch in New York mit anschließendem MBA-Sommerprogramm an der University of California (Berkeley); ab Ende 1988 Projektleitung im Institut für angewandte Innovationsforschung e.V., Bonn, mit den Schwerpunkten Controlling, Innovations-Prozeßorganisation, Umweltmanagement; begleitendes Doktorandenstudium; 1992 Übernahme der Geschäftsführung; 1993 Promotion zum Dr. rer. oec.; dann Eintritt bei Wilkhahn, Wilkening + Hahne GmbH + Co. als Gebietsmanager Fernost für den Ausbau der asiatischen Geschäftsverbindungen; seit 1995 kaufmännischer Geschäftsführer mit den Ressorts Export, Lizenznehmer, Finanzen, Controlling und Informationssysteme. Adresse: Im Landerfeld 8, 31848 Bad Münder/Eimbeckhausen.

HEINER HELLFRITZSCH, geboren 1951 in Gera. Studium der Verfahrenstechnik mit Abschluß zum Diplom-Ingenieur 1973; bis 1975 Techniker, danach ökonomischer Leiter des VEB Decenta Döbeln; parallel von 1978 bis 1979 Studium der Betriebswirtschaftslehre; Einstieg als Betriebsleiter bei Florena Waldheim-Döbeln 1981, seit 1990 Geschäftsführer des in Florena Cosmetic GmbH umbenannten Unternehmens; heute geschäftsführender Gesellschafter der Florena Cosmetic GmbH. Adresse: Am Eichberg, 04736 Waldheim.

KURT KUHN, geboren 1939 in Duisburg. Nach der Volksschule Lehre von 1954 bis 1957; Tätigkeit als Fernmeldemonteur bis 1959 bei der Thyssen Stahl AG; Besuch der Abendschule von 1955 bis 1958 und Abschluß mit der Fachschulreife; danach Tagesschule und Abitur 1961; Studium der Nachrichtentechnik an der RWTH Aachen mit Abschluß als Diplom-Ingenieur; bis September 1977 in verschiedenen Positionen bei Sperry Univac, heute UNISYS – zuletzt Hauptabteilungsleiter Systemtechnik Großrechner; Gründung der Micrologica Computersysteme GmbH im Oktober 1977; bis zum Sommer 1998 alleiniger Geschäftsführer; heute, seit der Umwandlung der GmbH, Vorstandsvorsitzender der Micrologica AG. Adresse: Bahnhofstraße 24, 22941 Bargteheide.

PETER MAGER, geboren 1939 in Osnabrück. Nach kaufmännischer Ausbildung und ersten Berufserfahrungen Anfang der 60er Jahre bei einem Unternehmen der Volkswagen AG und in der kunststoffverarbeitenden Industrie 1966 Gründung der Nordenia Kunststoffe Peter Mager KG; 1987 verantwortlich für den Zusammenschluß der Nordenia mit CITO und M & W zur NORDENIA Verpackungswerke AG, die 1992 umbenannt wurde und seither als Finanz- und Managementholding fungiert; heute Vorsitzender des Vorstands und Mehrheitsaktionär der NORDENIA INTERNATIONAL AG. Adresse: Am Tannenkamp 21, 49439 Steinfeld.

JÖRG SENNHEISER, geboren 1944 in Bevensen. Studium der Elektrotechnik von 1964 bis 1970 an der Technischen Hochschule Hannover sowie an der Eidgenössischen Technischen Hochschule Zürich (ETHZ); danach wissenschaftlicher Mitarbeiter mit Abschluß zum Dr. sc. techn. 1973; von 1974 bis 1975 Projektingenieur der Siemens-Albis AG in Zürich; 1976 Eintritt als Technischer Leiter in das Familienunternehmen Sennheiser electronic, dessen Geschäftsführung er 1982 übernahm; parallel seit 1981 Lehrtätigkeit im Fach Elektroakustik an der Universität Hannover; heute Vorsitzender des Aufsichtsrates der Sennheiser electronic GmbH & Co. KG. Adresse: Am Labor 1, 30900 Wedemark.

FRIEDGARD SPINGLER, geboren 1955 in Schwenningen/N. Von 1972 bis 1975 Ausbildung zur staatlich geprüften Hauswirtschaftsleiterin; Studium der Oecotrophologie mit Abschluß zum Diplom-Ingenieur 1979; Start der Marketing-Laufbahn 1980 bei der Coca-Cola GmbH in Essen; Wechsel zu G. B. G. General

Biscuit im Jahre 1985 als Produktmanager, ab 1987 Produktgruppenleiter; im Jahre 1990 Auslandsaufenthalt bei der Kimberly Clark Ltd. in London, als Marketing-Manager; danach Übernahme der Marketingverantwortung für Tissue in Deutschland und Koordination Europaprojekt; von 1993 bis 1998 Marketingleiter der Unit Spirit II und Übernahme allgemeiner Managementaufgaben bei Weltmarken (Tochtergesellschaft der International Distillers and Vintners – Grand Metropolitain); seit Juli 1998 Geschäftsführerin Marketing der Alfred Ritter GmbH & Co. KG. Adresse: Alfred-Ritter-Straße 25, 71111 Waldenbuch.

GUSTAV STABERNACK, geboren 1938 in Offenbach/M. Studium in München mit Abschluß zum Diplom-Ingenieur (FH) Papier-Verfahrenstechnik 1963; Eintritt in das Unternehmen Gustav Stabernack GmbH als Mitglied der Geschäftsführung 1963, das der Großvater gegründet hatte, und Gründung der Fulda Wellpappenfabrik GmbH; 1982 bis 1987 Geschäftsführer der Süddeutschen Verlagsanstalt und Druckerei GmbH; 1987 bis 1989 verantwortlich für die Gründung der Packaging Consult Unternehmensberatung im Auftrag der Weltbank; 1990 Neuordnung der Unternehmensinteressen der Stabernack-Familien; parallel Verbandsarbeit, unter anderem als Aufsichtsratsmitglied des Dualen Systems Deutschland oder Vorsitzender der Lohn- und Tarifkommission des VPI-Hessen; heute geschäftsführender Gesellschafter der FULDA HOLDING STABERNACK JR PARTNER GmbH. Adresse: Bellingerstraße 7-9, 36043 Fulda.

THOMAS STRÜNGMANN, geboren 1950 in Pinneberg. 1970 Abitur; Studium in Augsburg und in München mit Abschluß zum Dr. rer. pol. 1978; Eintritt in die Firma Schering-Plough als Trainee und Produktmanager in Lugano und Kenilworth, USA, von 1978 bis Mitte 1979; danach Eintritt als Geschäftsführer in die von den Eltern gegründete Durachemie; seit Verkauf der Durachemie 1986 Aufbau der HEXAL AG mit Zwillingsbruder Andreas. Adresse: Industriestraße 25, 83607 Holzkirchen.

H. WERNER UTZ, geboren 1947 in Ulm. Studium der Betriebswirtschaftslehre in München mit Abschluß zum Diplom-Kaufmann 1974; von 1974 bis 1978 wissenschaftlicher Mitarbeiter an der Hochschule der Bundeswehr mit Promotion 1978; seit 1978 geschäftsführender Gesellschafter der UZIN Georg Utz GmbH & Co. KG; ferner seit 1986 Vorstandsmitglied im Industrieverband Klebstoffe und Vorsitzender des Arbeitskreises Bauklebstoffe; heute – nach Umwandlung des Unternehmens in die UZIN UTZ AKTIENGESELLSCHAFT – Vorsitzender des Vorstands. Adresse: Dieselstraße 3, 89079 Ulm.

CHRISTOPH WELLENDORFF, geboren 1964 in Pforzheim. 1983 bis 1986 Ausbildung zum Juwelengoldschmied; 1986 Praktikum bei der MERCEDES-BENZ AG im Marketing; 1987 Studium der technisch orientierten Betriebswirtschaft an der Universität Stuttgart mit Auslandssemester an der ESCP, Paris; 1991 Eintritt in die väterliche Firma WELLENDORFF, Gold Creationen, Vertrieb; 1996 Prokura und verantwortlich für den Vertrieb; 1999 Eintritt als Gesellschafter und Bestellung zum Geschäftsführer der WELLENDORFF GmbH & Co. KG. Adresse: Turnplatz 3, 75172 Pforzheim.